文
普
化
华

PUHUA BOOKS

我
们
一
起
解
决
问
题

U0782578

产品经理与运营丛书

决胜

精细化运营

如何实现流量高效转化与快速增长

李维鑫 ◎ 著

人民邮电出版社

北京

图书在版编目（CIP）数据

决胜精细化运营：如何实现流量高效转化与快速增
长 / 李维鑫著. -- 北京：人民邮电出版社，2021.4（2023.5重印）
（产品经理与运营丛书）
ISBN 978-7-115-56123-7

Ⅰ．①决… Ⅱ．①李… Ⅲ．①企业管理－网络营销
Ⅳ．①F274-39

中国版本图书馆CIP数据核字(2021)第043628号

内 容 提 要

互联网经过将近30年的粗放式发展，红利期已经过去，大部分赛道都已经成为红海。在激烈竞争的下半场，存活下来的企业已经到了拼内功的时刻，而"精细化"就是这套内功的心法和口诀。

本书以精细化运营为主线，分别从用户运营、内容运营、活动运营、社群运营、新媒体运营等多个模块讲述如何实现流量的高效转化与快速增长。具体而言，用户运营讲述了用户生命周期理论、用户分层和分群，以及用户激励体系；内容运营讲述了内容写作的基本功、内容供给端的运营策略及内容分发；活动运营讲述了活动的流程、类型、创意公式，并对重点活动形式进行了分析；社群运营讲述了社群运营的本质与实操；新媒体运营讲述了直播电商的原理、海报的制作、三大平台（抖音、知乎、视频号）的规则，以及短视频脚本的撰写和优质内容构思；最后部分讲述了增长运营工作需要用的模型，以及运营人需要具备的素养。总之，本书分享了大量实用的运营方法，思路新颖独特，能够为读者提供有效的指导。

本书适合在企业中从事运营工作的人员阅读，如初级运营人员、运营经理及运营总监。同时，本书也可供高等院校相关专业的师生参考。

◆ 著 李维鑫
责任编辑 张国才
责任印制 胡 南
◆ 人民邮电出版社出版发行 北京市丰台区成寿寺路 11 号
邮编 100164 电子邮件 315@ptpress.com.cn
网址 https://www.ptpress.com.cn
北京七彩京通数码快印有限公司印刷
◆ 开本：700×1000 1/16
印张：15.75 2021 年 4 月第 1 版
字数：250 千字 2023 年 5 月北京第 7 次印刷

定价：69.80 元
读者服务热线：(010)81055656 印装质量热线：(010)81055316
反盗版热线：(010)81055315
广告经营许可证：京东市监广登字 20170147 号

互联网行业中许多运营人员的工作方法大多来源于实践，他们在行业和业务的兴衰中摸爬滚打、不断试错，积累了大量的经验。本书不仅来源于维鑫多年的从业实践，也来源于他的深度思考和总结。如果你想了解运营，或者想未来从事与互联网运营相关的工作，本书将是你不可错过的读物。同时，对于想要进阶、打开思路、培养全局视野的运营人员来说，本书也是一个不错的选择。

——**朱冠英**　腾讯资深产品经理

所谓互联网运营，其实就是为了在产品与用户之间建立良好关系而使用的技术与方法。为了达成目标，不同产品在不同阶段需要采用不同的运营手段。本书从运营的起源切入，对当前主流的运营手段逐一进行了系统讲解，并且引用大量案例，简化复杂问题，这本书可以帮助从业者快速建立运营架构和运营思维。

——**田世杰**　滴滴网约车运营专家

《决胜精细化运营》是一本很大气的书，它的内容包罗万象。除了传统的运营"三件套"（内容、用户、活动）之外，作者还通过大量的实操案例，对社群、新媒体、增长等领域的方法论进行了总结和归纳，其中丰富的模型和路径图例让人看后不禁大赞有用、大呼过瘾。

——**曹珊珊**　京东前高级产品经理

《决胜精细化运营》这本书的思路非常清晰，作者通过讲解不同的运营工种，明确了从不同的角度怎样与用户打交道，怎样满足用户的需求。这种细分的讲解方式不仅使读者能快速建立运营框架，也能使读者快速学到相关的技能。我希望读者能学会本书的运营方法论，同时又不要拘泥于这些条条框框，而是学会举一反三。俗话说"兵无常势，水无常形"，运营也是如此。

——**朱　萌**　阿里巴巴前高级运营经理

运营是系统性工作，需要的技能模块有很多，用户运营、内容运营、活动运营是基础，后来诞生了新媒体运营、社群运营等。而当前的互联网发展趋势对运营人员的要求是逐渐提高的，未来也只会继续提高，运营人员不学习就必然要落后。本书的理论基础非常扎实，值得大家一看。维鑫也是多年的运营老兵，在运营领域积累了自己独到的方法论和价值观。关键是大家读了之后能够用到自己的实际工作中，真正把书里的知识转化为自己的知识，我想这也是维鑫要向大家表达的。

——**类延昊**　《运营笔记》作者、栀枝微课 CEO

《决胜精细化运营》一书非常全面地讲述了运营的各个模块，并系统地给出了落地框架。同时，大量案例与模型的应用使本书内容更加深入浅出。维鑫把自己的实操经验与经典案例相结合，总结了一套非常实用的方法论，为广大从业者提供了可参考的依据。

——**侯建臣**　敦煌网副总裁

由于工作原因结识维鑫已有四五年时间，在众多运营人员中，他是比较专业且系统性非常强的专家。运营是一个易学难精的职业，优秀的运营人才大多一专多能，知识面广。他的这本书系统地总结了运营的工作，包含多个运营方向。我推荐大家好好读一读，必定会有收获。

——**雷淞惠**　九次方大数据战略合作部副总经理

多少年来，"运营是什么"一直是一个绕不开的话题。有的人说运营是营销，也有的人说运营是客服。看似简单的话题，却反映了一个很深刻的问题，即运营是一个包罗万象的工种，而且从其诞生至今没有一个系统的架构和方法论。

然而，我常常想，为什么非要用一个过去的概念给一个新生事物下定义呢？为什么非要用比喻的形式给运营找一个参照物呢？这种定义的逻辑本身就有问题，就好像网上有些搞笑段子总是在问老婆饼里为什么没有老婆、肉夹馍为什么是馍夹肉一样。

如果非要给运营下一个定义，我觉得可以从其作用来概括，就是一切连接用户与产品的非技术类的手段都属于运营的范畴。营销的目的是把产品卖给用户，客服的作用是让产品与用户产生正向连接。像这样把运营当作一个范畴来看，所谓内容运营、活动运营、社群运营、新媒体运营等各种运营都不过是运营的一个分支，是在产品属性及时间点的作用下可供选择的不同手段罢了。

作者正是抓住了这一点而没有纠结运营是什么，系统化地把运营各个分支的框架和方法论总结概括了出来，并通过大量的案例及逻辑框架描述了其具体的作用。因此，《决胜精细化运营》绝对是值得大家细细品读的一本好书。维鑫作为资深运营人在多年的摸爬滚打中积累了相当丰富的实战经验，这也为本书的高质量提供了保障。

互联网发展至今，已不是那个可以通过一款产品、一个技术创新就能迅速积累大量用户的时代了，用户早已变得非常挑剔。在这种大的时代背景下，运营的作用已变得越来越重要，对运营人员的要求也越来越高。所以，要想成为优秀的运营人员，必须不断地学习更多知识。正如书名"决胜精细化运营"所说的一样，互联网下半场是运营的时代，是广大运营人员为自己正名的绝佳时机。

张亮

80分运营俱乐部创始人兼CEO

《从零开始做运营》《从零开始做运营2》作者

1995 年，中关村南大街上竖起了一块瀛海威的广告牌——"中国人离信息高速公路还有多远？向北 1500 米。"这被认为是中国人互联网意识启蒙的一个象征。从这之后，中国互联网的潘多拉魔盒就被打开了，新浪、搜狐、网易带来了一个完美的开端，腾讯、阿里巴巴、百度成为耀眼的明星，美团、头条、滴滴则将中国互联网推向了新的高潮。在这 20 多年的时间里，互联网的发展可以用一个词来形容，那就是"跑马圈地"。

如今，互联网的技术红利与中国的网民红利已经消耗殆尽。可以说，跑马圈地的时代已经过去，互联网进入了另一个时代，即精细化运营时代。正如本书的书名"决胜精细化运营"所表达的一样，各企业进入了拼内功、拼运营的时代。如果说跑马圈地拼的是快，那么现在我们拼的就是慢，用慢工出细活的方式提升体验、满足用户的需求。

当下，与技术及产品有关的书籍已经非常多，相比之下鲜有能系统化讲解运营各个模块的书籍。这不是互联网运营人不够努力，而是互联网发展得太快、新事物层出不穷，运营人时刻自我变革，却依然跟不上它的步伐。即使在这种情况下，依然有大量的运营人在输出自己的运营经验，这种不服输的精神正是运营人最难能可贵的品质。

本书作者是一位实战经验丰富的运营老兵，其凭借十几年的从业经验对运营工作进行了系统性的梳理与总结。这项工作虽然艰巨，但是意义非凡：不仅让运营工作从杂乱无章变得更加系统化、理论化、流程化，而且为想从事运营工作的互联网新人提供了参考方向。

运营是一个从宏观着眼、从微观入手的职业，二者缺一不可。《决胜精细化运营》一书非常巧妙地对二者进行了结合，其不仅系统地阐述了运营的本质与分类，而且通过引用大量的案例、逻辑框架及模型对运营进行了深度讲解。这本书不仅提

供了运营战略上的构思方法，而且分享了运营战术上的小技巧，我希望广大从业者
可以认真阅读，它会让你受益匪浅！

王添天

阿里巴巴—达通董事长

第3章 内容运营：兼顾生产和分发 ⋯⋯ 057

第4章 活动运营：要让用户嗨起来 ⋯⋯ 087

— 聊聊运营：从哪里来，到哪里去 —

精细化运营

1.1 运营从哪里来

互联网诞生初期，并没有运营岗位与产品岗位之分，这些岗位统称为策划。随着业务的不断发展和多元化，才分化出形形色色的运营岗位。

1.1.1 运营的变迁：互联网发展的副产品

运营是伴随着互联网的诞生而逐步发展起来的新兴职业，我们可以通过盘点互联网的发展来回顾运营的发展史，具体如表 1-1 所示。

表 1-1 互联网及运营发展史

技术与红利			产品模式与公司案例				运营岗位
时间	技术／思维	惠及人口	信息	社交	娱乐	商品／服务	热门职位
1994—1998 年	Windows98	30 万	新浪、搜狐	腾讯 QQ、网易邮箱	联众	阿里巴巴 B2B	新闻编辑、网络推广
2000—2004 年	搜索、Web2.0	400 万～1 亿	百度、谷歌	天涯、猫扑	盛大网络	搜索电商淘宝、京东	SEM、SEO、社区运营
2004—2008 年	带宽、SNS	1 亿～4 亿	优酷、乐视、YouTube	校内、FB、推特	页游、开心网	58 同城、赶集网	视频、信息编辑
2008—2013 年	移动端	4 亿～6 亿	新浪 App	微信、微博	水果忍者、愤怒小鸟	美团	App 推广、新媒体、KOL 运营
2013—2015 年	4G、推荐算法、LBS 思维	6 亿～7 亿	今日头条	陌陌	王者荣耀	O2O 大战	ASO、策略运营
2015—2018 年	融合、去中心化、超级用户思维	7 亿～8.3 亿	趣头条	直播大战、粉丝经济		拼多多	KOC、社群、增长黑客、MCN 运营
2018 年至今	5G、物联网、To B 思维	2019 年 8.65 亿				阿里云	B 端运营

互联网本质上是一种新型技术，因此表 1-1 中的企业与产品才会涵盖各行各业。这种技术就像几百年前的蒸汽机和电力一样改变着传统的商业模式，所以未来大部分企业都是互联网化的。

随着时间的推移，互联网技术与理念会小周期地发生变化，这种变化周期大概为 3～5 年甚至更短的时间，而且每次变化都会诞生新型的业务模式。因此，运营岗位也会随之发生变化。

2004—2005 年，我国通信带宽有了质的提升，因此诞生了大量的视频网站公司，如乐视、优酷、土豆、搜狐视频等，对视频编辑岗位的需求也出现井喷。

2013—2015 年，手机渗透率的快速上升和 4G 技术的快速市场化，为移动端提供了良好的基础设施。这段时间诞生了滴滴、今日头条、美团外卖三大独角兽，俗称为 ATM，同时 O2O 大战也如火如荼，导致市场对 App 推广、ASO 优化师、地推运营、策略运营等新岗位产生了大量需求。

得益于技术变革和人口红利，1999—2019 年成为互联网高速发展的 20 年。但是，正如 2018 年美团创始人王兴提出的"互联网上半场已经结束"的论调，互联网自此正式进入 B 端产业互联网阶段。从数据可以看出，2015—2018 年基本没有独角兽类的企业诞生，共享单车大战也是昙花一现，最终以倒闭和被收购而告终。这预示着一般运营人员会出现供给过剩的情况，而 B 端市场则会出现大量的人才需求。

互联网的本质是连接，人与人的连接诞生了腾讯，人与商品的连接诞生了阿里巴巴，人与信息的连接诞生了百度，这正是 BAT 形成的内在原因。而运营岗位是互联网发展的副产品，其本质也是连接，即连接人与互联网产品本身。

1.1.2 运营的分类：流量与营销二元模式的细分化

随着互联网的发展，1999—2019 年期间诞生了很多公司，但这些公司的核心业务只有两类，分别是流量型业务和营销型业务。因此，尽管运营岗位有如此多的分支，但归纳起来也只有两类运营：一类是产品驱动的运营，另一类是营销驱动的运营。

按照流量和营销两个维度，可以对所有互联网企业的业务进行归类划分，如图 1-1 所示。

（1）流量型产品

流量型产品多集中于内容、社交、娱乐、工具、零售等高频、刚需、大用户量的行业，其本质是获取大量用户。由于互联网是一门流量生意，因此各家企业在这些赛道上都不计成本地"烧钱"，以期快速抢占市场，拿到一级流量入口。例如，微博大战、O2O 大战、百团大战、直播大战、共享单车大战、短视频大战等都是源于这个原因。

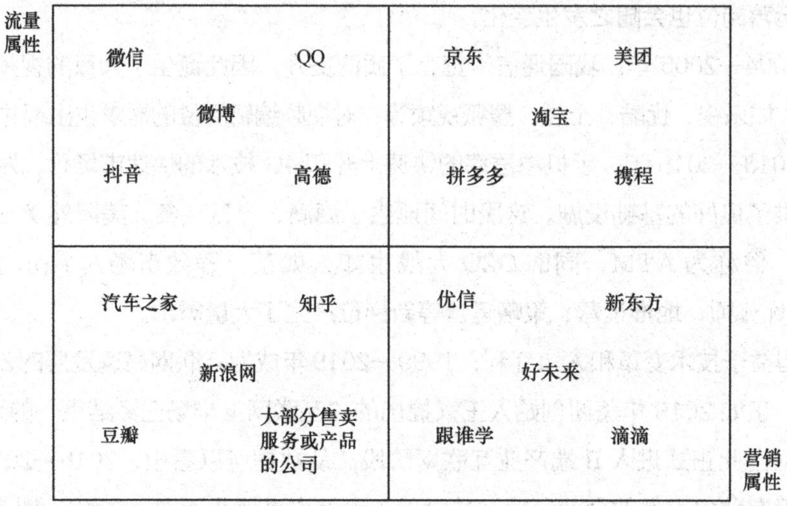

流量 属性				
微信	QQ	京东	美团	
	微博		淘宝	
抖音	高德	拼多多	携程	
汽车之家	知乎	优信	新东方	
	新浪网		好未来	
豆瓣	大部分售卖 服务或产品 的公司	跟谁学	滴滴	营销 属性

图1-1　互联网企业业务的二维归类

BAT 分别通过近乎垄断信息、零售、社交三个行业的态势，成为一级流量入口的企业。很多行业由于天花板比较低或垂直，会形成一些二级流量入口的企业，如汽车之家、豆瓣、陌陌等。

淘宝、京东、美团、滴滴等大型电商企业本质上是做营销属性的业务，但由于零售市场足够大且高频，因而也会兼具流量属性。提到京东和淘宝，就不得不解释一下为什么马云经常说"阿里是一个平台，我们的目的是培养更多的京东"。因为淘宝的本质是流量贩子，其业务模式是把流量分发给中小卖家，自己收取租金；而京东的本质是大型网上超市，其业务模式是通过售卖自己的商品来盈利。

流量型产品的内在增长逻辑是产品和平台驱动。因为只有优秀的互联网产品才能满足用户的需求，所以这些业务需要的运营工种大部分是产品型运营，如内容运营、KOL 运营、MCN 运营、短视频运营、产品运营、App 运营、平台运营及规则运营等。

（2）营销型产品

营销型产品多集中在零售和低频高客、准刚需、小众化的服务行业中，其本质是卖出更多的产品或获取更多的潜在消费群体。由于这些企业只是把互联网作为营销的渠道，因此其不在乎有多少活跃用户，而是关心能获取多少销售额。

一级流量入口企业构成了整个互联网的底层生态，并制定了相关的游戏规则。因此，任何一家营销型企业或垂直类业务要想通过线上获利和实现用户增长，都要使用这些企业的产品，并遵循其制定的规则。

营销型企业的内在增长逻辑是渠道思维，哪个平台能卖出产品就用哪个平台，所以其需要的运营是营销型运营，如社群运营、新媒体运营、KOC 运营、渠道推广、营销策划、活动促销及短视频营销运营等。

如果把流量型产品比作菜市场，那么营销型产品就是小摊位，位置的不同导致运营思维不同。但是，有些岗位的运营思维不会存在太大的差异，如 App 推广、ASO 等，因为应用商店是移动端产品最顶层的流量入口。

1.2 运营到哪里去

运营是一个新兴的职业，也需要顺应大趋势。这个趋势包含两个小方向，第一是互联网运营会大量借鉴传统工业的运营思路，第二是互联网运营会 AI 化。

1.2.1 运营的思维：传统思维与行业思维并行

一个职业的核心不是某些具体的技能，而是思维方式，只有正确的思维方式才能指引职业的发展方向。虽然运营是一个新兴的职业，但其并未完全脱离传统的思维方式，而是传统与创新并存。

传统思维

运营中的某些思维方式早已有之，而且随着互联网的发展，运营的职能会越来越规范化，传统商业的思维方式会越来越多地应用到运营实战中。例如，以下三种思维方式就早于互联网而存在。

（1）波特五力模型

用户增长是一套系统化的工程，并不会通过某些技术的改变带来井喷式增长，而是需要根据整个行业的发展情况制定增长策略。例如，校内网的业务本身处在下滑或转型期，就算能力再强大的运营人员也无法从根本上解决其增长问题。再如 Soul、多闪这种社交产品，在前有腾讯、后有陌陌的情况下，其增长必定是存在困难的。所以，运营人员在做增长之前要先利用波特五力模型等工具分析业务的竞争环境，再从战略上制定具体的增长策略，而波特五力模型早已存在了几十年。

（2）裂变思维

拼多多和趣头条的裂变增长在2016—2018年取得了重大成效，引起裂变增长风靡一时。其实早在拼多多成立之前的2014年，《疯传》一书就被翻译成中文，书中系统阐述了裂变思维。因此，裂变思维并不是拼多多和趣头条的首创，二者只是我国互联网裂变的布道者。

（3）六度空间理论

六度空间理论是指最多通过6个人你就能认识任何一个陌生人。这个理论早在20世纪60年代就被美国学者证实，直到2004年Facebook才借用此理论风靡全球。

以上三点只是众多传统商业思维在互联网中应用的一瞥，而早已应用到运营中的则有结构化思维、PDCA思维、SOP思维、六西格玛思维及增长黑客思维等。

行业思维

行业思维是指互联网运营所特有或突出的思维方式，主要包括以下9种思维。

（1）数据思维

数据分析可称得上是运营人员的眼睛，它能指引运营人员选择正确的方向并制定合理的策略。无论是新媒体运营、社群运营，还是增长运营，都离不开数据分析，否则就等于盲人摸象。

（2）内容思维

所有运营工作都会用到内容运营的技能。例如，新媒体运营没有内容产出，就无法积累粉丝；社群运营没有内容产出，就无法提升用户黏性。

（3）营销思维

运营的主要目的是把产品推销给用户，因此运营人员必须具备营销思维。例如，渠道运营从最初的网络推广到SEM，再到App推广及信息流推广，形式在变，但不变的永远是营销思维。

（4）用户思维

无论运营哪种互联网产品，从事哪些运营工作，都要以用户需求为中心，避免无效的自娱自乐行为。

（5）简约思维

产品设计和运营方案都要力求简约，避免复杂化。

（6）极致思维

小到一句文案，大到一场营销活动，都要做到极致，不遗漏一处细节。

（7）迭代思维

犯错误不可怕，可怕的是不敢犯错误。只有快速、小步伐地试错，才能在控制成本的基础上找到用户最核心的需求。

（8）流量思维

互联网是一门流量生意，大公司抢占流量入口，小公司建设流量池，运营人员寻找流量洼地。

（9）跨界思维

跨界就是创新，就是变革。互联网之所以喜欢年轻人，是因为年轻人的思维不固化，敢想敢干。

1.2.2 运营的未来：创造力与智能化并存

近现代人类的发展经历了三次革命：第一次是蒸汽机的诞生，第二次是电力的诞生，第三次是计算机的诞生。前两次革命都是人类体力的延伸，例如，汽车是脚力的延伸，挖掘机是手的延伸，电视机是视觉的延伸，电话是听觉的延伸，唯独计算机是人类脑力的延伸。这也预示着人在市场经济中将变得不那么重要，因为未来 AI 可以替代大部分人工。

AI 已经走入我们的生活，而且步伐会越来越快。

智能编辑：2019 年九寨沟地震发生 18 分钟后，中国地震台网的机器人写了一篇新闻稿，用时 25 秒。这篇新闻稿符合行业规范，语句通顺，与人工撰写的无异。

"鲁班"系统：2017 年"双十一"期间，阿里巴巴的"鲁班"系统一天制作了 4000 万张海报，并且每张海报都是根据商品图像特征专门设计的。

运营本身是互联网发展的产物，AI 的出现会首先从代替人工运营开始。所以，未来一段时间某些低端运营岗位会被迅速淘汰，运营的工作内容也会发生天翻地覆的变化。总体而言，运营工作的变化主要有以下几个趋势。

（1）策略趋势

大型互联网公司早已对用户分类分层、活动营销、优惠券发放、Push 推

送等模块实现系统性的产品化，而某些无力自建系统的小公司也会引进第三方管理系统，因此搭建框架的工作将会越来越少。运营人员每天的工作逐步趋于只分析大量的数据，然后出具分析报告和策略报告，并进行策略调优。这就需要运营人员具备强大的数据思维、产品思维和全局思维。

（2）创造力趋势

虽然 AI 在未来的应用会越来越广泛，但心理学领域是很难让 AI 替代的，也可以理解为人类的情感活动是很难让机器替代的，因为 AI 毕竟没有自己的思想。例如，证券投资是较早应用 AI 的领域，国内外很多投资银行早就实现了部分程序化交易，但无论模型怎样出色也无法做到百分之百的正确，因为 AI 是人类大脑的产物。人脑是感性和理性共存的，AI 可以替代理性部分，但是暂时还无法替代感性部分。

鉴于 AI 的这种特性，运营工作会较多地集中在具有创造力的方面，如内容创作、用户体验优化、迭代测试、活动创新、营销策划等。

（3）复合化趋势

近几年，互联网一直处于战略收缩的状态，投资金额和创业企业的数量正在减少。这就导致高薪挖人的情况越来越少，以及为某个特定岗位配备的人员也越来越少。此时，具备复合能力的运营人员会受到市场的青睐，一专多能不仅可以支撑项目的主营业务，而且可以往其他方向拓展。

（4）流程化趋势

以前，一个足够优秀的创意就能获取大量用户，但是现在创新变得越来越困难。即使某个项目出现新的创意，也会在一个月内被人竞相模仿。鉴于这种情况，企业回头盘活存量用户就变成了大概率事件。所以，面对高速发展时遗留下来的问题，运营人员需要通过流程化的方式提升运营效率。

用户运营：数据分析是根本

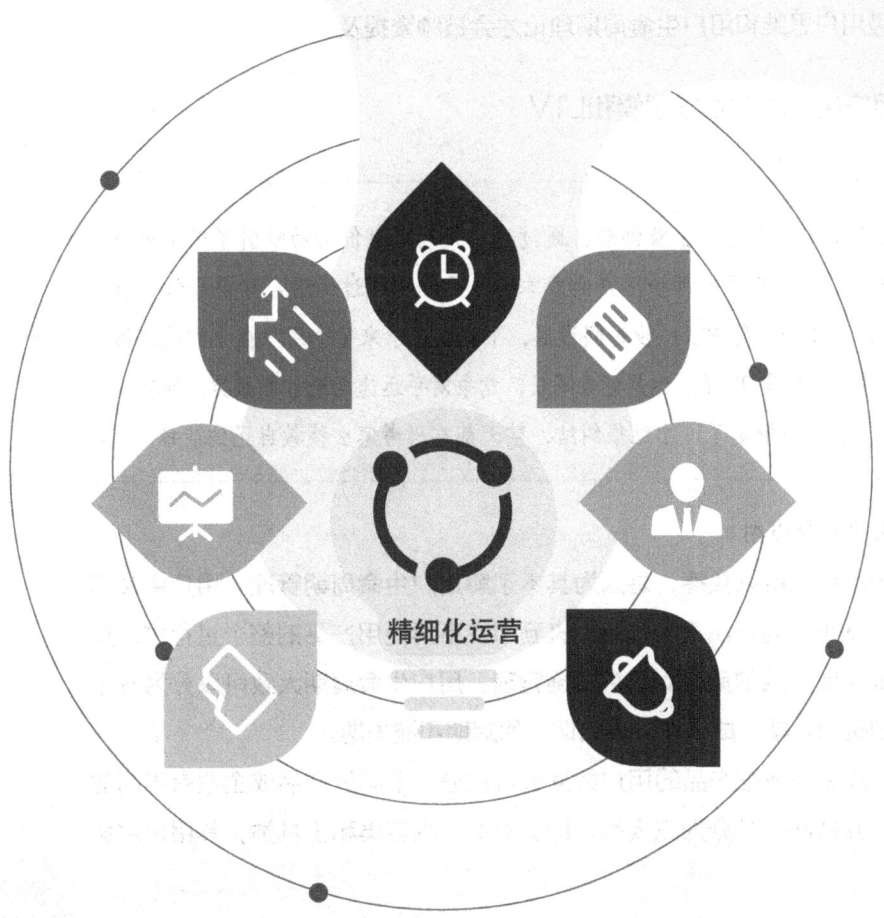

精细化运营

用户运营是指通过数据分析，对处在不同生命周期中的用户制定相应策略的岗位。虽然不同企业对用户运营岗位的定义不尽相同，但有一个核心是不变的，那就是数据分析和建模能力。如果把运营比作一台电脑，那么用户运营就是电脑的 CPU，通过分析和计算把有限的资源分配给最适合的模块。

2.1　用户生命周期理论

我们在吃鱼时总是喜欢吃鱼身，因为鱼身肉多且吃起来方便，鱼头、鱼尾虽然有肉，但吃起来麻烦。如果把互联网的发展比作一条鱼，那么现在的互联网已经进入了鱼尾行情，虽然难吃，但总比饿死要好。正是基于这种原因，最近几年超级用户思维和用户生命周期理论才会被频繁提及。

2.1.1　用户生命周期划分逻辑和LTV

案例 ....

　　小红在淘宝上开了一家首饰店，通过开业大酬宾半价活动吸引了很多用户购买首饰，平均计算下来每个用户的成本为 5 元。购买过的用户觉得小红的首饰还不错，因此相继复购。一段时间过后，平均计算下来每个用户在小红的店铺购买首饰的消费额是 20 元。但是好景不长，竞争对手迅速跟进首饰品类，导致小红的一些老客户被抢走了。小红很纠结，整天都在思考怎么挽救自己的店铺。

....

（1）用户生命周期

案例中小红之所以头疼，是因为其不了解用户生命周期管理。用户生命周期管理是指从用户与产品接触开始，直到用户不再使用产品的整个过程中，运营人员需要采取分层的策略对用户实施管理。用户生命周期大致可以分为五个阶段，分别是引入期、成长期、成熟期、休眠期和流失期。

五个阶段主要依据产品的用户数据进行划分，不同的产品或企业有不同的划分方式。互联网产品分为三大类，即交易类、内容类和工具类，其用户生命周期划分逻辑分别如表 2-1、表 2-2 和表 2-3 所示。

表 2-1　交易类产品的用户生命周期划分逻辑

阶段	用户特征	时间周期	关键行为
引入期	不熟悉产品，摸索中	1 天 <N<X 天	浏览—注册—收藏
成长期	熟悉产品，信任产品	X 天 <N<Y 天	绑卡—下单—支付
成熟期	使用频繁，认同产品	Y 天 <N<Z 天	购买频次高，购买间隔短，购买金额高
休眠期	依赖度降低，频次下降	Z 天 <N<M 天	用户 RFM 模型中的价值自峰值下降
流失期	产生不满，长时间不用	M 天 <N< 长期	不再有任何交互行为

表 2-2　内容类产品的用户生命周期划分逻辑

阶段	用户特征	时间周期	关键行为
引入期	不熟悉产品，摸索中	1 天 <N<X 天	浏览—注册—关注
成长期	熟悉产品，信任产品	X 天 <N<Y 天	评论—转发—发帖
成熟期	使用频繁，认同产品	Y 天 <N<Z 天	互动频繁、长时间使用
休眠期	依赖度降低，频次下降	Z 天 <N<M 天	互动频率、使用时长等指标自峰值下降
流失期	产生不满，长时间不用	M 天 <N< 长期	不再有任何交互行为

表 2-3　工具类产品的用户生命周期划分逻辑

阶段	用户特征	时间周期	关键行为
引入期	不熟悉产品，摸索中	1 天 <N<X 天	下载—注册—浏览
成长期	熟悉产品，信任产品	X 天 <N<Y 天	使用产品核心功能
成熟期	使用频繁，认同产品	Y 天 <N<Z 天	使用频次和长时间使用核心功能
休眠期	依赖度降低，频次下降	Z 天 <N<M 天	使用频次和使用时长等指标自峰值下降
流失期	产生不满，长时间不用	M 天 <N< 长期	不再有任何交互行为

表中 X、Y、Z、M 的具体数值和行为定义，可依据具体产品的情况自由设定。其中 M 值比较特殊，反映的是产品的用户生命周期的时间长度。一般情况下，M 值的计算公式为 M=1/（1- 留存率）。例如，月留存为 10%，则用户生命周期为 M=1/（1-0.1）=1.11 个月。

（2）用户生命周期价值

案例中小红店铺的付费用户在离开之前平均消费了 20 元，这 20 元就是店铺目标用户在整个生命周期中贡献的价值总和。此时可以引入用户生命周期价

值（Life Time Value，LTV）这个概念，即用户在整个生命周期中为产品贡献的价值总和。

用户生命周期中不同阶段的用户对产品的价值贡献度是不同的，其关系如图2-1所示。

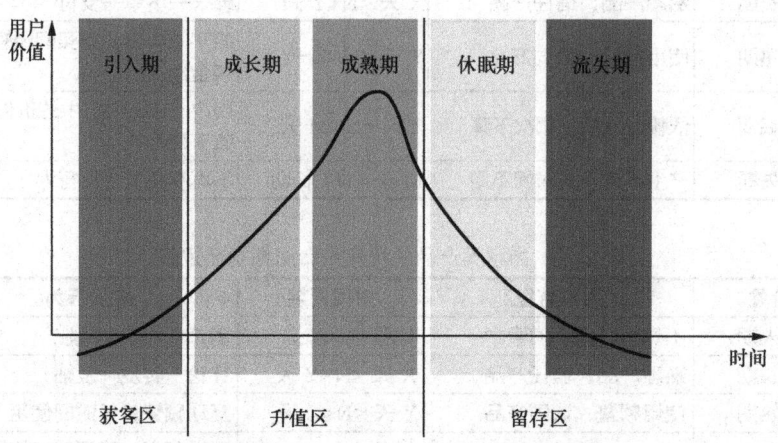

图2-1　用户生命周期与用户价值贡献度的关系

图2-1中的曲线为用户价值曲线，可以看出用户由引入期到成长期贡献的价值是递增的，由休眠期到流失期贡献的价值是递减的，其中成熟期用户对于产品的价值最高。因此，整个用户生命周期中运营策略的核心是提升成熟期用户的数量。

不同阶段的用户流转到成熟期是有特定过程的，以下是寻找用户流转路径的核心逻辑。

按照用户活跃和不活跃的属性对用户生命周期的五个阶段进行归类，同时引入"回流用户"这个中间状态，归类情况如图2-2所示。

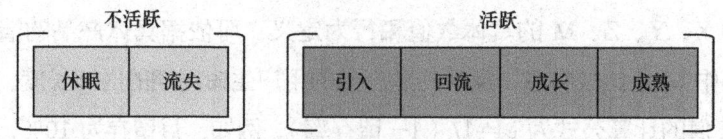

图2-2　用户活跃情况分类

不活跃用户对于产品是没有价值的，这类用户的运营目标是用户活跃。活跃用户对于产品都是有价值的，这类用户的运营目标就是把低价值用户转变为高价值用户。根据以上运营目标可得出用户流转路径，如表2-4所示。

表 2-4　用户流转路径

优化路径	主要路径
无价值—有价值	流失用户—回流用户—成长用户—成熟用户
	休眠用户—回流用户—成长用户—成熟用户
有价值—高价值	引入用户—成长用户—成熟用户

表 2-4 中展示了运营人员在日常工作中需要时刻关注的三条用户流转路径，可以将其设置为三个数据漏斗模型，这样有助于时刻监控数据并衡量具体运营策略的实际效果。

案例 ···

用户生命周期中各阶段用户数据的比例能反映很多有用的信息。某款产品的用户生命周期数据如图 2-3 所示。

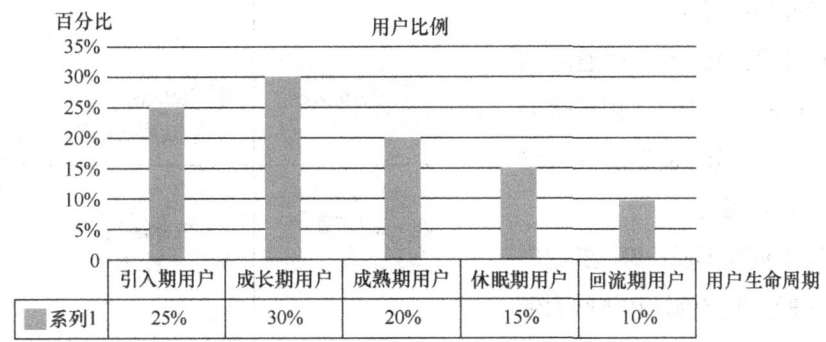

图2-3　某款产品的用户生命周期数据

图 2-3 中的数据可以反映以下信息。

（1）引入期用户占比 25%，说明产品正处在快速推广期，是快速抢占市场的有利阶段。

（2）成长期用户占比 30%，说明产品已经得到市场认可，具有一定量的核心用户。

（3）成熟期用户占比 20%，说明产品拥有一批忠实的粉丝，有可能成为爆款。

（4）休眠期用户占比 15%，说明产品还有不足之处，或者部分用户没有理解产品提供的价值。

（5）回流用户占比 10%，说明用户召回工作比较成功。同时，新产品初期能有如此规模的召回用户量，也表示产品正在慢慢得到用户的认可。

···

2.1.2 新增：质与量的矛盾怎样调和

付费推广是新增用户最主要的方式，但随着 C 端用户红利的消失，单个用户的成本也随之飙升。所以，在这种背景下推广必须做精细化运营，才能用有限的预算获取更多用户。

付费渠道评价指标

评价付费渠道的指标主要有两个，分别是 ROI 和数量。ROI 指标用于衡量渠道的用户质量，数量指标用于衡量渠道的弹性和承载力（承载力可以理解为渠道用户量的上限）。这两个指标可以把渠道分为四种类型，如图 2-4 所示。

（1）优质渠道：渠道的用户质量好、弹性大、承载力强；运营策略是持续投入。

（2）潜力渠道：渠道的用户质量好，但是弹性和承载力一般；运营策略是追加投入测试弹性和承载力。

（3）混杂渠道：渠道的用户质量一般，但是弹性和承载力优秀；运营策略是作为补量渠道，在优质渠道和潜力渠道无法满足用户增长需求时可以加大投放力度。

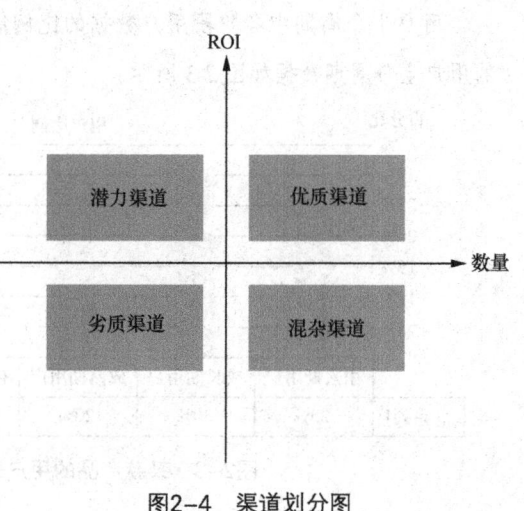

图2-4　渠道划分图

（4）劣质渠道：渠道的用户质量一般，弹性和承载力也一般；运营策略是暂停投放或放弃。

渠道筛选逻辑

拓展新渠道必须先测试后筛选，如果不投入资源测试是无法判断渠道质量和属性的。测试渠道要秉承一致性原则，如投入相同的资源、测试相同的时间段、测试相同的推广文案及选择渠道内质量相同的推广位等。

案例 ⋯⋯⋯

某款产品渠道测试的相关数据如表 2-5 所示，其中测试渠道 A、B、C、D 时所有的测试变量均保持一致。

表2-5　渠道测试数据

渠道	广告展示	下载	激活	注册	绑卡	购买	收入	花费	ROI
A	13 468	9 089	7 109	6 419	5 879	4 916	90 819	10 000	9.1
B	14 872	8 175	6 871	6 018	5 271	4 718	57 612	10 000	5.8
C	9 342	7 118	4 645	4 153	3 451	3 001	87 899	10 000	8.8
D	8 745	6 943	4 856	4 615	3 341	1 134	6 719	10 000	0.7

（1）筛选弹性和承载力优质的渠道

一般情况下，评价渠道的弹性和承载力可以用广告展示数据进行衡量。表2-5中四条渠道的广告展示数据排名为B＞A＞C＞D。其中，A和B、C和D的展示量级比较接近。因此，A和B渠道为高弹性和高承载力渠道，C和D渠道为低弹性和低承载力渠道。

然而，有时广告展示数量这个指标不是很准确，所以也可以尝试从转化率的角度去衡量。例如，A、B、C、D四条渠道各环节的转化率如表2-6所示。

表2-6　渠道各环节的转化率

渠道	展示下载率	下载激活率	激活注册率	注册绑卡率	绑卡购买率
A	67.5%	78.2%	90.3%	91.6%	83.6%
B	55.0%	84.0%	87.6%	87.6%	89.5%
C	76.2%	65.3%	89.4%	83.1%	87.0%
D	79.4%	69.9%	95.0%	72.4%	33.9%

表2-6中A渠道的展示下载率高于B渠道12.5个百分点，由于A和B渠道的广告展示数据相差不多，因此A渠道比B渠道更优质。

然而，A与B渠道的展示下载率差距大，有可能是渠道本身的问题，也有可能是推广素材的问题，需要通过测试多组素材的方式获取多组对比数据，才能确定引发问题的原因。

（2）筛选用户质量优质的渠道

如表2-5所示，四条渠道的ROI排名为A＞C＞B＞D。因此，A和C为高质量渠道，B 为中质量渠道，D 为低质量渠道。A、B、C、D 四条渠道的投放策略如下。

①A 渠道为优质渠道，应加大投入，获取更多用户。但是，A 渠道的下载激活率低于 B 渠道，应分析是渠道原因还是 App 产品的原因。

②B 渠道为混杂渠道，应根据 A 和 C 渠道的情况而定。但是，B 渠道的展示下载率较低，如果能提高这个数据，则 B 渠道可以变为优质渠道；如果不能，则保持投放量稳定即可。

③C 渠道为潜力渠道，应尝试加大投入来测试 C 渠道的承载力和弹性。加大投入后用户增量与投放金额增长呈正比，则可继续加大投入；反之，则调整投入，使投入产出达到最优。

④D 渠道为劣质渠道，在不缺量的前提下停止投放。

2.1.3　留存：留存分析和魔法数字

解释留存问题经常使用水池理论，如图 2-5 所示，进水是新增用户，出水是流失用户，水池里的水是留存用户。

用户留存是指某些用户在某段时间内开始使用产品，经过一段时间后仍然继续使用该产品。顾名思义，留存就是指

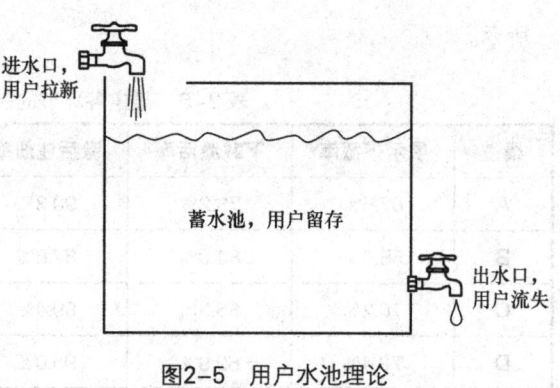

图2-5　用户水池理论

有多少用户留下来。这部分用户占当时新增用户的比例即留存率。留存用户和留存率体现了产品的质量和保留用户的能力。

留存曲线

描述用户留存可以使用留存曲线，如图 2-6 所示，其体现了用户留存主要分为三个阶段，即震荡期、探索期和稳定期。

（1）震荡期

新用户在接触产品的初期阶段就弃用产品的比例非常高，可能几天内就只剩下 20% 左右，这个阶段称为震荡期。在这个阶段，运营人员需要重点关注用

户激活量，应该让用户快速体验到产品的核心价值。

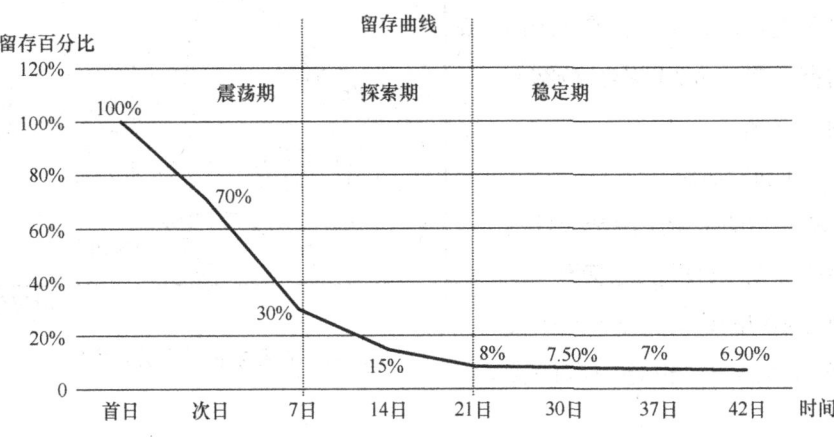

图2-6　留存曲线

（2）探索期

用户在这个阶段对产品有了初步的了解，并开始摸索使用产品。在这个阶段，运营人员应该关注用户的留存，培养用户的使用习惯。

（3）稳定期

探索期过后，留存率会进入一个相对稳定的阶段。在这个阶段，运营人员应该让用户反复体验到产品的核心价值，并促使用户长时间使用产品。

留存分析的时间节点

留存分析伴随着产品的整个发展周期，不同时期的留存分析策略也会有所不同。

（1）产品测试阶段

在这个阶段，留存分析揭示了产品是否匹配市场需求。例如，如果留存曲线不稳定，而一直趋于0，就需要反思产品本身是否满足了市场需求，以及是否需要调整产品的方向。

（2）市场认可阶段

在这个阶段，留存曲线已经稳定，运营人员应该着重分析用户留下来的原因。例如，找出产品的哪些功能促使用户留下来。

产品功能留存分析

一款产品有很多功能，留存分析能帮助运营人员了解各个功能的价值，并找到各功能的提升空间，进而采取优化策略以提升产品整体的用户留存。产品功能留存分析案例如图 2-7 所示。

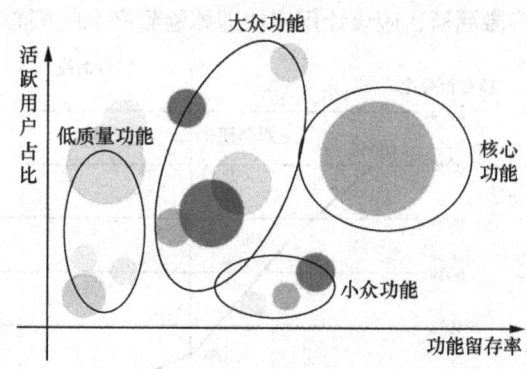

图2-7　产品功能留存分析案例

（1）核心功能

核心功能是指用户量大且留存高的功能。这类功能获得了绝大部分用户的认可，是产品中最重要的功能点，也是留存的关键点。

（2）大众功能

大众功能是指用户量较大、留存居中的功能。通过此类功能，运营人员可以了解大部分用户使用产品的情况，并寻找可提升的空间。

（3）低质量功能

低质量功能是指用户量居中、留存较低的功能。低质量功能越多，产品对用户的干扰就越多，产品的留存就越差。

（4）小众功能

小众功能是指用户量少、留存适中的功能。运营人员应该寻找有潜力的功能进行迭代优化，让部分小众功能成为大众功能或核心功能。

用户分群留存分析

用户分群主要根据用户属性和行为特征进行划分，不同用户群的对比留存分析有助于明确留存用户的画像。例如，男女用户群留存分析对比，会员用户和非会员用户留存分析对比，等等。

案例

非交易类产品很难用渠道 ROI 对渠道进行评价筛选，此时便可以使用留存分析筛选渠道。假设某款社交产品有 A、B、C 三条推广渠道，其留存曲线如图 2-8 所示。

图 2-8 中 A、B、C 三条渠道的留存率排序为 B＞A＞C，因此 B 渠道为高质量渠道，A 渠道为一般质量渠道，C 渠道为劣质渠道。

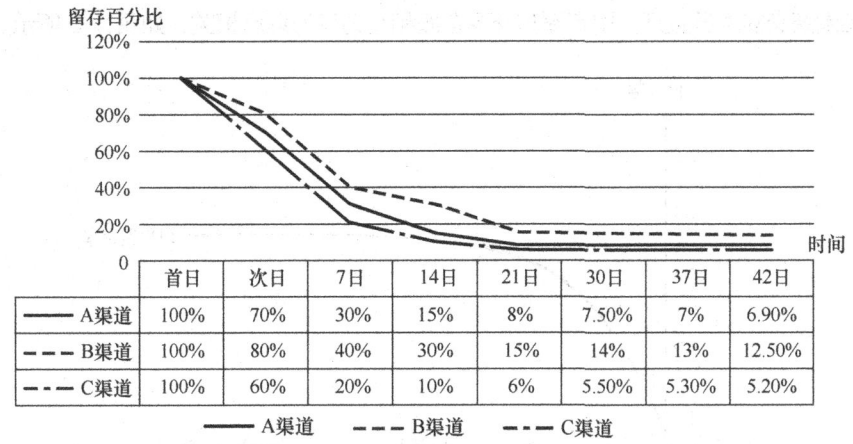

图2-8　渠道留存分析

魔法数字的魅力

寻找魔法数字的核心逻辑是对留存用户做数据关联度分析。首先筛选出留存率较高的用户群体，然后罗列出这部分用户行为路径上的关键步骤，最后找出每个步骤上与用户留存呈正相关的临界点数字，这个数字就是用户留存的魔法数字。简单地说，就是用"用户一旦发生某种行为，就会留下来"的逻辑寻找魔法数字。

（1）UGC 内容类产品的用户留存魔法数字

内容类产品的核心魔法数字基本是围绕其核心功能展开的。一些较常用的魔法数字如表 2-7 所示。

表2-7　UGC 内容类产品常用的魔法数字

用户行为	魔法数字	案例
UGC 生产	用户产生内容 N	微博用户发帖 5 条、评论 10 条后留存率高
关系建立	用户关注用户 N 或被关注 M	微博用户关注 10 个 KOL 或被 20 个用户关注后留存率高
访问频度	单个用户间隔 N 小时访问一次产品	微博用户一天内访问微博 3 次后留存率高
访问深度	单个用户使用一个产品功能的总时长为 N	微博用户一天内使用微博 1 小时后留存率高
使用宽度	连续使用 N 个功能，每个功能使用时长分别为 X	微博用户使用话题、热搜半小时以上留存率高

（2）交易类产品用户留存魔法数字

交易类产品寻找魔法数字的逻辑与内容类产品基本相同，唯一的区别是交易类产品围绕交易本身展开。留存率与交易金额和交易行为息息相关，如图2-9所示。

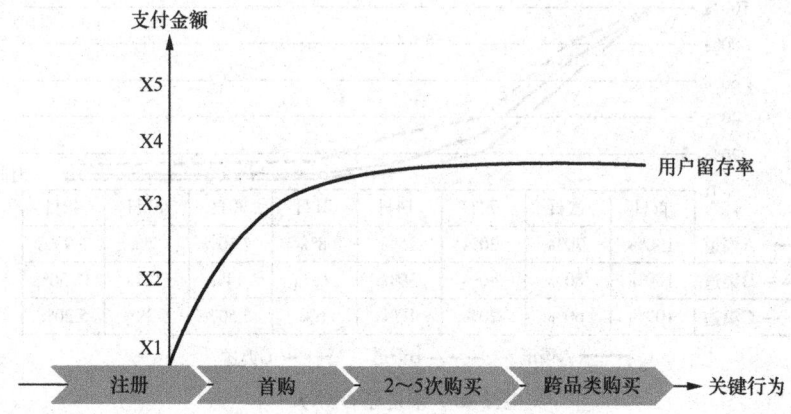

图2-9 交易类用户成长的关键路径

从图2-9中可以看出，用户复购2～5次时留存率明显升高，所以5次复购即魔法数字。用户支付金额在X3时，留存率趋于稳定，因此X3为支付金额的魔法数字。支付金额和复购次数中隐藏着复购间隔这个数字，虽然无法将其确定为魔法数字，但是凭经验可以得知在越短的时间间隔内完成交易行为的用户留存率越高。

交易类产品的魔法数字主要集中在购买行为上。一些常见的魔法数字如表2-8所示。

表2-8 交易类产品常见的魔法数字

用户行为	魔法数字	举例
购买频次	时间 N 内购买 M 次	淘宝用户1个月内购买5次后留存率高
购买金额	时间 N 内花费 M 金额	淘宝用户1个月内花费1 000元后留存率高
购买类型	时间 N 内购买 M 品类	淘宝用户1个月内购买两个品类商品后留存率高
购买次数	购买 N 次	用户购买5次以上留存率高

2.1.4 忠诚：NPS基本原理及注意事项

NPS 基本原理

（1）什么是NPS

NPS 意为净推荐值（Net Promoter Score），又称为净促进者得分或口碑，是一种计量某个用户将会向其他人推荐某个企业或服务的可能性的指数。

根据用户的推荐意愿，可将用户分为三类，分别是推荐者、被动者、贬损者。推荐者与贬损者是对企业口碑有影响的用户，这两部分用户在用户总数中所占百分比之差为净推荐值，其公式为"NPS=（推荐者数 / 总样本数）×100%-（贬损者数 / 总样本数）×100%"，区间为 -100% ～ 100%。NPS基本原理如图 2-10 所示。

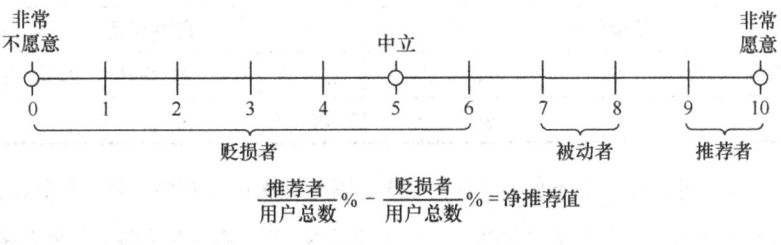

图2-10　NPS原理

①推荐者：得分在 9 ～ 10 分，是产品的忠诚用户，他们会继续使用或购买产品，并愿意将产品引荐给其他人。

②被动者：得分在 7 ～ 8 分，是对产品满意但不热心的用户，他们几乎不会向其他人推荐产品，并且有可能被竞争对手轻易拉拢。

③贬损者：得分在 0 ～ 6 分，是产品的不满意用户，他们对产品感到不满甚至气愤，可能在朋友和同事面前讲产品的坏话，并阻止身边的人使用产品。

（2）分析利润结构

NPS 是衡量用户忠诚度的指标，同时也可以帮助企业区分不良利润和良性利润。不良利润是以伤害用户利益或体验为代价而获得的利润，良性利润则是通过与用户积极合作而获得的利润。追求良性利润和避免不良利润是企业赢得未来的关键因素。企业利润构成如表 2-9 所示。

表 2-9　企业利润构成表

利　润	
不良利润	良性利润
以恶化用户关系获取的利润	用户满意服务且用户主动复购
损害公司口碑获取的利润	通过口碑传播带来的用户购买
用欺骗的手段获取的利润	

案例

营销成本的增加使在线教育企业极其看重用户复购，然而在首次售卖课程的过程中，电销人员经常以与课程不切实际的描述来促使用户付费，这势必会影响用户的体验，进而减少复购。某在线教育企业付费用户 NPS 调研数据如表 2-10 所示。

表 2-10 某在线教育企业的利润数据

企业利润					
不良利润			良性利润		
用户量	NPS 评分均值	用户消费总额	用户量	NPS 评分均值	用户消费总额
70 000 人	5	6 300 万元	30 000 人	8	3 700 万元

表 2-10 中，企业的不良利润占比 63%，良性利润占比 37%，可见其复购业绩很少。而贡献良性利润的用户 NPS 平均分数只有 8，因此企业转介绍流量也会很少。

使用 NPS 的注意事项

虽然 NPS 的模型简单且容易理解，但真正在企业内部搭建 NPS 评测体系却不是一件容易的事，需要注意以下三点。

（1）树立以用户为中心的价值观念

NPS 体系的核心思想是提倡良性利润，鼓励企业与用户积极合作，所有以恶化用户关系为代价换取点击率和达成 KPI 的行为都是违背用户价值理念的。树立自上而下的以用户为中心的企业价值观，有助于不同职能部门员工加深理解自身的工作和责任，便于 NPS 项目的推行和落地。

（2）NPS 流程化

NPS 管理涉及企业内部多个部门，如财务、行政、人力资源、市场研究、产品、运营、研发、设计及客服等。因此，企业必须建立由各部门组成的优化机制和流程，形成从问题发现、问题优化到效果评估的管理闭环，真正将 NPS 作为产品优化和体验改善的驱动力。

（3）两个注意事项

第一，要注意 NPS 调查分值与用户行为和业务数据之间的匹配度。如果 NPS 分值不能准确可靠地反映用户对产品的感知和行为，则无法评价用户的忠诚度水平和预测未来的增长。

第二，要搭建多维度的用户反馈渠道以提升与用户的沟通效率。反馈渠道主要包括客服电话反馈、App 产品反馈及社群反馈等。用户反馈必须建立反馈流程和问题处理机制，快速解决用户问题是平复用户情绪最有利的方法。

2.1.5 休眠：沉默预警模型的搭建原理

用户沉默意味着用户将要放弃产品，如果此时才开始采取召回动作就太迟了。因此，召回工作必须在沉默发生之前开始，这样才能防止用户沉默。

运营人员通常需要建立沉默用户预警机制来减少沉默用户。沉默预警机制的核心是用户沉默模型，这个模型是通过分析沉默用户的特征和沉默发生的原因而得到的。沉默预警机制搭建流程如图 2-11 所示。

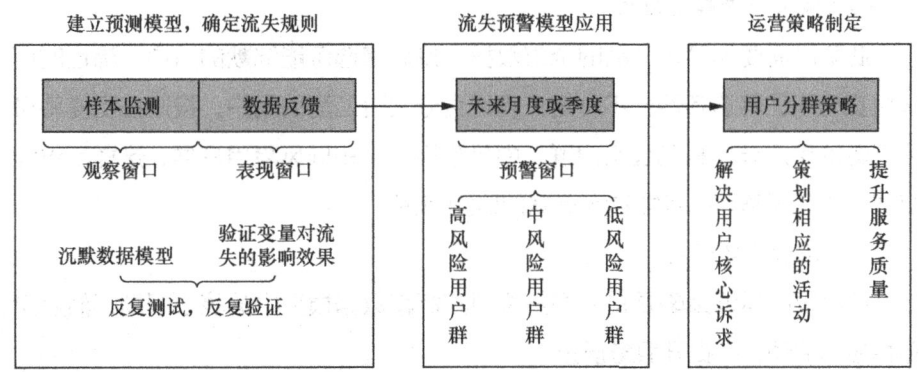

图2-11　沉默预警机制搭建流程

（1）建立预测模型，确定流失规则

观察窗口是指通过分析已知沉默用户的数据来确定沉默用户的数据模型，然后运用此模型监测样本数据。例如，用户沉默具有 A 特征，那么选出具备 A 特征的样本数据进行观测。确定沉默用户数据模型时应尽可能扩大数据维度，包括但不限于购买频次、支付金额、购买间隔、活跃频次、浏览时长、浏览深度及跳出率等。

表现窗口是指观察窗口中的样本用户与沉默用户数据模型的匹配程度。例如，运用沉默用户A特征监测样本数据，则在表现窗口中具备A特征的用户100%沉默。

沉默数据模型是否准确，需要从模型的召回率和准确率两个维度进行评价。召回率也叫覆盖率，是运营策略对特定数据的收录情况。

假设预测模型给出 1 000 名可能沉默的用户 ID，但最终有 100 000 名用户沉默，模型的召回率＝1 000/100 000＝1%，召回率极低，预测模型不准确。如果模型给出90 000名可能沉默的用户ID，那么召回率＝90 000/100 000＝90%，这样才算合格的预测模型。

准确率与召回率相对应，表示模型对特定数据收录结果的准确性。

假设预测模型给出9 000名可能沉默的用户ID，最终这9 000名中有900名用户沉默，准确率＝900/9 000＝10%，显然模型的准确率不及格。如果模型给出的用户ID中有8 800名用户沉默，准确率＝8 800/9 000＝98%，这样模型的准确率是合格的。

沉默预警模型需要经过多次测试才能应用到实际中，而且这个模型不是恒定的，其会随着时间的推移而变化。

（2）流失预警模型应用

此阶段需要先导入产品的全部数据，然后筛选可能沉默的用户。筛选时可以放宽模型的筛选条件，不一定只筛选百分之百匹配的用户。按照匹配度将可能沉默的用户分为高风险用户群、中风险用户群和低风险用户群，这样不仅能提升资源利用率，而且能扩大沉默的监测范围。

（3）运营策略制定

此阶段的运营策略是首先要解决用户沉默数据模型中的核心问题，然后策划相应的活动，并提升服务质量。

2.1.6 一个完整的召回流程

用户召回是用户运营中非常重要的一环，其流程包含以下四个步骤，如图2-12所示。

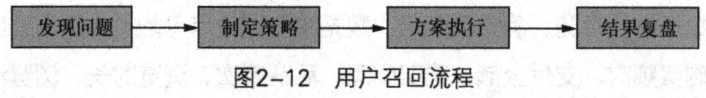

发现问题 → 制定策略 → 方案执行 → 结果复盘

图2-12 用户召回流程

发现问题

造成用户流失的原因主要有四种，分别是自然流失、初次体验不佳导致的流失、易用性障碍导致的流失及竞品导致的流失。

（1）自然流失

每款产品都有生命周期，当产品走向衰退期时，用户的生命周期也走到了尽头。例如，人人网、猫扑网、天涯论坛等产品最终都走向了衰退，即使当前正火热的抖音在未来某一天也会面临衰退的问题。解决自然流失的核心策略是创新，创新不仅能给用户带来新的体验和价值，也能让产品重新焕发生机。

（2）初次体验不佳导致的流失

用户第一次接触产品至关重要，如果用户在短时间内没有体验到产品的核心价值，则很快便会流失。解决初次体验不佳导致的流失，重点在于让用户感知到产品的核心价值。

（3）**易用性障碍导致的流失**

易用性障碍导致的流失是指因用户无法便捷地使用产品而导致的流失。这种障碍可分为三种类型，分别是技术问题、交互设计问题和服务问题。

①技术问题：主要是技术故障和访问速度过慢两个原因造成的用户流失，解决方案是尽最大可能地保证技术的稳定性。

②交互设计问题：常见问题有广告太多、功能跳转逻辑烦琐、手动输入信息及界面丑陋等，解决方案是运营人员根据用户反馈推动产品、UED 等多部门进行设计优化。

③与服务相关的问题：由于用户产生疑问时客服及其他服务部门并未提供有效的帮助和解决方案而导致用户流失。

（4）**竞品导致的流失**

竞品导致的流失是指由于竞品能够提供优质的服务和产品体验而导致用户弃用产品所产生的流失。例如，高德地图和百度地图是地图行业的两个巨头，一些用户会在二者之间摇摆，一旦其中一家出现问题或研发出新功能，都会使用户弃用而选择竞品。对这种流失的解决方案是产品要比竞品的体验好一点、功能快一点、服务耐心一点。

制定策略

（1）召回成本

流失用户召回必须考虑成本问题，如果召回用户的成本高于新增用户的成本，那么应该把资源投入用户拉新，而不是用户召回。

①交易类产品用户召回成本：召回成本 X 的取值区间为 $0 \leq X \leq$ （用户生命周期价值 − 市场成本 − 运营成本）。

②内容类产品用户召回成本：通过大量的数据统计分析，内容类产品获取新用户的成本是维护老用户成本的 5 倍，则其召回成本 X 的取值区间为 0.2 ×

拉新成本≤X≤拉新成本。

（2）策略制定

制定用户召回策略主要考虑三个维度，即用户分类、用户策略、具体落地方案。用户召回策略示例如表2-11所示。

表2-11 用户召回策略示例

用户分类	召回策略	方案1	方案2	方案3	……	M
用户分类A	推荐商品	爆款产品	关联商品	收藏产品	……	Am
用户分类B	促销活动	满减活动	品类活动	店铺活动	……	Bm
用户分类C	优惠券	现金券	回归礼包	满减券	……	Cm
……	……	……	……	……	……	……
N	X	N1	N2	N3	……	Nm

从表2-11中可以看到，根据用户分类能制定多种召回策略和落地方案。但是，召回资源是有限的，需要有所取舍，此时就可以引入ICE评分体系对落地方案排优先级。落地方案优先级排序示例如表2-12所示。

表2-12 落地方案优先级排序示例

方案	I评分	C评分	E评分	总得分	优先级
方案1	8	7	6	21	P1
方案2	7	6	4	17	P2
方案3	7	7	2	16	P3
……	……	……	……	……	……
N	X	Y	Z	M	PN

方案执行

方案执行也是一个测试的过程，需要引入对比数据来评判方案的好与坏。其中，自然回流率是非常重要的一个对比指标，即未经过任何人工干预的情况下某个用户群体的流失用户回流比例。例如，用户群体A中一部分用户连续30天未登录，则判定其为流失用户，此批用户在没有接触任何短信、Push、活动等召回动作时会有一部分用户重新回归产品，这部分用户与流失用户的比值就是自然回流率。用户召回策略数据对比示例如表2-13所示。

表2-13 用户召回策略数据对比示例

用户分类	召回策略	方案1	自然回流率	预计召回率
用户分类A	推荐商品	爆款产品	3%	8%

（续表）

用户分类	召回策略	方案 1	自然回流率	预计召回率
用户分类 B	促销活动	满减活动	4%	7%
用户分类 C	优惠券	现金券	5%	9%
……	……	……	……	……
N	X	Y	Z	M

结果复盘

方案执行后无论是否成功，都要进行复盘分析，主要从召回方案、召回质量、召回成本三个方面分析并调优。

（1）召回方案：主要分析方案中的文案、活动形式、页面素材等内容，可以进一步细分素材进行 A/B 测试，最终筛选出最有效的召回方案。

（2）召回质量：计算被召回的用户后续产生的价值，主要包括召回用户的后续留存情况和消费情况。

（3）召回成本：实际召回成本 = 触达成本（短信、Push）+ 奖励成本。触达成本主要集中在短信，占比相对较小。奖励成本花费较大，激励低了，则召回率下降，高了又不划算。

以上三个因素之间的关系可以通过一张图来表示，如图 2-13 所示。

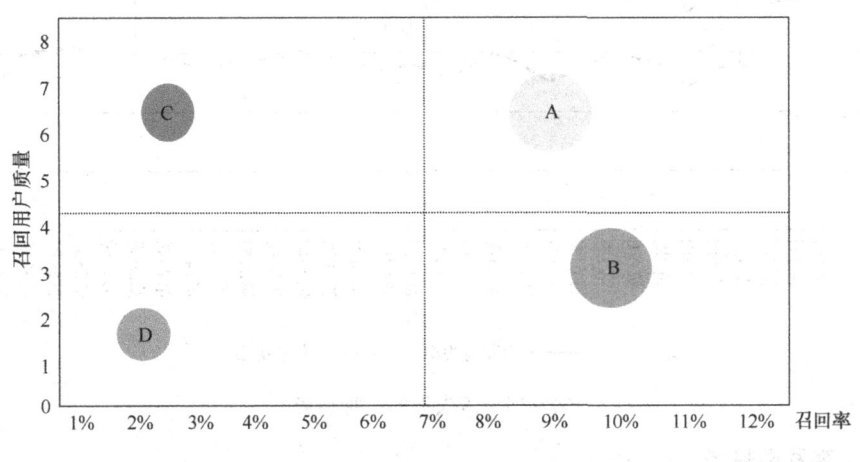

图2-13　召回策略复盘分析图

图 2-13 中横轴为方案召回率，纵轴为召回用户质量，A、B、C、D 为用户分类及对应的方案，圆的半径为成本范围。通常情况下，影响召回用户

质量和召回成本的核心因素是用户分类本身，即 A、B、C、D 四类用户群体本身的质量决定了召回成本和召回质量。高质量用户的召回成本相对较低，且召回质量较高，低质量用户则相反。因此，召回过程中应该把有限的资源倾斜到高质量的流失用户中，并按用户价值依次递减的规律采取召回措施。当然，如果在实践中资源充足或成本较低，最好的情况是同时对所有流失用户进行召回。

2.1.7 流失率的三种趋势

一款产品进入稳定期后，用户流失率会趋于稳定，相关数据模型也会相对稳定。因此，运营人员把过多的精力和资源浪费在挽留每一个流失用户和搞明白所有流失的原因上是得不偿失的，而应该将更多精力放在用户流失率的宏观趋势把控上。流失率的宏观趋势主要有三种，分别是突发性趋势、持续性趋势和系统性趋势，如图 2-14 所示。

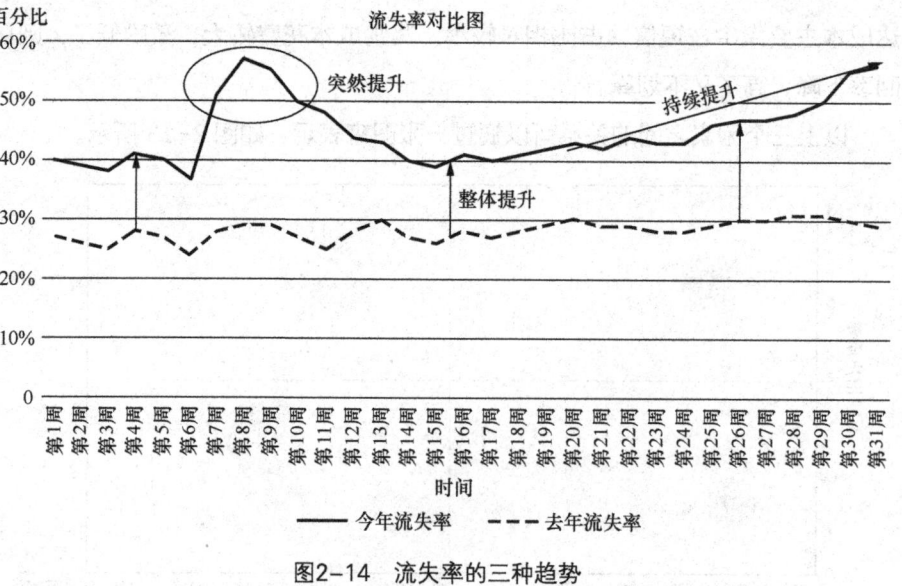

图2-14　流失率的三种趋势

突发性趋势

突发性趋势是由一次或多次特殊事件引发的流失率短期的剧烈波动。发生突发性趋势时，流失率和活跃率会迅速波动，一般情况下活跃率先于流失率波动。造成突发性趋势的原因有两个方面，分别是正向事件和反向事件。

（1）正向事件

短期内上线拉新、促活、留存、召回等正向用户策略时，大概率会造成用户活跃率迅速提升，并形成虚假繁荣；当策略效果消失后，用户活跃率急速下降，从而导致用户流失率急速上升。例如，"双十一""6·18"这种大型活动期间，App 活跃率会迅速上升；而活动过后一段时间内，用户流失率也会显著提升。

（2）反向事件

短期内的缺货、涨价、系统 Bug、用户投诉、对手活动等导致用户停止使用产品，进而使流失率急速提升；当事件过后，用户趋于理性，流失率逐渐恢复正常。

持续性趋势

持续性趋势是指从某一时间点开始，流失率持续增高，而且短期内并未回归正常水平。对于这种趋势，运营人员应时刻关注流失率的变化，监控较长时段内的流失率数据。这种趋势发生初期是非常隐蔽的，因为流失数据的无规则波动掩盖了真实的趋势性问题。例如，某款产品在 3 天内的流失数据都发生异常，但是当准备分析寻找问题的原因时，数据又恢复了正常。持续性趋势可以配合沉默和流失预警模型一起使用。

系统性趋势

系统性趋势是指产品流失率相对于去年或行业平均水平在某一周期内的整体提升。长期的持续性趋势最终会转变为系统性趋势。如果发生系统性问题，运营人员需要对用户做全面的系统性排查，逐一分析用户生命周期下的引入期用户、成长期用户、成熟期用户、衰退期用户及流失期用户的流失率，找出核心问题并解决。

2.2 用户分层和分群

2.2.1 用户分层和用户分群的区别

用户分层是指根据用户的某个特性划分层次。不同的层次具有不同的性质和特征，既有共同的规律，又各有特殊规律。其中要特别强调一下，这个层次指的是等级秩序。

用户分群是指由具有某种相同特性或有某种关系的用户组成的一个共同群

体，这里没有等级之分。

用户分层和用户分群不是包含与被包含的关系，而是交叉关系。在分群分层时，如果有评价的动作就是分层，没有评价的动作就是分群；分群是属性，分层是属性 + 评价。

例如，古代社会是分等级的，通常包括皇亲国戚阶层、士大夫阶层、农民阶层、商人阶层等，这就是用户分层。假设士大夫阶层中有改革派和创新派两个群体，这就是用户分群。士大夫阶层的政治群体隶属于士大夫阶层，但如果皇亲国戚和商人阶层中也有人卷入了改革派和创新派的斗争，那么改革派和创新派这两个群体就实现了阶层的跨越，这时群体内是包含阶层的。

2.2.2　用户价值：用户分层的唯一指标

用户分层和分群的目的是为用户提供个性化服务，进而提升用户对企业的价值。用户分群的参考指标主要有两大类，分别是用户属性（如年龄、地域、学历、性别等）和用户行为属性（如付费用户、非付费用户、绑卡用户、未绑卡用户等）。用户分层的参考指标只有一个，就是用户价值。常用的金字塔模型和 RFM 模型等都是依据用户价值的高低进行分层的。

用户价值指标具有变化性和多样性两个特点。

用户价值指标的变化性

产品生命周期主要分为四个阶段，不同阶段衡量用户价值的指标和侧重点是不一样的，如图 2-15 所示。

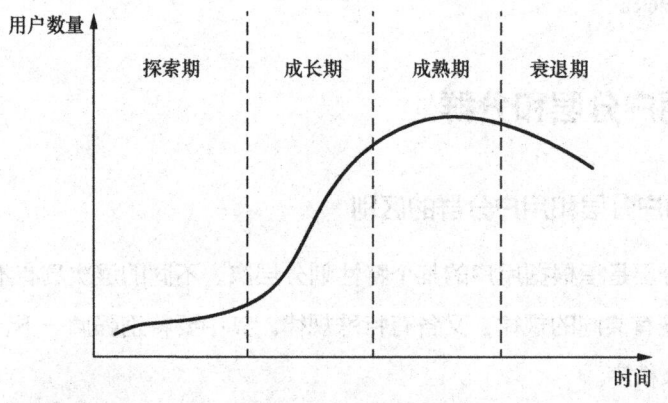

图2-15　产品生命周期曲线

（1）用户价值衡量指标量的变化

在产品推出的初期，用户价值的衡量指标会偏小；而在产品成熟阶段，指标会变大。例如，在探索期，用户购买金额达到 200 元就算高价值用户，但是在成熟期这个金额可能会提升到 2 000 元。

（2）用户价值衡量指标属性的变化

产品在进入成熟期之前，考虑的都是产品推出之初的核心指标。但是，在产品推出的中后期，产品会发生转型或推出新的功能，导致指标出现变化。例如，新浪微博初期衡量用户价值的指标是用户 UGC 数量，而后期衡量用户价值的指标更侧重于用户的浏览时长。这是因为 2014 年之前微博的定位是 UGC 类的社交产品，而 2014 年之后的定位是社交媒体。

用户价值指标的多样性

交易类产品和内容型产品的用户价值衡量指标都不止一个，如图 2-16 所示。当价值指标有多个时，可以单独使用某一个指标或使用多个指标对用户进行综合价值评价。

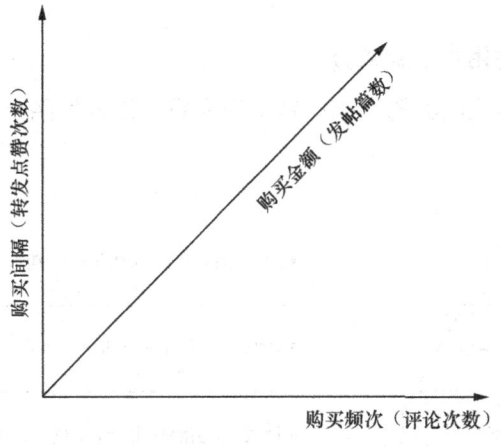

图2-16 用户价值指标的多样性

（1）交易类产品需要从 RFM 三个维度评价用户的价值。三个维度上分别有特定的高价值用户，但同时也需要一个综合性指标评价高价值用户，这就需要建立一个用户价值的三维模型。

（2）内容类产品需要从发帖数量、评论数量、转发＋点赞数量三个维度评价用户的价值。三个维度上都有各自的高价值用户，同样需要一个综合性指标评价高价值用户。

2.2.3 金字塔模型：内容社区运营的灵魂

金字塔模型经常被认为是漏斗模型，这是不正确的，因为从塔基到塔尖并非筛选的过程。

金字塔模型的特性

（1）用户层级之间存在联系

在金字塔模型中，用户之间的联系是自上而下的，上层用户的活跃度会影响下层用户的活跃度，上层用户对下层用户起到一种眼球经济的作用。例如，景甜在微博发布了一条洗脸的帖子，这条简单的内容迅速引起了大量用户的评论和转发。

（2）用户层级不是单纯按照产品的用户价值划分

社区产品中某些用户的价值是用户本身自带的，因为这些用户在真实的社会中也属于高价值人群，是影响力非常大的人群中的一员。例如，黄健翔等名人在现实社会中是高价值用户，所以其在微博社区中不用做任何贡献也能成为高价值用户。

金字塔模型的用户层级划分

对于一款内容社区类的产品，其用户大致可以分为四个层级，如图 2-17 所示。

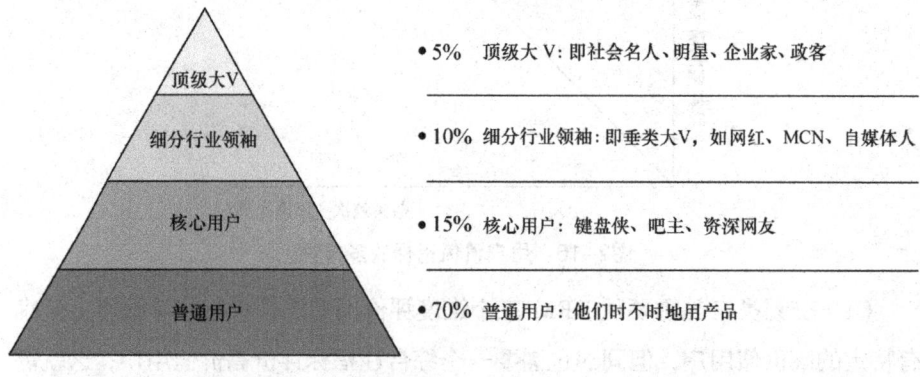

图2-17　内容社区类产品的用户层级金字塔模型

（1）第一层：顶级大 V

本层的用户占比非常少，通常只有 1% ～ 5%，例如，微博上的黄健翔、易烊千玺等用户。

（2）第二层：细分行业领袖

本层的用户占比约为 10%，例如，财经学院的某个教授、某个小一些的 MCN 团队、垂直行业从业者等都是在行业内有些成就的人。

（3）第三层：核心用户

本层的用户占比约为 15%，如资深网虫、微博话题主持人等。

（4）第四层：普通用户

本层的用户占比最高，约为 70%，主要是各类群众。

运营策略

社区运营遵循"二八原则"，也就是 80% 的资源和策略都要投入到 20% 的头部用户的运营中。下面介绍一个社区产品的用户运营策略范例，如表 2-14 所示。

表 2-14　社区产品用户运营策略示例

用户类型	资源投入	服务方式	运营策略
顶级大 V	80%	专人或团队服务	运营热点事件
细分行业领袖		垂类集中化、规则化管理	产生优质内容
核心用户	15%	产品规则规范化服务	控文化、带节奏
普通用户	5%	兴趣点细分化服务	参与感

（1）运营热点事件

运营热点事件，主要有策划和运作两种方式。策划热点事件是指提前与用户沟通并制定炒作方案。例如，明星结婚直播、影视剧发布会、直播访谈节目等，主要形式类似于微博的台网互动和明星粉丝团。运作热点事件是指运营突发的热点事件，例如，何润东的八点二十发等。

（2）产生优质内容

热点事件可遇不可求，而且新闻属性非常强，所以注定其时效性也非常强。而优质内容则时效性较弱，更偏向于知识类的内容，例如，微博上搞笑的段子、猎奇的视频、军事类分析文章、考古类的话题、天文学的超级话题等。所以，沉淀大量无时效性的优质内容是提升用户黏性的重要方式。

（3）控文化、带节奏

用户中藏龙卧虎，很多用户擅长从猎奇的角度发现内容的另一面，如"神评

论"、深度分析等。运营人员要利用好这批用户，让他们起到带节奏的作用，然后慢慢形成一种社区文化，例如，评论中的"排队""盖楼""二楼最牛"等氛围。

（4）参与感

如果用户只是看，而不参与互动，那么社区产品一定会衰落。提升用户参与感的方法是兴趣内容筛选和互动功能多样化。

用户只有在面对感兴趣的内容时才会产生参与的欲望。因此，运营人员可以运用兴趣推荐和内容挖掘机制满足用户对兴趣内容筛选的需求，产品策略主要包括话题、圈子、超话、热搜等。

互动功能多样化的目的是给用户提供多样的参与方式。每个用户的参与意愿及表达形式是不同的，有些用户愿意深度参与，而有些用户愿意简单参与。例如，深度参与的用户喜欢长篇大论地发文章，而简单参与的用户就喜欢转发。互动功能主要包括转发、评论、点赞、投票、分享等。

2.2.4　RFM模型：结合案例演示模型算法

RFM 模型是衡量用户价值和创利能力的重要工具，其在交易类产品中使用的频次相对较高。RFM 三个指标的具体含义如下。

（1）R 即 Recency，是指用户最近一次消费距离现在的时间。最近一次消费距离现在越近的用户，价值越大。例如，1 年前消费过的用户，其价值肯定没有 1 周前消费过的用户所具有的价值大。

（2）F 即 Frequency，表示消费频率，是指用户在统计周期内购买商品的次数。经常购买的用户也就是熟客，其价值肯定比偶尔购买的用户所具有的价值大。

（3）M 即 Monetary，表示消费金额，是指用户在统计周期内消费的总金额，它体现了消费者为企业创利的多少。消费越多的用户，其具有的价值越大。

假设按照 RFM 三个指标将用户分为高、中、低三个价值层，那么用户的综合价值会有 3×3×3=27 种用户分层。如果产品的用户量在几千万甚至上亿的量级，那么 RFM 三个指标还可以划分更多的区间，对应的用户分层也会更多。

为了方便对 RFM 模型进行讲解，我们把三个指标上的用户价值划分为高和低两层，从而总共可以得到 2×2×2=8 种用户分层，如图 2-18 所示。

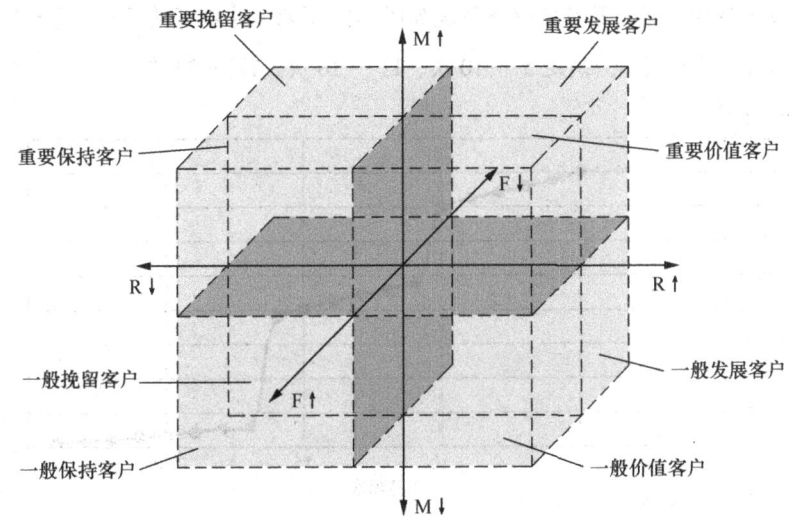

图2-18　RFM三维分类模型

图 2-18 中的八类用户按照价值排序，如表 2-15 所示。

表 2-15　八类用户价值分层

用户类型	R	F	M
重要价值用户	高	高	高
重要保持用户	低	高	高
重要挽留用户	低	低	高
重要发展用户	高	低	高
一般价值用户	高	高	低
一般发展用户	高	低	低
一般保持用户	低	高	低
一般挽留用户	低	低	低

案例

假设以某电商平台半年内的交易数据为研究对象，进行 **RFM** 分析。抽取交易数据样本 3 673 000 条，筛选交易频次、交易金额、购买间隔三个字段的数据，并分别统计三个指标的用户量和对应指标的分布情况。

（1）数据分析

①交易频次

交易频次和用户数量的分布情况如图 2-19 所示，从中可见用户交易频次集中分布在三个区间，分别是 5 ~ 10 次、11 ~ 16 次、17 ~ 22 次。

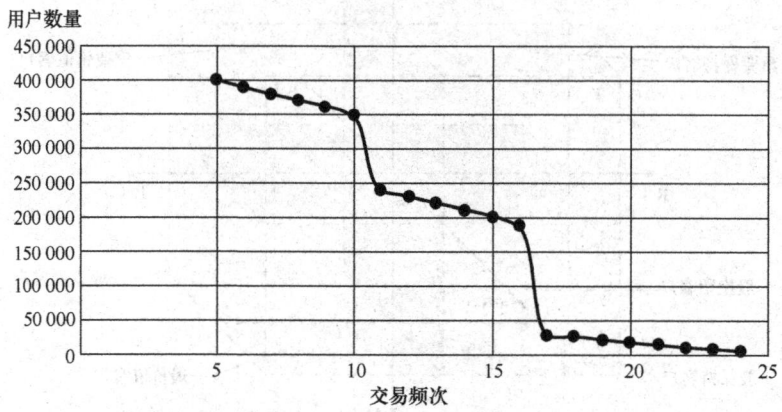

图2-19　交易频次和用户量分布图

②交易金额

交易金额和用户数量的分布情况如图 2-20 所示，从中可见用户交易金额集中分布在三个区间，分别是 6 000 ~ 11 000 元、12 000 ~ 17 000 元、18 000 ~ 25 000 元。

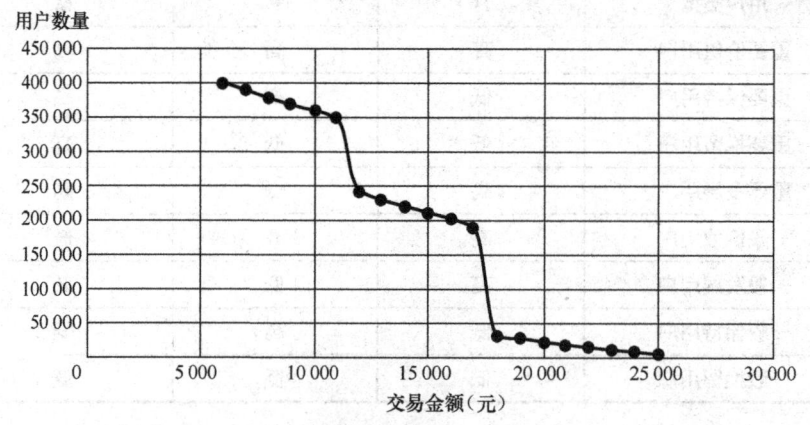

图2-20　交易金额和用户量分布图

③交易间隔

交易间隔和用户数量的分布情况如图 2-21 所示，从中可见用户交易金额集中分布在三个区间，分别是 11 ~ 18 天、19 ~ 24 天、25 ~ 30 天。

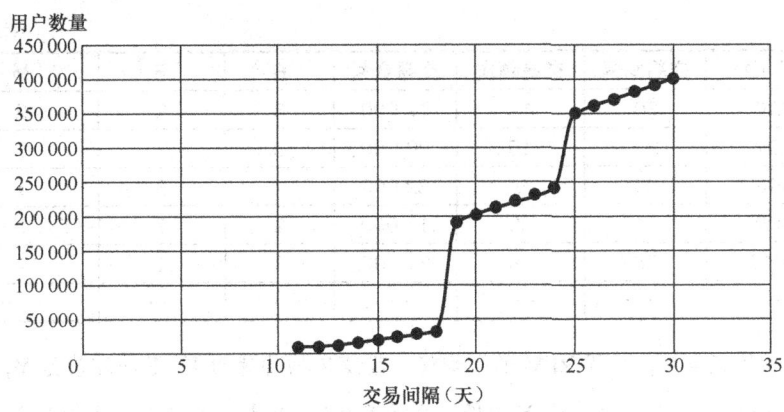

图2-21 交易间隔和用户量分布图

（2）数据处理

通过RFM三个维度的样本数据分析可知其分档情况，如表2-16所示。其中，R值为反向值，即R值越大，用户价值越低；F值为正向值，即F值越大，用户价值越高；M值为正向值，即M值越大，用户价值越大。

表 2-16 RFM 数据分档情况

维度	1 高	2 中	3 低
R	R<18 天	19 天 <R<25 天	R>25 天
F	F>17 次	10 次 <F<16 次	F<10 次
M	M>18 000 元	11 000 元 <M<18 000 元	M<11 000 元

表 2-16 把 RFM 三个指标分为高、中、低三个档次，总共有 3×3×3=27 种用户分类。为了便于阐述，我们将其简化为高和低两种。简化的过程中要用到中位数这个概念，即计算出 RFM 三个指标的中位数，然后利用中位数进行高、低分层。我们用数字 1、2、3 分别对应高、中、低三个梯度，对所有样本数据进行归类，如表 2-17 所示。

表 2-17 抽样数 RFM 对应值（部分数据）

用户 ID	交易间隔	交易频次	交易金额	R	F	M
UID1	27	20	19 000	3	1	1
UID2	20	22	12 000	2	1	2
UID3	15	13	13 000	1	2	2
UID4	14	5	9 000	1	3	3
UID5	10	2	8 500	1	3	3

（续表）

用户ID	交易间隔	交易频次	交易金额	R	F	M
UID6	30	13	17 000	3	2	2
UID7	22	15	20 000	2	2	1
UID8	23	9	22 000	2	3	1
UID9	24	20	10 000	2	1	3
UID10	26	18	21 000	3	1	1
……	……	……	……	……	……	……

分拣完毕后，计算 RFM 的平均值。假设 R 的均值为 X，F 的均值为 Y，M 的均值为 Z。其中，R 大于 X 为低，小于 X 为高；F 大于 Y 为高，小于 Y 为低；M 大于 Z 为高，小于 Z 为低。按照高与低两个维度依次对所有数据进行划分，即可得到表 2-15 所示的用户层次划分。

（3）运营策略

运营人员在制定策略之前，首先要考虑每个分层中用户量在总用户量中的占比情况，并按占比进行资源分配。用户类型占比示例如图 2-22 所示。

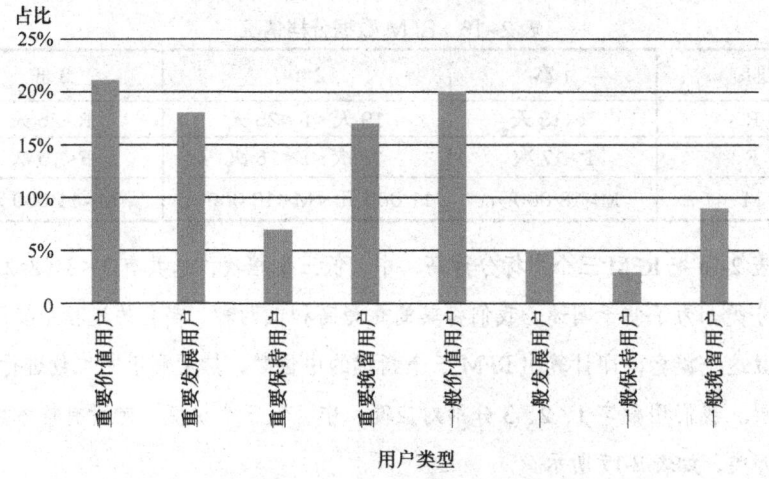

图2-22　用户类型占比示例

对于占比较少且不是很重要的用户群体，在投入资源上可以适当延后。

用户价值分层中的八种用户群体相对应的运营策略，如表 2-18 所示。

表2-18　八种用户类型运营策略

用户类别	R 值	F 值	M 值	运营策略
重要价值用户	高	高	高	保持现状

（续表）

用户类别	R 值	F 值	M 值	运营策略
重要发展用户	高	低	高	提升频次
重要保持用户	低	高	高	用户回流
重要挽留用户	低	低	高	重点召回
一般价值用户	高	高	低	刺激消费
一般发展用户	高	低	低	挖掘需求
一般保持用户	低	高	低	流失召回
一般挽留用户	低	低	低	可放弃治疗

2.2.5 SICAS模型：基于行为心理学的营销方法

SICAS 模型

SICAS 模型是第三代消费行为模型（前两代分别是 AIDMA 和 AISAS）是移动互联网的产物。社交网络和新媒体的出现，以及互联网的开放和连接，改变了营销的路径，用户的行为不再是单线路、线性的，而是多触点、多线路、非线性的。SICAS 的基本含义如图 2-23 所示。

图2-23　SICAS模型

（1）S 代表互相感知（Sense）：建立全网触点，利用社交网络、LBS 服务、电商平台、公众号、自媒体平台等一切可以利用的移动互联网产品，让品牌与用户之间的感知无处不在。

（2）I 代表产生兴趣，形成互动（Interest&Interactive）：形成互动不仅取决于触点的多少，而且取决于互动的方式、话题、内容和关系，即参与感。例如，KOL 分享内容和直播带货都是一种互动的形式，把冷冰冰的广告和产品变成高质量的参与和体验。

（3）C 代表建立连接，形成互动沟通（Connect&Communicate）：将所建立

的触点进行连接，打通各种基于广告、内容、关系的数据库和业务网络，及时响应消费者并进行对话，即利用一切可以触达用户的互联网渠道保持与用户的沟通。

（4）A 代表行动购买（Action）：用户的购买行为不仅发生在电子商务网站中，也发生在微信群、朋友圈、小程序、微博、抖音、直播平台等一切互联网产品上。

（5）S 代表体验分享（Share）：用户乐于分享对优秀产品的体验，分享的动机可以是自愿的，也可以是利诱的。

总之，SICAS 是商家利用各种互联网渠道产品触达用户，通过优秀的营销素材激发用户内心的幻想，并时刻与用户互动沟通，让用户在任何产品上都能完成交易，最后促使用户把产品和服务推荐给朋友。

SICAS 中的每个动作都在互联网上产生，每个步骤都能用数据进行量化。

广告可以分为品牌广告和效果广告。之所以这样区分，是因为品牌广告的效果无法衡量，而效果广告的每一步都能进行数据化的衡量。AIDMA 和 AISAS 就是品牌广告的代表，除了少数步骤以外，其他均无法衡量，可以说是完全基于心理学的。而 SICAS 则完全建立在行为心理学上，用户的每一步行为都可以数据化。

阿里巴巴的品牌数据银行

阿里巴巴的品牌数据银行是整合了营销效果数据和用户数据的 CRM 系统，主要帮助商家制定营销策略和投放策略，是一种营销行为模型，也是 SICAS 的一个变种。阿里巴巴的品牌数据银行主要分为四个步骤，即 AIPL。

（1）A 代表认知（Awareness）：消费者相对被动地与品牌接触，主要指被品牌广告触达的用户群体。品牌数据银行内部的定义为在一定周期内（通常是 15 天内）被平台各类广告扫到或在无主观意识的情况下接触品牌店铺的人群，如表 2-19 所示。

表 2-19　用户认知行为定义

项目	时间	用户行为
曝光与点击	15 天	曝光或点击阿里巴巴、天猫、淘宝、优酷广告位等
浏览	15 天	浏览品牌旗舰店、超级品牌活动页、品牌号站点页面等
观看	15 天	观看品牌直播等
访问	15 天	到访过品牌线下门店、天猫快闪店等

（2）I 代表兴趣（Interest）：消费者主动与品牌发生接触，即对品牌有过了解并带有主观意识地与品牌进行各种互动的用户群体。品牌数据银行内部的具体定义如表 2-20 所示。

表 2-20　用户兴趣行为定义

项目	时间	用户行为
会员	15 天	品牌会员馆、品牌授权店铺会员
粉丝	15 天	品牌号订阅粉丝、互动吧关注粉丝、微淘粉丝
互动	15 天	参与品牌互动、品牌互动吧互动、点赞、评论、分享等
浏览	15 天	浏览品牌商品的时间不少于 2 天
收藏	15 天	收藏或加购过品牌商品的消费者
试用装	15 天	在菜鸟驿站领取了试用装，在线下门店随身购物袋扫码

（3）P 代表品牌购买人群（Purchase），指购买过品牌商品的用户，如表 2-21 所示。

表 2-21　用户购买行为定义

项目	时间	用户行为
购买	两年半内	购买了品牌商品的所有消费者数量减去忠诚消费者的数量
活跃购买	365 天	最近 365 天内购买过品牌商品的消费者

（4）L 代表品牌忠诚人群（Loyalty），包括复购、评论、分享的用户，如表 2-22 所示。

表 2-22　用户忠诚行为定义

项目	时间	用户行为
评论	365 天内	365 天内有过正向的评论 / 正向的追评不少于 2 次
购买	365 天内	购买过该品牌商品不少于 2 次

阿里巴巴的品牌数据银行对于运营阿里系店铺的运营人员非常重要，想要深入研究的读者可以访问阿里巴巴认证学习官方课程。

运营策略

按照 SICAS 模型拆解用户行为的主要路径，其每个模块对应的运营策略如图 2-24 所示。

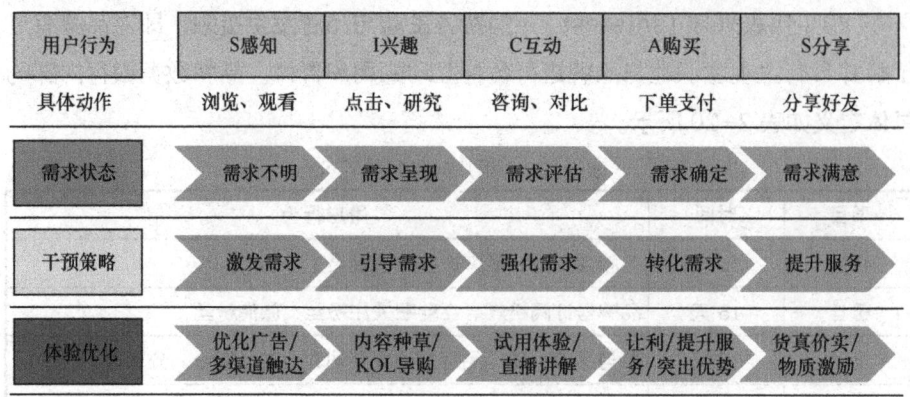

图2-24　SICAS模型运营策略

运营人员在实战中需要依据具体的业务情况定义用户行为，并建立漏斗模型对数据进行实时监控。SICAS 模型中的每一步都可以监控数据，因此可以运用 AB 测试的方法快速迭代运营策略。

2.3　用户激励体系

2.3.1　积分体系：让利产生的虚拟货币

积分体系又称为"虚拟货币体系"，是一种通过平台补贴来提升用户忠诚度并为平台各项业务导流的运营手段。产品发展到一定规模时，积分体系对于保持用户黏性和维系用户忠诚度具有重要的促进作用。积分体系在用户运营各阶段的具体应用，如图 2-25 所示。

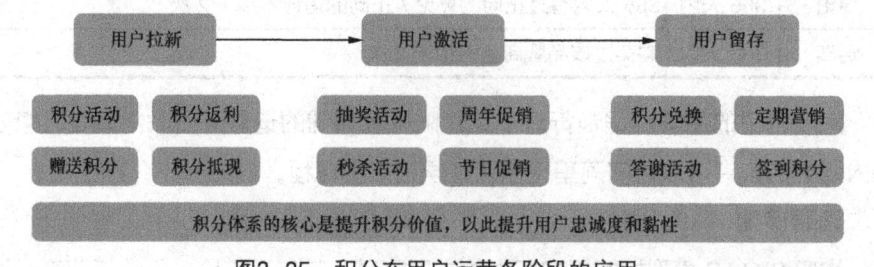

图2-25　积分在用户运营各阶段的应用

用户积分不具备不可迁移的价值，用户在某个平台有积分并不影响其去其他平台消费，因为每个平台都有积分体系。作为运营人员，不要相信会有用户仅因为积分就在你的平台不断消费，除非你一直给予用户高额补贴。

用户积分本质上是一种低价打折的营销方式，发放积分是需要营销投入的，因此运营人员应该有预算管控和成本核算意识。同时，积分商城里奖品的价格决定了这种"货币"是通胀还是紧缩。

搭建一套完整的积分体系需要运营、产品、数据、技术等多个部门协调完成，所以在实践过程中最好组成虚拟项目组。本节主要从运营的角度讲解用户积分，所以请读者暂时忽略产品、数据等方面的工作内容。运营人员制定积分运营策略时主要考虑三个部分，如图 2-26 所示。

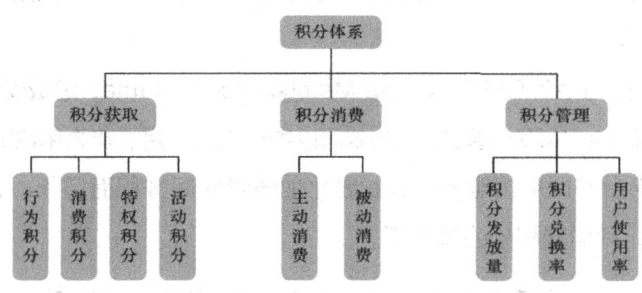

图2-26　积分体系框架图

积分获取

（1）获取规则

积分获取是指用户完成特定的行为便可得到积分奖励，一般情况下会奖励对产品有利的行为。积分获取主要包括三个模块，分别是获取行为、积分公式、积分规则，如表 2-23 所示。

表 2-23　积分获取示例

模块	获取行为	积分公式	积分规则
消费积分	消费金额	消费金额＝积分数字	不封顶，多消费多得积分，四舍五入，退款扣除积分
账户行为	注册账户	注册奖励 50 积分	一次性发放，手机号重复注册无效
	绑银行卡	绑卡奖励 100 积分	一次性发放，重复绑卡无效，解绑不扣积分
	填写地址	填写奖励 50 积分	一次性发放，重复填写无效，删除不扣积分
评论行为	文字评论	评论一条 10 积分	每天上限 3 条，积分上限 30 分，删除扣除积分
	图片评论	评论一条 15 积分	每天上限 3 条，积分上限 45 分，删除扣除积分
	视频评论	评论一条 20 积分	每天上限 3 条，积分上限 60 分，删除扣除积分

（续表）

模块	获取行为	积分公式	积分规则
活跃行为	登录行为	登录奖励 5 积分	每天一次，没有时长、行为门槛
	收藏行为	收藏奖励 5 积分	每天上限 2 次，积分上限 10 次，删除不扣分
	时长行为	30 分钟 10 积分	每天上限 10 分，超过 30 分钟不另算积分
活动积分	规定项目	"双十一"消费，积分 1.5 倍	"双十一"当天消费，享受 1.5 倍积分
特权积分	等级积分	等级系数 × 积分项目	等级系数 = 等级 /10+1

（2）数据推演

运营人员在设计积分获取规则时，一定要对平台的用户群体数据进行推演，主要思路如下。

①消费积分与平台 GMV（Gross Merchandise Volume，总成交金额）呈正比，则消费积分 = GMV- 退费。该公式可以得出以天、月、年为单位的积分数量。

②假设平台 GMV 按照 $y=kx+b$ 线性地随着时间推移而增长，并且退费率维持在 10%，则消费积分公式如下。

$$消费积分=0.9\int_0^x (kx+b)\,dx, x为天数(0<x<365)$$

③假设平台的用户增长为线性增长，用户量 = ay+c，y 为时间，并且每天拿到全部积分的用户数为 20%，拿到一半的为 40%，20% 的用户拿不到积分，则行为积分公式如下。

$$行为积分=\int_0^x 0.2\times160(ay+c)\,dx+\int_0^y 0.4\times80(ay+c)\,dy, y为天数(0<y<365)$$

④假设注册用户绑卡和填写地址的人数比例分别为 80% 和 60%，新用户注册率为 100%，则注册积分公式如下。

$$注册积分=50\times(ay+c)+0.8\times100(ay+c)+0.6\times50(ay+c)$$

由以上三个公式可知，积分 = 消费积分 + 行为积分 + 注册积分。通过此公式可以推算出任意时间段的积分情况。

依据时间段内的积分数量可以设定积分与现金之间的汇率，因此可以推算出季度、年度所需要的营销费用。积分与现金的汇率可以设计为固定汇率或浮动汇率，浮动汇率的优点在于可以随时调控积分营销成本。

积分消费

积分消费是指让用户感知到积分的价值，同时消耗掉用户账户所拥有的积分。消耗积分的方式主要分为两种，分别是被动消费和主动消费。

（1）被动消费

被动消费是指积分被设置了有效期，到一定时间后会自动失效并清零。因为如果积分不清零，随着时间的推移，平台积累的积分会越来越多，不仅会造成营销成本的增加，也会降低用户对积分价值的感知度。

设置积分清零时间的方式有固定时间和相对时间两种。固定时间清零是指在固定时间内清空所有获得的积分。例如，在每年的 1 月 1 日将上一年度所有未使用的积分清零。相对时间清零是指从获取该积分的日期算起，在第二年的同一时间将积分清零。例如，2020 年 1 月 1 日获得的 1 000 积分将在 2021 年 1 月 2 日清零。

（2）主动消费

主动消费是指用户主动使用积分兑换奖励，包括实物兑换、折扣兑换及活动兑换等。

实物兑换是指用积分兑换实物奖品，如平台吉祥物、纪念水杯等。一般情况下，实物奖品和积分之间会有一个兑换比例。兑换公式为"积分数量＝（实物进货成本 ＋ 运费成本）× 积分人民币兑换比值 × 溢价参数"。其中，溢价参数是给打折活动等预留的空间。例如，假设实物奖品为一部价值 1 000 元的手机，物流成本为 100 元，积分人民币兑换比值为 100:1，溢价参数为 1.3，则这部手机的兑换积分数量为 143 000 积分。如果做活动，折扣上限为 8 折。

折扣兑换主要是用积分兑换优惠券，包括品类券、现金券、折扣券等。优惠券兑换主要考虑积分和人民币之间的比率，因此折扣券都是可以算出抵扣金额的优惠券。例如，假设满减券为满 300 元减 50 元，则兑换积分为 5 000；折扣券为满 500 元打九折，现金成本为 50 元，则兑换积分为 5 000；现金券50 元，则兑换积分为 5 000。

活动兑换主要是用抽奖、刮刮乐、大转盘等游戏方式消耗积分。积分兑换公式为积分数量 >（中奖概率 × 奖品成本）/100。例如，假设轮盘游戏有 6 个分区，其中 3 个是中奖区域，则中奖概率为 1/2，每个奖品的中奖概率为 1/6；三个奖品的现金成本分别为 10 元、20 元、30 元，则奖品的平均成本为 20 元。因此，抽奖积分为（0.5×20）/100=1 000 积分。

积分管理

积分体系搭建完成并上线不是结束，后续的运营调优才是重中之重。由于上线时所用的数据模型都是预估模型，因此运营人员需要在后续的运营过程中调整策略以达到提升积分体系运行效率的目的。

（1）积分发放情况

上线运行过程中，运营人员要时刻关注积分的发放情况，对比预估发放量和实际发放数量的情况。

如果预估发放量大于实际发放量，就说明用户主动获取积分的意愿不强。运营人员可尝试做活动刺激用户，促使其主动获取积分，目的在于提升用户对积分的重视程度和对积分价值的感知程度。例如，针对某款产品分析用户行为可知，每日浏览积分商城的用户占比为 1.5%，有将近 98.5% 的用户从未浏览过积分商城。针对这些数据，运营人员相继采取多种运营手段以提升用户获取积分的数量，例如，通过首页、Push、公众号等多个广告位推广积分商城。经过一系列的运营策略，浏览积分商城的用户比例在一周内提升到 4%，积分发放量相比推广之前上涨了 45%。

如果预估发放量小于实际发放量，就说明用户主动获取积分的积极性比较高，或者产品设计有缺陷。此时，运营人员应该着重分析积分发放过多的项目，并找到造成该结果的原因。如果是用户积极性较高造成的，则可以提升获取积分的难度或动态调整积分兑换人民币的汇率；如果是设计问题造成的，则找出发放量最多的项目进行优化调整。例如，针对某款产品分析用户行为可知，用户收藏模块日均每用户发放 13.5 积分，高于日均上限 10 分，因此可以断定产品程序有Bug。运营人员查找原因后发现在编写代码时，对每日收藏获取积分并未设置上限，为开放式。将代码调整后，用户收藏每日积分为 5.5，代表平均每个用户每日都会有收藏动作。

（2）积分兑换情况

积分兑换情况是指发放出去的积分兑换比例，即积分消耗情况。观察一段时间后，运营人员可策划积分消费活动，包括放开抽奖次数、上新奖品等。例如，某产品积分体系上线初期，由于用户没有理解积分体系的价值，甚至不知道有积分体系，因此积分消耗比例在 10% 左右徘徊。于是，运营人员主动策划积分兑换优惠券活动，并通过 Banner 和积分商城引导页进行推广，一周之后积分消耗比例提升到 30%，活动结束的一周内积分消耗比例为 18%。

（3）积分使用情况

积分使用情况是指账户有积分且可以兑换奖励的用户使用积分的比例。

用户使用积分的比例高，代表用户对积分体系和激励奖品比较认可，那么运营人员可以持续刺激用户获取积分，同时增加用户喜欢的激励奖品。例如，某款产品上线积分体系半个月内，有 2% 的用户兑换了奖品。运营人员抽取这 2% 的用户，分析其行为得出以下结论：上线初期，用户没有足够的积分兑换奖品，因此用户在半月内每天坚持做积分任务，其中 60% 的用户在一周内完成了积分数量积累并进行商品兑换，其他用户则在半个月内完成。后半月内，这 2% 的用户中有 30% 的用户仍会坚持做任务，虽然频次有所降低，但仍然比未上线积分体系时活跃很多。

用户使用积分的比例低，代表用户对积分体系或激励奖品的认可度较低。运营人员可以通过更换爆款奖品来刺激用户，并分析兑换比例是否有明显的提高。如果兑换比例没有明显的提高，则代表用户对积分体系的认知程度较低，需要加大推广力度。例如，针对某款产品，运营人员选取向浏览过积分奖品的用户推送奖品上新活动。活动内容为连续 15 天获得满额积分，则可以用 15 天的积分兑换 150 元现金券。活动上线 15 天后，有 40% 的用户参与活动，其中 10% 的用户完成任务、10% 的用户中断、20% 的用户中途放弃。

2.3.2 等级体系：提高迁移成本产生的特权

用户等级体系是指按用户行为和用户价值将所有用户划分为不同等级的系统，不同等级的用户拥有不同的权利。搭建用户等级体系的目的是提高用户的迁移成本，提升用户的黏性和忠诚度。实际上，等级体系是面向忠诚用户的低价让利策略，而对新用户和普通用户没有过多的让利。

本节从经验值、等级制度、等级特权三个方面讲述怎样搭建等级体系，如图 2-27 所示。

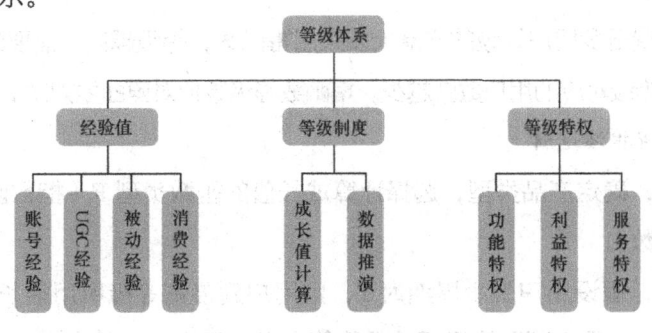

图2-27　等级体系架构图

等级经验值

等级经验值获取和积分体系的积分获取非常相似，都是根据用户行为进行数据量化，如表 2-24 所示。

表 2-24 等级经验值获取示例

用户行为	经验来源	经验值	规则
账号行为	登录 App	经验值 2	每日一次，上限 2
	打卡	经验值 2	每日一次，上限 2
	上传头像	经验值 10	首次上传，删除不扣除
	完善资料	经验值 10	首次完善，删除不扣除
UGC 行为	发表评论	经验值 5	每日 5 次，上限 25 经验值
	发表文章	经验值 30	每日 5 次，上限 150 经验值
	点赞	经验值 2	每日 5 次，上限 10 经验值
消费行为	购买商品	购买金额数值	上不封顶
被动行为	文章被评论	一条经验值 1	每日 10 次，上限 10 经验值
	文章被点赞	一次经验值 1	每日 10 次，上限 10 经验值
	文章被收藏	一次经验值 1	每日 10 次，上限 10 经验值

经验值的获取可以根据不同的时间节点侧重不同的用户行为。例如，内容型产品在冷启动初期鼓励用户多发内容。因此，UGC 类的用户行为可以适当给予高经验值。

等级制度

（1）等级成长值的计算

等级成长值的计算一般有几种比较通用的方式，分别是幂函数、指数函数和分段函数。

想要设置更多用户等级的产品大多采用幂函数，等级越高，需要的经验数值就越多，高等级对应的用户数就越少。幂函数等级数值对照曲线如图 2-28 所示。

（2）数据推演逻辑

第一步，确定产品类型，选择计算成长值的函数类型 F（指数函数、幂函数、分段函数）。

第二步，假设用户生命周期为 T，则用户到最高等级所用最长时间为 T。根据表 2-23 对用户获取等级经验数值的定义，可推算出用户每天能获得最大

经验值的函数为 $E_{max}=219+y$，其中 y 为消费金额经验值。整个用户生命周期中

可以积累的最大经验值为 $\int_0^x (219+x)\,\mathrm{d}x + y + 20$，其中 $y>0$、$0<x<\mathrm{T}$。

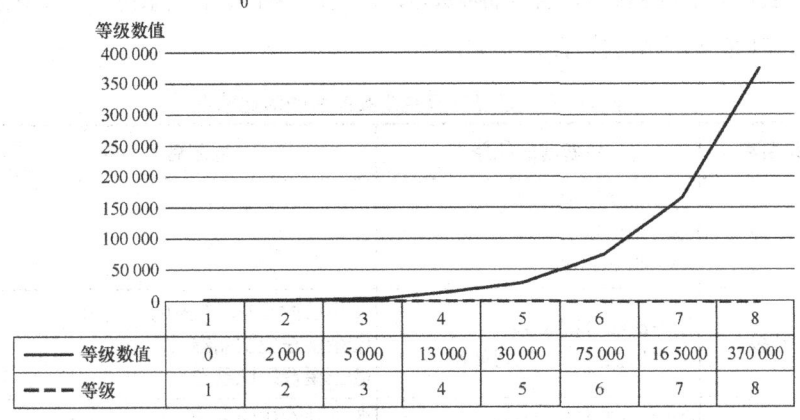

图2-28 等级数值对照曲线

第三步，把最大经验值函数代入函数 F 中，可计算出用户能达到的最大等级 D，于是得出用户成长的等级区间为 [1，D]。根据等级区间 [1，D] 计算出每个等级对应的成长值，则得到用户等级和用户经验值对应的数据。

等级特权

等级特权是指不同等级用户对应不同的特权。例如，电商平台不同等级的用户得到的返利不同，社交平台不同等级的用户得到的产品功能、权限不同。

（1）功能特权

特权功能是指高等级用户能享受到而普通用户享受不到的功能，这些一定是锦上添花的功能，而不是基础功能。假如高德地图只对高等级用户开放导航功能，就会流失很多普通用户。而如果高德地图给予高等级用户自定义皮肤的特权，就不仅不影响普通用户最基本的功能使用，还会提升普通用户的黏性。

特权功能主要分为两大类，分别是实用功能和荣誉标识，如表 2-25 所示。

表2-25 特权功能示例

类型	目的	案例
实用功能	满足用户功能需求	QQ 高等级建群功能
荣誉标识	满足用户虚荣心理	微博等级勋章体系

（2）利益特权

利益特权是指对高等级用户给予更大力度的优惠和让利。例如，前几年星巴克的会员等级权益改版闹得沸沸扬扬，在用户中引发了大量讨论。星巴克权益改版前后的对比情况如表 2-26 所示。

表 2-26　星巴克权益改版前后的对比情况

等级名称	更新前的权益	更新后的权益
银星级	① 3 张买 1 赠 1 券 ② 1 张免费早餐券 ③ 1 张升杯券	无
玉星级	① 单次买 3 赠 1 券 ② 生日饮品卷，当月使用	① 生日饮品券，7 天内 ② 金星在望饮品券 ③ 玉星晋级饮品券
金星级	① 单次买 3 赠 1 券 ② 生日饮品卷，当月使用 ③ 周年庆免费券，当月使用 ④ 满 10 赠 1 券	① 金星在望饮品券 ② 生日饮品券，7 天内 ③ 周年庆免费券，7 天内 ④ 9 颗礼品星星兑换 1 份指定饮品/食品

改版后，星巴克提高了等级特权的门槛，低等级的银星级没有了让利，玉星级和金星级的特权让利有所增加。星巴克的整体让利策略对高等级用户越来越友好，对低等级用户的让利则越来越少，可能是因为高等级用户的投入产出效果高于低等级用户。

（3）服务特权

服务特权是指客户服务的特权。电信是重服务的行业，在网络不发达的时代，用户都是去营业厅缴费或通过人工客服的方式更改套餐资费。由于人力有限，电信行业面对大量用户时肯定会力不从心，因此催生了特定时代的服务特权。联通的五星级用户服务特权如表 2-27 所示。

表 2-27　联通的五星级用户服务特权

用户等级	服务特权
五星级用户	专属人工座席，享受 24 小时直通服务
	业务优先办理权，营业厅办理业务不用排队

银行也经常使用服务特权，例如，区别对待不同额度的存款用户。京东会员用户的 24 小时专享客服也是服务特权的一种。

2.3.3 付费会员：让利使用户产生沉没成本

付费会员是指用户花费一定的现金购买平台的会员产品，会员产品相应地在价格、服务等方面给予用户一定的让利。其内在的逻辑是通过让利使用户在平台产生沉没成本，因此提高用户的迁移成本，同时也能促进用户购买更多的商品。

会员形式

（1）充值型会员

充值型会员是指用户预付一部分费用并得到总值优惠或每次消费的折扣优惠。总值优惠注重的是金额总量，每次消费优惠强调的是消费次数，这两种模式本质上是不同的。

总值优惠适用于超高频、先付费后使用、低成本的商业模式，应用在游戏、电信供应商等偏重于基础设施的行业。这类行业的前期投入资金较多，后期维护成本较少，所以可以给用户更多的让利。交易模式为先付费后服务，每单交易很难切割量化，因此需要用账户储值的形式完成服务。

总值优惠的应用有百度文库、大智慧数据服务等，这种模式主要以售卖账号或充值虚拟金币的形式存在，其用户多倾向于专业用户，并不适合非专业用户。例如，中国移动经常搞预存活动，预存 500 元话费返现 100 元，账户金额 600 元；魔兽世界、斗地主代币充值活动，充值 500 元可得 1.5 倍平台游戏币。

次数优惠适用于低频、重服务、高成本、偏向线下、刚需或伪刚需的商业模式，多见于理发店、健身房、游泳馆、餐饮等行业。这些行业中企业的每次服务都需要投入较高的成本，因此必须限制次数，进而只能给予用户次数的折扣优惠。

这里重点强调一下刚需和伪刚需。理发是刚需，因为无论什么类型的用户都有理发需求；健身是伪刚需，因为不是所有人都有健身的需求，健身的用户只是在决定健身之后的某一段时间内才变为刚需用户。例如，理发店充值 500 元送 15 次理发，限定总监级理发师，不限消费时限，用完即止，而总监级理发师单次理发收费 50 元；健身房充值 1 000 元送 20 次健身，不限定器械，时长为一年，过期作废且可转让，而单次健身收费 80 元。

（2）中介型会员

中介型会员是指用户付费购买一定时间内的服务。此类的典型代表就是 Costco，基本的商业模式是只赚取会员费，售卖商品基本没有什么利润，能覆盖运营成本即可。Costco 售卖商品的毛利率基本维持在 14%，而且运营人员每天都在想着怎么少赚一点。

（3）订阅会员

订阅会员是指用户一次性购买一定时间的全部优惠或全部内容服务，主要分为零售行业会员和内容行业会员两大类型。

零售行业会员是用户一次性购买了平台或商家的让利。例如，购买京东会员享受优惠券、免运费、第三方平台内容等优惠福利，淘宝 VIP88 会员享受所有阿里体系的产品优惠。

内容行业会员主要分为知识付费和账号付费两种模式。知识付费是购买某个垂类的一系列内容服务，并不是所有内容都免费。账号付费是用户购买会员后能免除广告等骚扰，主要应用于视频服务类产品。

激励策略

设计会员激励策略时需要分别从权益内容、时间长度及用户类型三个维度考虑和细化。大部分会员产品都是这三个维度的组合，只是侧重点不同而已。会员产品三个维度的组合关系如图 2-29 所示。

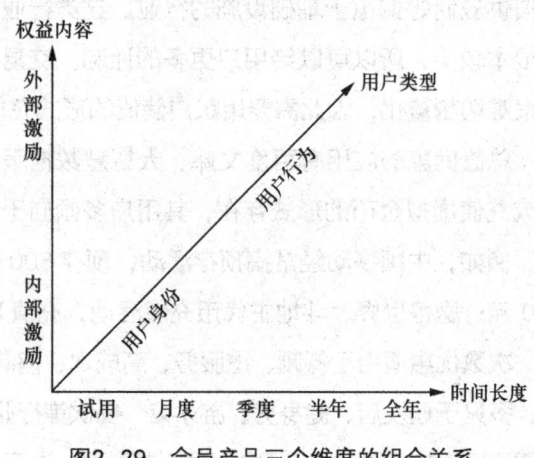

图2-29 会员产品三个维度的组合关系

（1）权益内容

内部激励是指平台自有优惠和服务。自有优惠是指平台给予会员用户平台内部的优惠策略，如优惠券、积分、代币等。自有服务是指平台给予会员用户平台内部的服务提升，如专属客服、优先级权限等。

外部激励是指平台与第三方合作并给予会员用户其他平台的优惠和服务。例如，京东、爱奇艺、腾讯视频等多家企业实行跨平台会员服务合作。京东会员的外部激励如图 2-30 所示。

外部激励的引入不仅有利于提升用户的兴趣度和新鲜度，而且使企业之间的跨行业合作成为双赢的局面，降低了拓展拉新的成本，提升了会员业务的营收额。

（2）时间长度

时间长度是指给用户提供不同时间长度的会员服务，一般分为试用、月、季、半年、全年五个时间长度。其他时间长度的会员是以丰富会员服务的种类来满足不同类型用户的需求。

试用会员主要用于营销推广，其目的是通过低价或免费策略让用户体验会员产品并期望用户形成使用习惯，一旦用户养成使用习惯就会正价购买会员服务。

时间长度与会员价格最好设置为价格随着会员时长的增加而边际递减。优酷会员时长及价格如图 2-31 所示。

图2-30　京东会员外部激励

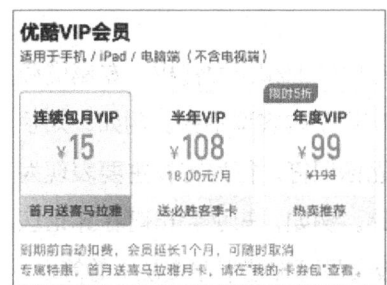

图2-31　优酷会员时长及价格

设计女性会员和男性会员、学生会员和普通会员。腾讯视频依据用户身份推出了普通用户会员和学生用户专属会员。其中，腾讯学生会员如图 2-32 所示。

行为会员是指依据用户在平台上的行为制定会员。例如，电商平台可以依据用户的购买习惯设计 3C 会员、超市会员、服装会员、食品会员等多个会

（3）用户类型

用户类型主要依据用户的身份和行为进行划分，并设计适合的会员类型，主要包括身份会员和行为会员。

身份会员是指按照用户的社会属性设计特定的会员产品。例如，依据性别、社会身份等

图2-32　腾讯视频学生会员

员类型。

会员权益

会员权益是指平台给予会员用户提供什么样的优惠和服务，一般分为优惠型权益、特权型权益及服务型权益三种。

（1）优惠型权益

优惠型权益有三种表现形式，分别是折扣、优惠券和多倍返利。

折扣是指对特定商品享有专属折扣价，即会员专属折扣商品。例如，天猫88VIP和京东 Plus 为会员用户提供专属的折扣商品。

优惠券是指定期（以月为单位）或按会员行为发放满减券、现金券、品类券等。例如，京东 Plus 每月 1 日 0 时自动向订阅用户发放 100 元的礼金，可兑换不同额度的满减券。

多倍返利是指会员用户享有多倍速度获取积分或经验值的权利。例如，京东 Plus 会员购物返 10 倍京东豆。

（2）特权型权益

特权型权益一般有两种表现形式，分别是专属资源和行为特权。专属资源是指 VIP 独家内容、会员专属标识、勋章等，常见于内容型平台。例如，知乎盐选会员拥有专属王冠标识，微博会员具有皇冠标识符。行为特权主要表现为功能特权，围绕用户在产品中的核心利益而设计。例如，知乎会员可在评论区发图，优酷会员可预约缓存剧集，百度网盘超级会员可加速下载资源，等等。

（3）服务型权益

服务型权益主要是指售后和售前服务，经常作为辅助权益。例如，京东 Plus 会员的专属客服就是服务型权益，其为用户提供 24 小时在线的及时性服务。

会员体系运营策略

付费会员运营分为两个部分：第一是未付费用户运营，目标是提升付费渗透率；第二是已付费会员运营，目标是提升续费率和升级率。

（1）未付费用户运营

目标用户群主要来源于两个渠道，即大部分自有用户和少部分外部用户。自有用户专注于提升渗透率，在自家平台下功夫。外部用户专注于提升感知度和曝光度，要走出去。其常用的运营策略如表 2-28 所示。

表 2-28 未付费用户运营常用的运营策略

运营策略	运营方案	运营抓手	案例
用户渗透	老带新	资源分享	财新网付费内容分享给有限数量用户
		优惠分享	微信读书会员分享 3 日免费卡
		现金奖励	爱奇艺邀请一位会员领取最高 30 元现金
		赠送活动	优酷付费赠送好友会员
		亲属账户	腾讯视频帮助亲属开通会员
	促销活动	首购折扣	喜马拉雅包月首月 6 元
		体验活动	京东 Plus 1 元体验一周
		会员专场	京东 Plus 会员商品专场活动
	节点覆盖	售前引导	腾讯视频观看前提示购买会员无广告
		售中引导	美团外卖顶端结算页引导用户购买省钱
	特殊标识	价格标识	京东商品价格会显示会员价和普通价格
		商品标识	喜马拉雅竞品内容浮窗显示会员专享
用户推广	跨界合作	联合营销	京东 Plus 与爱奇艺、知乎账户绑定
	品牌宣传	公关活动	京东、淘宝会员上线各大媒体公关报道
	广告投放	付费推广	京东在今日头条投放会员专属商品

（2）已付费会员运营

付费会员的运营策略是让用户持续付费和升级到高级别会员，其常用的运营策略如表 2-29 所示。

表 2-29 已付费会员运营常用的运营策略

运营策路	运营方案	运营抓手	案例
续费	产品功能	自动续费	爱奇艺、腾讯视频都有自动续费功能
		Push 提醒	爱奇艺、腾讯视频到期前提醒，附带续费链接
		短信提醒	爱奇艺、腾讯视频到期前短信通知，附带续费链接
		累计节省	天猫显示会员期间累计节省费用，引导续费
	优惠活动	送时长	腾讯视频续费多，赠送 1 个月的会员
		让利优惠	优酷续费，年度会员享受 5 折优惠
		首月优惠	优酷视频续费，首月送喜马拉雅会员
		专项礼包	淘宝续费会员，女士赠送美甲体验礼包
升级	优惠活动	免费体验	免费体验高级别会员服务
		让利优惠	喜马拉雅升级年会员，送 Nano 音响
		送时长	喜马拉雅 520 续费年会员，升级到 520 天

运营关注的数据

（1）渗透率

渗透率公式为"渗透率＝会员数／活跃用户数"。该公式有多种变形，如表2-30所示。

表2-30　渗透率公式变形的种类

指标	说明
会员数／新用户	衡量渠道价值
会员数／成长用户数	衡量会员与用户成长的关系
会员数／忠诚用户数	衡量忠诚用户价值是否最大化
会员数／流失用户	衡量会员和用户留存之间的关系

提升渗透率比较有效的一个策略是试用会员，即为用户提供一段时间的会员使用权，这样有助于用户感受到会员服务。

（2）会员取消率

会员取消率公式为"会员取消率＝取消会员数／总会员数"，该公式可以衍生另一个公式：续费率＝续费会员数／总会员数。这两个指标记录了一段时间内会员数量的变化情况，可以帮助运营人员时刻发现并解决问题。

（3）平均会员周期

平均会员周期公式为"平均会员周期＝会员总时长／会员数"，这个指标反映了用户持续付费购买会员的平均周期，也能表明会员收入的模式和预估收入量级。

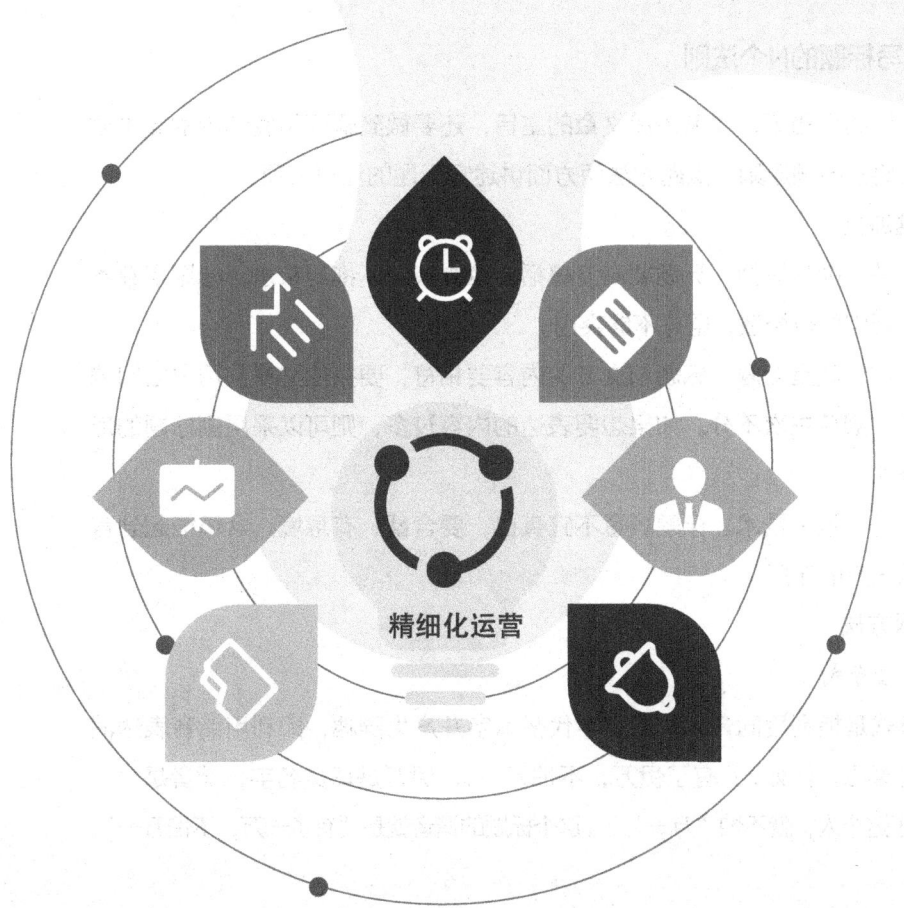

CHAPTER

第 3 章

— 内容运营：兼顾生产和分发 —

精细化运营

互联网内容包括视频、文字、图片、语音、直播等。由于产品的属性不同，其内容的表现形式也不完全相同。例如，爱奇艺的内容是电影和电视剧，淘宝的内容是商品的照片、简介、评论等，微博的内容是文字、图片、视频等，腾讯新闻的内容是新闻报道等。

内容运营是指负责产品中内容产出和分发的岗位。内容的生产与分发中间需要一个桥梁，这个桥梁就是产品。不同的产品决定了不同的生产和分发方式。

3.1 内容基本功

要做好内容运营，首先要从写一条标题、一篇文章、一个专栏开始。

3.1.1 写标题的N个法则

一条好的标题不仅要能传递文章的主旨，还要做到瞬间引发读者的点击欲望。本节将从拟题原则、拟题方法两方面讲述写标题的注意事项。

拟题原则

（1）精，就是概括。标题要高度概括文章内容，不拖泥带水；标题字数不宜过多，否则显得松散，重点不够突出。

（2）切，就是切题。标题和文章的内容要相符，要抓住文章与用户之间的主要矛盾，避免主次不分。如果想要表达的内容过多，则可以采用副标题的形式做出补充。

（3）巧，就是技术。标题表意不宜直白，要含蓄、有意境。含蓄能起到言有尽而意无穷的作用。

拟题方法

（1）谐音式

谐音式是指利用同音字或近音字代替本字并产生辞趣，即利用谐音表达消息的隐含意思。例如，《有了伊万，不怕万一》，伊万是球员名字，谐音是"一万"，有了这个人，就不怕"万一"了。这个标题的谐音就是"有了一万，不怕万一"，即套用了俗语"不怕一万，就怕万一"。

谐音式需要借鉴生活中耳熟能详的歇后语、常用成语等，然后用同音字或调整顺序等方式重新组合。这种方式既提升了标题的视觉冲击力，也提升了标题的可读性。谐音式的精髓是利用用户的惯性思维制造悬念，进而抓住用户的猎奇心理。

（2）疑问式

疑问式是以设问或反问的形式表述观点，说出用户心中的疑问，进而引起用户的兴趣、思考和共鸣。例如，周琦在比赛中的多个低级失误葬送了中国男篮，因此观众对他很不满，也不理解他为什么会出现如此低级的失误，《从魔鬼到上帝的转变，周琦到底经历了什么》就用疑问句式把用户心中的疑问说出来，从而与用户心理产生了强烈的共鸣。

用户心中充满疑问，但是他们不知道疑惑在哪里，此时如果用一个疑问句把用户心中所想提出来，便可以让用户感觉到作者非常懂他。

（3）引用式

引用式是指标题中使用现成的话语概括内容和表达感情的方式，包括成语、谚语、歌词、歌名、诗词、地名等。例如，《北京大雨：人在"游泳池"，车陷"积水潭"》运用了对仗的句式，并且引用了积水潭这个地名，给人一种风趣诙谐、眼前一亮的感觉；《19 岁消防员舍身救人，特别的锦旗给特别的你》引用家喻户晓的歌词"特别的爱给特别的你"，读者在阅读时心里已经默默地唱了起来，会忍不住点进去看一看；《樱色满园"武"不住，10 万游客赏花来》引用诗句"春色满园关不住，一枝红杏出墙来"，用户读完自然联想到这句诗，诗中的景象会浮现在脑海。

引用是借力打力，犹如站在巨人的肩膀上。因为流传下来的歌词、诗词等都是经过时间考验的，巧妙地运用不仅让用户拍手叫绝，也能产生熟悉的感觉，可谓一石二鸟。

（4）悬念式

悬念式是指在标题中给读者留下悬念，诱发读者的好奇心，引导读者的思路。例如，《原来 PPT 还有这么多小技巧》说出了某件反常的事情，把答案隐藏起来让读者自己寻找；具体方法为"反常事件 + 惊叹语"，这里的惊叹语不能带有任何引导性，只能表达惊讶的意思。《月赚三千和月入三万的人有何不同》说出了 A 与 B 的不同，但不告知原因；具体方法为"A 现象 +B 现象 + 疑问词"。

悬念式标题只负责抛出问题，而问题的答案需要读者自己去文章中寻找。

（5）排比式

排比式是指三个及以上意义相关或相近、结构相同或相似的词组或语句并排在一起组成的标题。有时候两个及以上的并列语句也可以称为排比式。例如，《移动支付改变生活：不带钱包了，花钱没感觉了，月光得更快了》用三个排比强调了移动支付给生活带来的改变。

排比式的标题更能突出重点，是一种强烈表达感情的手段。

（6）借势式

借势式是指借用名人、地名等一些具有高知名度的名词撰写标题。借鉴的名词本身具有大流量，它们的出现会引起用户的高度关注。例如，《马云说成功的男人都有这些特质，赶快学一学》借用马云的名人效应引起用户的关注。

借用高知名度的名词有两层含义：一是高知名度的名词本身就带有流量，很容易提升点击率；二是名人具有权威性，可以提升用户的信任度。

（7）数字式

数字式是指标题中使用阿拉伯数字或强调数据，因为用户对极端数字或不可能发生的数字有天然的敏感性。例如，《孩子一个月学会 8 000 个单词，VIPKID 是怎么做到的》突出了 8 000 这个数字，一个月学会 8 000 个单词是非常困难的，这打破了用户的日常认知。

用户的数学水平不一定很高，但是天生对不可能达到的数字具有敏感性。因此，数字式标题可以增强差异性，同时也可以增强文字的说服力。

（8）感染式

感染式是指标题描述一种感觉、一段情绪，把用户带入其中。例如，《3 天只吃了 1 桶泡面，消防官兵的精神深深地震撼了我们》中，消防官兵的艰苦奋斗精神深深感染了用户。

用户拥有丰富的情绪，通过文字描述调动用户的情绪可以更好地产生共鸣。这种情绪可以是悲伤、喜悦、高昂、激动等。

（9）场景式

场景式是指用文字描述、还原或制造一个场景，进而刺激用户的感官。例如，《3 米厚的大雪，零下 50 度的严寒，运输队顺利送达救援物资》给用户描述了一个冰天雪地、天寒地冻的场景。

（10）创新式

标题的形式不是一成不变的，实际运用中不能拘泥于形式。只要能让用户眼前一亮，任何标题形式都可以。例如，《霾霾霾北霾霾霾霾霾方霾霾霾》中运用 11 个霾字来体现北方的雾霾天气，密密麻麻的，看上去就很心烦，和雾霾天气带给用户的感觉是一样的。

3.1.2 写一篇好文章的模板

一篇文章的框架主要由两个方面决定，第一是文章的类型，第二是文章的结构。本节重点讲述文章的四大类型和四大结构，以及一些其他变种。

文章类型

（1）评价类

评价类文章是针对现实生活中的一些人、物和事等，发表意见、阐述观点、表明态度的文章，主要包括影视出版物评价类、热点事件评价类、人物评价类等多种形式。评论观点可以分为正面评价、负面评价、中性评价三种。由此可见，评价类文章主要可以分为以下几种，如表 3-1 所示。

表 3-1 评价类文章的主要类型

文章类型	解释	描述
评论型	怎么样	×××的好与坏
批评型	这不好	×××不好，×××不对，×××不行，对×××有意见
表扬型	这很好	×××很棒，×××真伟大，×××真漂亮，×××物美价廉
谈论型	聊聊天	一问一答，引用两人或多人的对话

我们在撰写评价类文章时，要注意以下几点。

①要全方位了解所要评价的对象，实事求是，否则内容会偏离轨道，以致隔靴搔痒无法打动用户。

②不要带有私人感情。严格地说，这一点恐怕真的很难做到，但我们仍然要保持客观的态度，尽量从正反两个方面及正确的价值观出发，只有这样才能得到用户的认可。

③对事不对人。评论类文章经常会涉及相关人员，这时我们要以客观事实

去评价，而不能攻击别人。

④要观点明确。我们在构思文章时一定要明确自己的观点，并能找到有力的证据来证明。

（2）知识类

知识类文章是指提出某个问题并对该问题进行解答的文章，它可以对某个事物下定义，也可以针对某个问题做更详细、深入的解说。知识类文章的主要类型如表3-2所示。

表3-2　知识类文章的主要类型

文章类型	解释	描述
信息型	是什么	×××是什么，有几种模式、怎么使用、有什么好处
问题型	为什么	导致×××的原因，×××背后的秘密
指导型	如何做	×××五步法，×××操作流程，×××实操方案，×××注意细节
罗列型	多少种	×××十大种类，×××的5个理由，×××的3种办法

（3）热点类

热点类文章是指以正在发生的热门事件为内核的文章。这类文章往往都有很大的流量，主要类型如表3-3所示。

表3-3　热点类文章的主要类型

文章类型	特点	描述
陈述型	快、准、全	描述热点事件的来龙去脉
分析型	逻辑性强	分析热点事件中的某一个细节或事件的逻辑框架
联想型	脑洞大	根据热点事件的蛛丝马迹联想到其他事情、人、结果等
挖掘型	抠细节	不放过每一个细节，在细节上做文章
时间型	分先后	整理热点事件发生至今每个时间节点发生的情况
总结型	抓重点	总结整个事件，并附加自己的观点和评论

（4）鸡汤类

鸡汤类文章是指特别励志、煽情并充满正能量的文章。常用的方法是向上归类，由一个特别小的事情或理由上升到哲学、国家、人生的高度。总之，鸡汤类文章的作用就是通过文字引起用户心理状态的变化，使身心放松，其主要类型如表3-4所示。

表 3-4　鸡汤类文章的主要类型

文章类型	特点	描述
励志型	有故事	人物痛苦的故事情节＋积极的人生哲理，让读者充满斗志
感悟型	引经据典	经典著作＋通俗易懂的解释，陪读者一起感悟
青春型	引发幻想	捏造事件或行为＋不疼不痒的评论，满足读者的小情绪、小确幸、小感动
正能量型	正反对立	描述生活或工作中不如意的场景＋正向处理方法，满足用户树立三观的需求
罗列型	数量要多	用户的痛点（养生、赚钱）＋N 条办法或感悟，填补用户内心的不安

文章结构

文章结构是指文章的部分与部分、部分与整体之间的内在联系和外部形式的统一。结构是文章的"骨架"，是谋篇布局的手段，是运用材料反映中心思想的方法。

（1）总分总结构

总分总是阅读和写作过程中解析文章的一种结构形式，其主要逻辑为开头提出论点、中间提出若干分论点、结尾总括或重申论点，基本形式是"结论—分论点—论据—结论"，如图 3-1 所示。

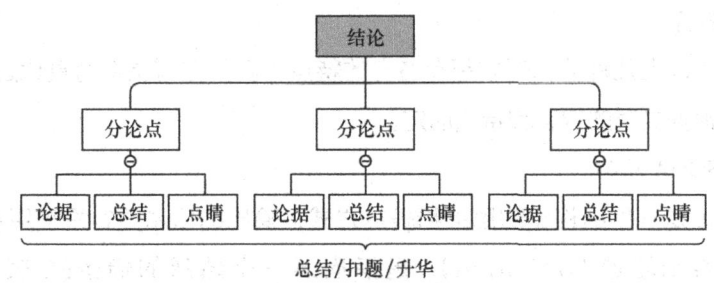

图3-1　总分总的文章结构

我们在使用总分总结构时，要注意以下事项。

①论证时要自上而下，即上面的结论要完全包括下面的分论点，下面的分论点要足以支撑上面的论点；要有主次之分，不能喧宾夺主。

②分论点要先归类，不要出现互相覆盖或重叠的地方；分论点之间相互独立，互不从属或交叉；成文过程中虽然对分论点的数量没有限制，但应该不少于 3 个。

③分论点之间可以是并列、递进、对比等关系。

以勤奋为例，三种关系如表 3-5 所示。

表 3-5　分论点的三种关系

关系类型	举例
并列关系	（1）勤奋是一种美德；（2）勤奋能帮我们进步；（3）我们勤奋，是因为逆水行舟，不进则退；（4）要做到勤奋，我们应该严格要求自己
递进关系	这种方式比较讨好，既有话写，又显得思想比较有深度。勤奋是什么——为什么要勤奋——要勤奋就要怎么做——对现实生活有什么意义
对比关系	先正后反：先说勤奋有什么好处，然后中间过渡，再说不勤奋有什么坏处，最后总结

文章一般分为"总分""分总"和"总分总"三种结构形式。

所谓"总"是指文章的总起或总结，即文章的中心思想；"分"是指分层叙述；"总分总"的结构是先抛出文章的中心思想，再分层叙述，逐层深入，最后对文章加以总结。

相对于"分总"的结构形式，"总分总"的结构在一开始就将文章要点交代清楚，使读者能直观地了解文章最重要的信息，有效地稳定读者的阅读情绪。

相对于"总分"的结构形式，"总分总"的结构在结尾处对文章整体内容做出收尾、总结，与开篇内容遥相呼应，使文章脉络互相贯通，各部分既各有特点又紧密联系。

当然，以上几种结构形式都有各自的特点，我们在写文章时具体运用哪一种，还要根据文章的内容和特点而定。

（2）SCQA 结构

SCQA 是一种结构化的思维和表达方式，输出的信息更容易被用户接受。其中，S 表示场景（Situation），是指描述一个熟悉的情景；C 表示冲突（Complication），是指情境中包含的矛盾；Q 表示问题（Question），是指问题所在；A 表示答案（Answer），是指给出问题的解决方案。

在 SCQA 结构中，C 是核心要素，围绕这个核心要素，可以灵活调整 S、Q、A 的顺序，从而产生不同的表达效果。通常情况下有 5 种组合方式，如表 3-6 所示。

表 3-6　SCQA 的组合方式

模式	描述	效果
SCQA	场景—冲突—问题—答案	突出问题的前因后果

（续表）

模式	描述	效果
SCA	场景—冲突—答案	相比 SCQA 更简洁
ASC	答案—场景—冲突	突出问题的解决方案
CSA	冲突—场景—答案	突出问题的严重性
QSCA	问题—场景—冲突—答案	突出解决问题的决心

例如，每年毕业季都会有大批学生涌进互联网行业，很多人手里既有运营岗位的 Offer，也有产品岗位的 Offer，怎样选择是一件令人头疼的事情。如果以此为题写一篇文章，则文章结构中的 SCQA 如下。

① S:大批毕业生积极进入互联网行业。

② C:手里有不同岗位的 Offer。

③ Q:选择哪个岗位的 Offer。

④ A:选择运营岗的 Offer。

SCQA 结构非常吸引用户，因为叙事的节奏跌宕起伏，冲突非常激烈，一般的电影剧情经常用这种逻辑结构。这种结构适合故事类的文章，加以创新就能适用于很多种类型的文章。

（3）焦点讨论结构

焦点讨论是一种结构化的思维和表达方式，该方法经常被用于事实分析过程中。其主要分为四个部分，分别是 ORID。

O 表示客观事实（Objective），指通过感官获取客观事实。例如，看到了什么，或者听到了什么，客观存在的事实是什么，等等。

R 表示客观感受（Reflective），指对客观事实的反应，有什么感觉、什么想法，包括情绪上的、感情上的、思维联想上的，等等。

I 表示事实分析（Interpretive），指基于以上两个问题引发的思考。例如，为什么会这样？到底发生了什么？

D 表示决定或结论（Decisional），指结合事实和分析得出一个决定或结论。例如，应该怎么做、应该是什么样的。

ORID 中的四个层次层层递进、不断循环，有一种抽丝剥茧的感觉。不同的人有不同的观察和思考角度，所得出的结论也不同，而综合所有人的结论能得出更趋向于准确的结论。在分析一个客观事实时，这个循环会从多个角度多次进行。循环流程如图 3-2 所示。

ORID 结构适用于推理分析类文章，如热点事件分析、影视分析、复盘分析等。其成文过程是先抛出问题，然后根据线索进行推理，最后得出结论。

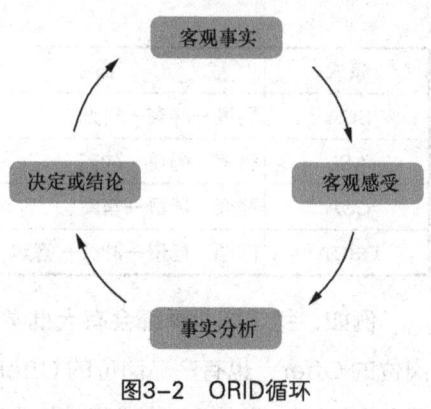

图3-2　ORID循环

（4）便签结构

便签结构是指一种有关学习方向的思维方式，多用于学习后的整理归纳和领会感悟。该结构主要分为以下三个部分。

① R 表示复述（Repeat），指用自己的语言描述或复述一个道理、一件事情、一个故事、一部电影等，类似于对某一事物进行概括或简介。

② S 表示感悟（Sentiment），指描述 R 中的事情或道理带给自己的感悟、知识点、情感等。

③ A 表示应用（Application），指在感悟之后自己下一步要做什么，例如，怎样把知识运用到生活中等。

RSA 中三个元素是一个梯度模型，后一步都要比前一步更加深刻，如图 3-3 所示。

我们以电影《战狼2》为例，运用 RSA 模型组织一篇文章的结构。

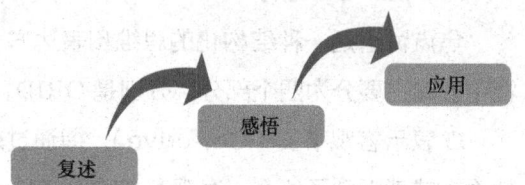

图3-3　RSA阶梯图

R：一名解放军特种兵孤身一人在非洲开展营救中国公民的行动，经过一系列的战斗，终于成功。其中，男主角举起国旗通过战场时的一幕深深感动了观众。

S：国家的强大和每个公民的努力分不开，而且强大的国家也会不惜一切代价保护自己的每一位公民。

A：作为一个中国人是非常骄傲和自豪的，为了祖国变得更强大，我们要努力工作，贡献自己微薄的力量。

便签结构比较适用于读后感、观后感、故事等类型的文章。我们要注意，实践中的感悟和应用一定要充满正能量，符合社会的主旋律。

3.1.3 专栏：持续输出内容的方法

内容运营需要持续输出优质的内容。而要想达到稳定的输出，就必须有丰富的积累。本节从内容梳理、内容积累两个方面，讲述怎样完成内容运营的原始积累。

内容梳理

在内容输出之前，运营人员必须对所研究的领域进行内容梳理。一般情况下，任何垂类行业都可以把内容划分为以下三类。

（1）事件类

事件类是指垂类行业的动态和变化，其偏向新闻类，对时效性的要求较高。一般情况下，时间的快慢直接决定了 UV 的高低，即随着时间的推移，事件的关注度会逐渐下降。

（2）知识类

知识类是指客观存在的内容，其中比较有价值的部分是知识类的信息。

（3）人物类

人物类是指垂类行业的知名从业人员，或者和特殊事件相关的人员。

事件类经常和人物相联系。事件的时效性消失以后，就会变成知识类内容。

按照以上分类，对每个分类的知识点进行穷尽，就会得到一个垂类的完整知识脉络，其中每个知识点都是要产出内容的点。

穷尽知识点的过程中推荐使用 MECE 分析法，其全称为 Mutually Exclusive Collectively Exhaustive，中文意思是"相互独立，完全穷尽"。我们以足球垂类为例，应用 MECE 法穷尽所有内容点，如图 3-4 所示。

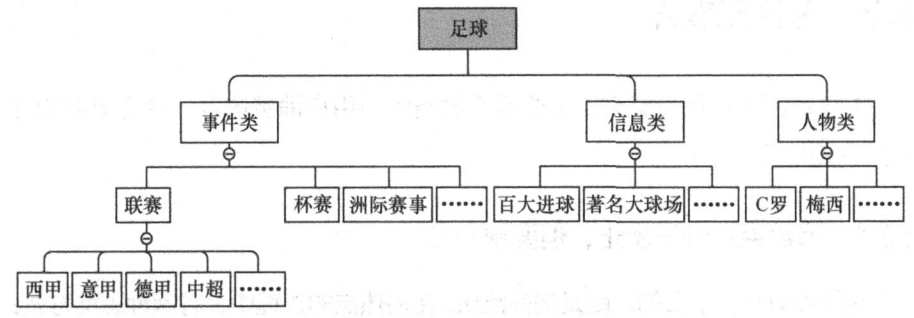

图3-4 足球垂类的内容点

内容积累

知识需要日积月累，运营人员可以从以下六个方面建立属于自己的知识库。

（1）信息库

信息库是指知识信息的来源渠道，如行业资讯网站、公众号、社群等。内容运营人员每天都要浏览并整理获得的资讯素材。

（2）标题库

运营人员将所看到的优秀标题都收集起来，能够触动自己的标题同样也会触动用户。我在此向读者推荐"易撰"这个网站，其中包含大量的爆款文章数据。

（3）金句库

好的语句能给文章增添色彩，有些语句对文章具有画龙点睛的效果。运营人员在日常工作及阅读中应该主动整理和积累一些优秀的语句。

（4）观点库

一篇文章、一条新闻都要会围绕一个核心思想去撰写，这个核心思想就是我们所说的观点。不同的作者对同一事物会有不同的看法，因此需要积累一些不同角度的观点作为写作素材。

（5）知识库

每个垂类都有自己的知识体系和规则。掌握的垂类的知识点越多，产出的内容就会越优质，因此需要归纳整理垂类的知识点。

（6）素材库

一张优美的图片、一条精彩的视频、一篇惊世骇俗的文章都是优质的素材。遇到优秀的素材，运营人员需要尽快记录并整理。

3.2　内容三板斧

内容运营不只是写文章，更要运用策略吸引用户消费内容。内容策划的三个着手点如下。

3.2.1　追热点：分三步走，但要快一步

追热点只有一个目的，就是提升流量。在追热点的过程中，有两种思维方式：一种是内容运营思维，另一种是营销思维。产生这两种思维方式的原因是运营的角度不同。第一种多见于内容型产品的运营人员（热点运营），因为他们要把热点事件做好。第二种多见于其他类型企业的运营人员（热点营销），因为他们要

把自家的产品和热点事件捆绑到一起做品牌营销。角度不同会导致运营人员追热点的思路有所差别。接下来，我们分别从这两个角度讲述热点应该怎样运营。

热点运营

（1）全面性

热点运营人员要跟进各种类型的热点，目标是用户活跃。有 80% 的热点出自政治、社会、娱乐、体育等垂类，其特点是流量大、受众面广；其他 20% 的热点则出自军事、财经等长尾垂类，其特点是流量小、受众面小。

（2）生命周期

热点事件具有生命周期，用户会在一定的时间内忘记它，或者注意力被另一个事件吸引走。事件周期的长短与事件本身和发展情况有关。全民重大事件的周期较长，如奥运会、世界杯等；小型事件的周期较短，如明星结婚、影视剧等。事件是否值得深挖或后续是否有二次爆发，直接决定了其生命周期的长短。

（3）运营策略

热点事件可分为常规型热点和突发型热点。常规型热点是指发生时间固定的大型事件，如奥运会等。突发型热点是指时间不固定且具有偶发性的热点事件，如地震等。

虽然热点事件的类型多种多样，但整体的运营策略可以概括为以下四个字。

第一，"备"字诀。"备"就是准备的意思，主要用于常规型热点事件，其要求人们从两个角度考虑：一是提前准备运营方案，二是要准备多套方案。

提前准备方案能更宏观、更有节奏地把控事件发生时的运营策略。常规型热点中包含诸多突发型热点，这种突发型热点具有一定比例的可预测性，因此需要制定多套运营方案以备不时之需。

第二，"快"字诀。俗话说，"天下武功，唯快不破。"突发型热点事件也是这个道理，谁反应快、速度快，谁就能得到更多曝光和更多的 UV。突发型热点最重要的是时效性，因而不应过多关注内容的深度和广度。

第三，"挖"字诀。挖掘是指要把事件掰开揉碎，研究事件的每个细节和不同角度的观点。该方法主要用在热点事件的爆发期和增长期，需要运营人员拥有具象化思维。挖掘的思路是由面到点和由点到线。

第四，"升"字诀。"升"是升华，即对事件进行价值观的升华或对整个事件进行盖棺定论。此方法主要应用在事件的中后期，需要运营人员具备抽象化

思维和归纳总结的能力。

（4）时间线

时间线是热点事件运营的生命线，以事件爆发点为分界，可分为未来时间线和历史时间线。未来时间线是热点事件的核心，运营人员必须投入大量资源做好规划。历史时间线是锦上添花的策略，历史的对比、历史的回忆能调动用户的怀旧情感。

热点营销

热点营销是指通过热点事件推广企业品牌或产品的运营策略。跟热点是很高效的营销方式，但并不是所有热点都要跟。运营人员应谨记，企业做热点营销的目的是为企业带来潜在的用户、提升品牌曝光度和品牌价值，所以一切有可能给企业带来风险的热点事件都不要碰。跟热点的方式有很多种，概括地说主要包括三个法则和四种模式。

（1）三个法则

跟热点可以遵循以下三个法则。

①深谙人性：用户对企业的关注点主要集中在企业生产的产品和提供的服务是否物有所值，是否满足用户的需求，这是一切营销策略的基石。

②娱乐精神：网络上的营销广告非常多，没有用户喜欢看死板的、枯燥的、乏味的营销内容。富含娱乐元素的营销内容会让用户眼前一亮，用户在哈哈一笑的同时也记住了企业的品牌。当然，娱乐精神需要企业和员工有包容、乐观、积极的心态。

③敢于出圈：墨守成规不会出错，但肯定不会爆发。如果全民都在蹭热点，没有几次惊人的作品，怎么会有效果？因此，运营人员要敢于突破自我，老板也要敢于冒险。

（2）四种模式

跟热点营销可以采用以下四种模式。

①跟风式：别人怎么做，我们就怎么做。网上每天有很多热点，竞品或某些大品牌的运营人员会时刻关注热点。此时，我们只要跟着他们的节奏就可以。例如，2017年8月，《我们是谁》系列漫画火爆网络，大家纷纷跟风。其中，闪送迅速跟上，在形式不变的前提下更改文案和图片投放到网络上，如图3-5所示。不仅如此，闪送还在非常短的时间内就把海报贴满了电梯间，将闪送的"快"表达得淋漓尽致，借势而上，从而赚得盆满钵满。

图3-5　闪送的跟风方案

②自黑式：有时候勇于自嘲和自黑，反而更能给人留下深刻的印象。当然，这种自黑是在企业没有犯错的前提下。如果犯错还玩自黑，那就会被用户唾弃。例如，新冠肺炎疫情期间，钉钉着实火了一把，许多学生上课都使用钉钉。时间久了，学生们非常痛恨钉钉，纷纷在应用市场给钉钉打低分，企图把钉钉拉下架。面对这种情况，钉钉没有硬碰硬地直接应对，而是反其道玩起了自黑，如图 3-6 所示。

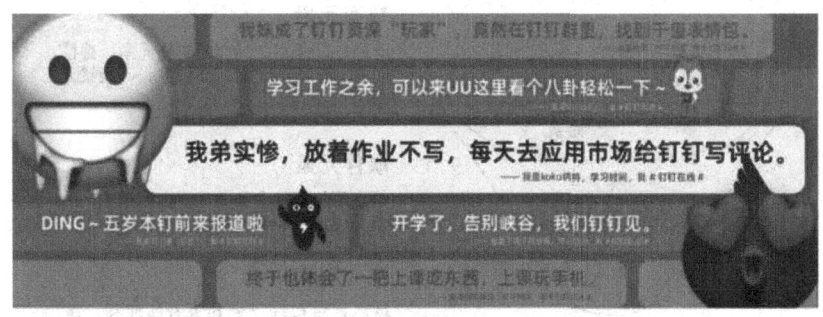

图3-6　钉钉的自黑广告

③互动式：有时候自己玩创意会显得很寂寞，适当地和其他品牌互动会产生意想不到的效果。互动形式主要有和平式互动和互撕式互动。正所谓"同行是冤家"，偶尔挑战一下竞争对手，给用户提供一些娱乐素材，会取得出其不

意的效果。例如，可口可乐与百事可乐的广告互撕大战已经不算新鲜事了，时至今日，二者之间也是你来我往地斗得不亦乐乎，如图 3-7 所示。

图3-7　可口可乐和百事可乐的互撕广告

④组合式：即用元素组合的方式产生新的创意。广告创意大师詹姆斯·韦伯·扬曾说，创意的本质就是旧元素的新组合。组合式有三个核心要素，分别为事件元素、自有元素、核心观点，如图 3-8 所示。

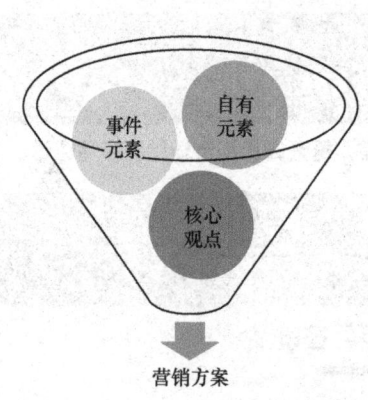

自有元素

产品或品牌本身具有的实物元素、感情元素、价值观元素、品牌主张、场景元素等

事件元素

热点事件所特有的关注点、吐槽点、用户关注点等能突出事件的元素

核心观点

核心观点包括文案和寓意两部分。通常以一句话作为观点，其能引导用户联想到寓意，且这个寓意要和品牌或产品相关

图3-8　组合式模型图

3.2.2　定调性：被记住的都是有灵魂的

内容调性是内容的灵魂，没有灵魂的内容不可能被用户喜欢。内容调性是指

依据内容的定位设计一个能被用户接受和喜欢的风格，并一直保持和沿用这个风格。本节主要从定位和风格两个维度讲述怎样确定内容的调性，如图 3-9 所示。

图3-9　内容调性公式

内容定位

内容定位分为两部分，一是用户群体定位，二是内容方向定位。

（1）用户群体定位

用户群体定位是指确定内容的目标受众群体。一切内容的产出都是从用户需求出发的，只有明确了目标用户，才能确定用户的需求是什么。

2016 年前后，互联网金融 P2P 非常火爆，众多 App 都设置了财经内容板块，想借此提升用户黏性。然而，多数 App 的内容板块纯粹是为了内容而生产内容，根本就没有考虑用户是什么受众群体。例如，有些互联网金融 App 生产了很多泛财经的内容，类似股票分析、保险分析、理财知识、银行利率分析等。这就是典型的没有搞清楚用户的需求和使用场景，以为只要有内容就会有用户阅读，就会增强用户黏性。其实，P2P 是低频的货币基金产品，只是金融理财行业的一个细小分支，相对专业的用户很少投资这类产品。因此，再多的泛财经内容也不会提升用户的阅读兴趣。

（2）内容方向定位

内容方向定位是指要写什么样的内容、写哪个方向的内容，如美妆、美食等。如果运营的产品是内容型产品，则内容可以广而杂。如果运营的产品是自媒体或较小的产品，则内容一定要聚焦，千万不要分散。例如，很多女生都有一个网红梦，因此经常去小红书 App 写文章。然而，很多人写的内容毫无焦点，特别随性。

宽泛的内容定位等同于没有定位，用户看过文章后不会记得该账号的运营内容属于哪种类型。所以，运营人员应该缩小内容的范围，聚焦到某一个细小的分类，做精做深。例如，只针对职业女性着装产生内容，这样经过一段时间的积累，用户自然就会把该账号与女性职业着装相关联。

内容风格

风格是艺术领域的概念，指艺术作品在整体上呈现的面貌，或者通过艺术品表现的内在特性。这个概念同样适用于内容，简单地说，就是用一句话、几个词形容内容。例如，豆瓣是一个具有文艺范的社区，如果用几个词语概括，大家会想到纯粹、爱思考、真实、清高等。这几个词就是豆瓣内容风格的具象化和标签化体现。人们愿意去豆瓣看影评，正是因为其纯粹、真实、有思考、有深度等。

通过以上案例，我们可以得到内容风格的定义公式，如图3-10所示。

图3-10　内容风格的定义公式

（1）一种性格

一种性格是指内容在相对稳定的状态下表现出来的特征，如幽默的内容、精致的内容等。性格是一种拟人化的表现形式，如果把账号连续生产的内容比作一个人，那么这个人的性格就是内容的性格。

（2）外向特点

外向特点是指性格外在具象化的表现，这种表现可以是特定的语言模式、特定的排版模式或特定的标志符号等。例如，幽默的外在表现是内容经常抖包袱、配图生动有趣且呈现系列设计等。

3.2.3　找冲突：有分歧才有吸引力

内容运营最怕的就是发布的内容只有浏览却没有互动，陷入自娱自乐的境地。如果能合理地利用内容中的冲突，问题就会迎刃而解。大多数用户每天最喜欢的事是围观，而且乐此不疲。所以，运营人员要善于从内容中发现和制造冲突。有冲突才有话题，有话题才有围观，有围观才有互动，这就是内容互动三段论。

冲突在内容运营中非常重要，要想发现和制造冲突，就必须理解冲突的底层逻辑。冲突可以分为三个大类，即认知冲突、规则冲突、理性与感性冲突。

认知冲突

由于个体和外部环境的不同，每个人对事物的理解和思考也是不同的。这种不同会造成人与人之间、群体和群体之间很多微小的差异，这种差异正是经常被大家讨论的话题。找到造成认知差异的原因，就可以找到冲突点。造成认知差异的原因通常有以下五种。

（1）地域

地域不同，人们的语言、风俗、饮食、服饰等也各不相同。人们都有好奇心，想知道别人是怎样生活的。适当利用地域差异导致的冲突，调动用户的好奇心，必然会引发用户的大量讨论。例如，南方豆腐脑是甜的，北方豆腐脑是咸的，豆腐脑到底是甜的还是咸的？南方粽子是肉馅的，北方粽子是枣和豆沙馅的，粽子到底是什么馅的？

（2）知识

认知是大脑获取信息并加工理解信息的过程。知识积累程度的不同导致人们对同一事物的认知差别很大，这种对同一事物认知的差异就是矛盾冲突所在。例如，新冠肺炎疫情爆发初期，有很多人用烧醋、喝板蓝根、盐水漱口的方法预防感染，而且非常执着、不听劝，这就会导致父母与子女之间、群体与群体之间产生冲突；池子和李诞的闹剧牵扯到了中信银行，中信银行泄露个人信息已经是违法行为，但很多人却法律意识淡薄，认为此事不必小题大做，这体现了法制落实与现实普法守法之间的冲突。

（3）性别

男人和女人对很多事情的认知有天然的冲突。例如，宝妈带娃"关照得无微不至"，宝爸带娃"只要活着就好"，"哪种方式带娃更好"一直是宝妈和宝爸之间的冲突点；女性买手机只要手机外观好看且拍照好看即可，男性买手机则看重 CPU、像素、内存等众多专业性参数，即电子产品的外观与实用之间永远会有令男人和女人争吵的冲突点。

（4）角色

每个人在社会中担任不同的角色，不同的角色面对同一件事情会有不同的认知，这种认知差异也是引发冲突的重要因素。例如，马化腾曾经在一次采访中说到，在最初打工的时候，周末很轻松，该休息就休息，而当角色转变为老板后，就觉得休息是在浪费时间。所以，老板提倡员工无偿奉献，员工埋怨老板"不给驴吃草，光让驴拉磨"。老板与员工角色的不同，就是这种冲突的根源。

（5）阶层

处于不同阶层的人，认知是不同的，而且很难理解对方。例如，《王贵与安娜》中的男女主角从小成长于不同的阶层，所以安娜想要生活中多一点"情调"，而王贵总是冥思苦想"情调是个啥调调"；出租车司机撞倒一位骑自行车的小伙子，想赔 500 元了事，但没想到被撞的自行车价值几十万元，这个价值完全超出了出租车司机的认知。

规则冲突

无规矩不成方圆，有些事情一旦违背了规则就会引发冲突。规则主要分为道德和法律两个层面。

（1）道德层面

道德是社会意识形态之一，是人们共同的行为准则和规范。道德通过舆论对社会生活起约束作用，其是松散的规则，不同的地域或不同的人群对道德标准的认知不同，就很容易造成冲突。

（2）法律层面

每一位公民必须遵纪守法，一旦违法就要受到惩罚。违法就是最大的冲突，公众人物一旦出现违法行为，必然会造成巨大的影响。

理性与感性冲突

人的大脑分为左脑和右脑，左脑为理性脑，右脑为感性脑，如图 3-11 所示。

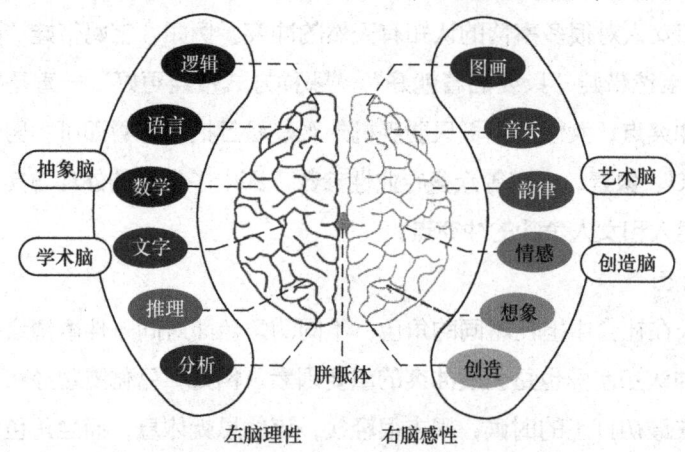

图3-11　人类左右脑的功能

对于每件事情，大脑都会有理性和非理性的判断。因此，评价一件事往往具有两面性，也就是于情于理。然而，不是所有事情都会做到合情合理，二者之间也不会一直保持平衡，一旦失衡就会产生冲突。运营人员要善于利用理性与感性之间的冲突。

（1）感性冲突

感性冲突是指在一件事情中用户的感性思维明显战胜理性思维而引发的冲突。在这种情况下，内容要规避理性话题，突出感性话题。例如，2018 年足球世界杯比赛中，阿根廷队输给法国队后，梅西站在原地不动的画面堪称经典。阿根廷队和梅西的球迷在感情上是痛苦的，此时他们的感性思维完全占据了上风。各大媒体利用这个画面将梅西打造成一位悲情英雄，并借此获取了超高的点击量。

（2）理性冲突

理性冲突是指在一件事情中用户的理性思维战胜感性思维而引发的冲突。在这种情况下，内容要规避感性话题，突出理性话题。例如，用户得知蜂巢快递柜在寄存快件超过 12 小时后开始收费时，表现得非常不满和愤怒。但是，企业要生存，不收取费用的结果就是企业死亡，这是一个双输的局面。因此，企业需要从理性的角度分析问题，让用户认同收费这个措施。

在内容运营过程中，运营人员要善于发现和创造冲突，赋予内容话题属性并让用户参与进来，而不是让用户只成为看客。内容运营并不是只有写写写、剪剪剪、录录录，引导用户因内容而互动才是内容运营的杀手锏。

3.3 内容供给端运营策略

互联网内容型产品发展至今主要有三个阶段，分别是门户阶段、SNS 阶段及信息流阶段。三个阶段的内容生产方式千差万别，对比情况如表 3-7 所示。

表 3-7 不同阶段的内容生产方式

产品类型	生产方式	生产者	内容质量	生产成本
门户网站	PGC	编辑团队	较高	较高
SNS 社区	UGC	普通用户	一般	一般
信息流产品	PUGC	职业团队	中高	中高

第一阶段的产品是 PC 端门户网站，内容由全职编辑产生，主要以新闻类内容为主，生产成本高且内容质量有保证。

第二阶段的产品是 SNS 社区，人人都可以生产内容，一句话、一个表情都是内容，生产成本急剧下降。同时，内容的质量也在下降。

第三阶段的产品是信息流产品，内容生产成本介于门户和 SNS 之间，而且集中社会力量生产内容。内容质量由头部生产者扩展到腰部生产者，在保持一定内容质量的前提下大大提升了内容数量。

虽然产品和内容的供给方式不同，但是运营策略趋同。运营策略大致可以分为三大模块，分别是创作者运营策略、创作者游戏规则、创作者培训学院。

3.3.1 创作者：分级分类运营策略

创作者运营的核心目标是筛选更多的优质内容生产者，因为只有好内容才能吸引用户消费，促进 C 端用户增长。创作者可以按照生产内容的质量进行分层，按照垂直领域进行分类，如图 3-12 所示。

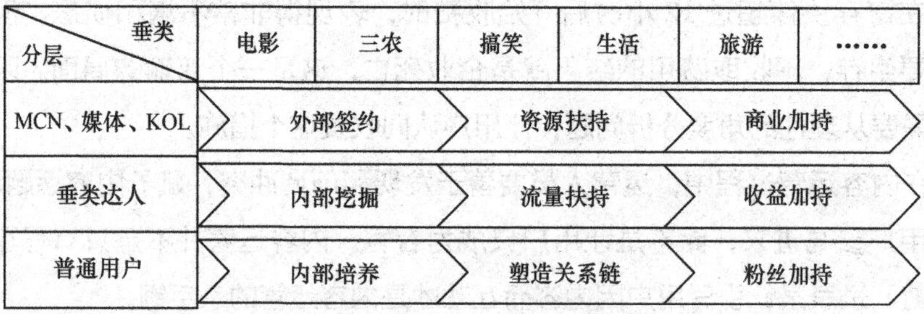

分层＼垂类	电影	三农	搞笑	生活	旅游	……
MCN、媒体、KOL	外部签约		资源扶持		商业加持	
垂类达人	内部挖掘		流量扶持		收益加持	
普通用户	内部培养		塑造关系链		粉丝加持	

图3-12 创作者分层分类策略图

第一层：MCN、媒体、KOL

（1）外部签约

本层创作者是专业的内容生产机构和个人，通常都是某个垂类的头部生产者。运营人员需要以签约的形式邀请创作者入驻平台，可以是独家合作或其他合作方式，主要看平台的实力和政策。

（2）资源扶持

本层通过流量、产品、运营等资源倾斜扶持创作者。流量资源表现为推荐算法中的高权重，目的是让其内容得到更多曝光的机会。产品资源表现为提供 B 端制作工具，如热点分析工具、素材工具、创作者平台等。运营资源表现为有专业的运营人员提供支持，例如，运营人员通过数据分析给予内容生产建议，联动平台资源策划相关内容活动等。

（3）商业加持

商业加持主要分为两部分，一部分是匹配广告主，另一部分是孵化内容 IP。匹配广告主可以理解为大 V 售卖平台。平台作为中间商，非常清楚内容生产者的数据和能力，同时也知道广告主的核心诉求，因此从中撮合二者成交，达到三赢的状态。孵化内容 IP 业务类似于经纪公司，负责 MCN 和大 V 个人的形象包装及商业化运作。例如，微博打造的"万万没想到""报告老板"两个 IP。

第二层：垂类达人

（1）内部挖掘

本层用户基本由平台内部孵化。虽然很多个人用户或小一点的团队不具备大 MCN 或媒体的专业制作能力，但是其内容非常接地气和生活化，因此受到用户的青睐，如"鞋底骑车环球旅行""姜涛笑神"等。运营人员可以通过平台内部的创作者监控系统及时发现此类用户，进行签约合作。

（2）流量扶持

发现潜力用户后可以快速倾斜一些长尾流量做测试，一旦得到用户的认可便可作为重点账号进行培养。

（3）收益加持

垂类达人创作者多数为兼职，其对经济收入非常看重。因此，如果发现具有成功潜力的作者，可以给予一定的收益特权。例如，"鞋底骑车环球旅行"在粉丝数超过 20 万时和今日头条签署了合作协议，使收入分成有所提高。这样可以让创作者处于"以战养战"的状态，进而促使用户继续创作优质内容。

第三层：普通用户

（1）内部培养

此部分用户基本为平台 C 端用户，并不是纯粹的创作者。其创作也不是为了商业目的，只是单纯为了记录生活。运营人员主要通过产品策略和活动策略等常规运营策略提升创作人数的总数量。

（2）塑造关系链

普通用户生产内容的本意并非向大众提供消费，所以质量并无保证。因此，运营人员可以尝试通过塑造关系链提升此部分内容的观看量、评论量等数据。此处的关系链分为两种：一种是强关系链，如家人、同学、同事等；另一种为兴趣关系链，主要指某一垂直领域爱好者之间的关系链，如影迷、海贼迷、滑板迷等。

（3）粉丝加持

此类用户生产的主要目的不是为了收益，运营人员可以用粉丝增长作为激励，因为内容平台中用户的内容生产量与粉丝增长量呈正相关。

3.3.2　游戏规则：三种规则的制定逻辑

内容产品的迭代是由内容生产权限的下移推动的。生产权限的下移导致平台有成千上万的内容创作者，因此平台需要制定相应的规则进行引导和管理。平台规则主要分为认证规则、激励规则及社区规则三大类。

认证规则

认证规则是指为向平台申请成为创作者或获取某种身份认证的用户群体制定的认证流程，主要包括认证条件、认证流程、考核规则三个模块。

认证条件是指对用户认证所需的身份或平台行为做出相应的规定。例如，抖音创作者认证规则包括用户的身份及职业等信息，注册的账号信息包括符合规则的头像、昵称、粉丝及内容数量等。

认证流程是指用户认证的产品操作流程和相关注意事项的解释说明。例如，抖音认证的产品流程为"我的—申请认证—去认证—完善信息—申请认证"，抖音认证流程 FAQ 包括兴趣认证、职业认证、认证修改规则、认证材料解释说明等 20 多条。

考核规则是指已经认证用户的考核标准。例如，抖音账号认证的考核规则包括四个方面，分别为原创性考核、内容质量考核、内容垂直度考核、账户信用度考核。如果账号在 30 天内不能通过考核，抖音就会自动取消该账号的认证。

激励规则

激励规则是指平台给予创作者的内容收益分成或权益奖励。社区类产品以等级和特权激励为主，具体模型可参考 2.3 节。信息流产品多数为现金奖励，主要包含激励规则和提现规则两部分。

（1）激励规则

激励规则是指依据内容的阅读量、点赞量、评论量等 C 端用户行为指标制定的奖金分配标准。以头条号付费专栏为例，其分成规则（截取部分规则）如下。

①非分销订单：专栏作者收入 =（用户实际支付的费用 − 渠道费）× 作者分成比例。

②分销订单：专栏作者收入 = 用户实际支付的费用 − 渠道费 − 分销费。

（2）提现规则

提现规则是指创作者将平台账户中的金额提现到银行账户所要遵守的要求。

以头条号的提现为例，其规则（截取部分规则）如下。

①提现时间：每月 2-4 日，作者可在头条号后台提现。

②提现流程：进入头条号后台，在左侧"个人中心—结算提现版块"点击"可提现金额"。

社区规则

社区规则是指平台用户发布内容的行为规则及违反规则时相应的惩罚措施等，主要包括内容规则、举报规则、商业规则及惩罚机制四部分。

（1）内容规则

内容规则是指平台制定的内容发布规则，主要包括禁止发布的内容和发布内容的形式等。例如，禁止发布色情类、赌博类、谣言类、危害国家安全及民族团结类等相关内容。

（2）举报规则

举报规则是指用户之间相互监督的规则。以微博为例，用户 A 和用户 B 因为观点不一致而在评论中互相攻击谩骂，用户 A 举报用户 B 违反社区规则。面对这种情况，微博社区委员会介入，依据微博社区规则进行评判处理，具体详情可参考微博社区举报规则的相关条款。

（3）商业规则

商业规则是指针对用户发布具有商业属性的内容而制定的相关规则。例如，用户 A 在文章中发布商业广告，这是否违规、是否需要和平台进行分成，都需要事先做出规定；用户 B 在发布的内容中留有第三方联系方式，如微信号、QQ 号等，平台对此行为也应该有所规定。

（4）惩罚机制

惩罚机制是指对用户违反社区规定的惩罚规则，主要包括删除违规内容、禁言、取消认证、封停账号等。

①删除违规内容是指删除违规内容并发私信通知用户，同时给予账号整改建议。

②禁言是指在某一段时间内禁止用户发布内容，禁言期过后可以发布内容。

③取消认证是指取消用户的达人、实名、创作者等身份认证。

④封停账号是指封掉用户账号。封停账号后，用户账号即消失。如果用户不服判决，可向平台进行申诉。

3.3.3 培训学院：授人以鱼不如授人以渔

多数创作者既不是专业的内容生产者，也不是专业的互联网从业者，因此在创作过程中会遇到很多问题。为了提升创作者的创作能力，平台会成立创作者学院，为创作者提供多种创作培训教程。创作者培训内容包含基础培训、创作培训及商业培训三大模块。

基础培训

基础培训包含平台规则培训、功能使用培训及产品策略培训等。平台规则培训主要是指 3.3.2 节中的相关规则培训。功能使用培训是指针对产品功能使用进行培训，包括创作工具、创作者后台等。例如，抖音官方视频制作工具剪映的功能培训，在培训的同时还能推广自家产品，可谓一举两得；头条号创作者后台培训，包括怎样查看数据、怎样上传视频、怎样发布文章等。产品策略培训即针对产品本身进行培训，主要是内容的推荐算法。例如，针对抖音的推荐算法培训包括关键词覆盖规则、视频互动技巧及视频归类选择等。

创作培训

创作培训主要是针对优质内容的创作进行培训，包括选题培训、灵感培训及内容定位培训等一切和内容创作相关的事情。例如，抖音视频的拍摄技巧、追热点及内容定位等培训。

商业培训

商业培训是指提升创作者变现能力的培训，包括变现途径、变现方法等，主要变现形式有流量变现和商品售卖。

流量变现是指内容获取的阅读量、点赞量等互动指标直接变现，以及通过广告获取收益。例如，告知创作者粉丝增长的小技巧：每一条评论都要回复且与阅读用户保持频繁互动，创作者应该分享自己的作品到其他社交软件上，利用自己的私域流量提升相关数据；告知创作者如何参与平台的扶持计划和变现规则：允许行业创作者与商家进行私下的合作推广，等等。

商品售卖主要是指带货，包括视频带货、直播带货等。例如，头条和抖音通过购物车使用攻略培训，可告知创作者怎样开通购物车和添加商品；直播带货技巧培训包括商品介绍、用户互动方法等内容。

创作者培训学院是一个双赢的项目，既帮助创作者提升了内容质量和收益，也使平台获得了大量的优质内容。市场上已经成立了多家培训学院，如阿里巴巴的淘宝大学和品牌数字学院、每日一淘的培训学院、抖音创作者培训学院等。

3.4 内容分发

在信息爆炸的移动互联网时代，如何让用户高效地接收有价值的信息成为内容运营的工作重点。解决此问题的关键是内容分发的形式，不同的分发形式具有不同的效果。本节主要介绍关系分发、热点分发、兴趣分发及话题分发四种分发形式。

3.4.1 关系分发：促进关系链的缔结

关系分发主要依托关系链，关系链的表现形式包括关注、互加好友、圈子及社群等。例如，微博的关注、微信的互加好友、微信群和今日头条的圈子。关系分发对内容质量要求不高，因为用户关注的是发布内容的人，所以淡化了内容本身的质量。例如，微博上众多明星发布的内容其实不具备很高的可读性，但是一句简单的"刚吃过饭"就会引起众多用户的围观和评论；微信朋友圈是一款强关系链的内容产品，用户发布的内容仅仅是简单的生活记录。

微博和微信代表了两大关系阵营：微博代表了弱关系产品，微信代表了强关系产品。微博的内容分发是中心化和开放化的，微信的内容分发是去中心化和私密化的。

关系分发的核心在于创造更多关系链。本节着重讲述泛微博类的内容型产品怎样塑造关系链，其适用于知乎、贴吧、微博、Soul 等产品。强关系类的IM 产品仅微信一家，在终端设备未出现变革之前很难有产品能挑战其地位。

关系链的塑造主要依托产品设计，有以下几种产品类型，如表 3-8 所示。

表 3-8 塑造关系链的产品类型

产品类型	种类变型	解释
榜单产品	垂类榜	垂类行业榜单，电影、财经、历史等
	明星榜	娱乐明星榜单，分相声、小品等
	同城榜	城市榜单，北京市、天津市、上海市等
	兴趣榜	兴趣爱好、幽默搞笑、运动健身美食等
	LBS 榜	基于位置，包括附近的人、地理围栏等

（续表）

产品类型	种类变型	解释
推荐产品	兴趣推荐	用户选择兴趣标签，依据相同标签对用户进行推荐
	关系推荐	关系链延伸，推荐好友关注的用户
	浏览推荐	根据用户的浏览习惯，推荐有相关兴趣或发布相关内容的用户
	事件推荐	共同参与热点事件的用户互相推荐
欢迎产品	注册欢迎	设置欢迎页面，新用户注册后，引导用户关注新用户
	回归欢迎	设置欢迎页面，流失用户回流后，引导用户关注感兴趣的用户
导入产品	通信录	匹配用户的通信录，推荐通信录好友
	第三方	匹配其他产品关系链，主要为用户推荐自家的其他产品
圈子产品	粉丝群	基于明星粉丝设置的群组功能，类似于微信群产品
	微圈子	基于兴趣的圈子功能，类似于百度贴吧产品

以欢迎页为例，微博在 2013 年前后制定的构建关系链的运营策略如表 3-9 所示。

表 3-9　微博欢迎页构建关系链的运营策略

用户类别	切入欢迎页条件
中低频以下	1 周日新增关注隔天切入，每周最多切 4 次，隔周循环
中高频以上	关注数 120 以下；3 周日新增关注，每 3 周切入一次
高频	关注数 150 以下；3 周日新增关注，每 3 周切入一次
全勤	关注数 250 以下；4 周日新增关注，每 4 周切入一次
被召回用户	通过召回邮件页链接回流的用户直接切入
新用户	注册当天引导进入，之后第 3 次登录再次切入

3.4.2　热点分发：保证时效性的稳定

热点分发是指热点事件或时效性较强的内容分发。此类内容大部分是新闻类内容和最新内容，时效性较强。热点分发的产品运营策略如表 3-10 所示。

表 3-10　热点分发的产品运营策略

产品类型	变型	解释
认证账号	媒体号	新华网、人民网等媒体报纸官方账号
	政府号	公安局、交通局等政府机构官方账号
	企业号	阿里巴巴、腾讯等企业机构官方账号

（续表）

产品类型	变型	解释
榜单产品	热搜榜	用户搜索榜单按照时间、搜索热度指定权重进行排名
	热点榜	热点事件按照时间顺序进行排行
最新 Feed	无	所有用户最新发布的内容按时间排序，如朋友圈等

榜单产品是热点分发的核心产品策略，由时效性和事件权重共同决定事件所处榜单的位置。例如，微博热点榜单的排名由事件的新鲜度和重要性共同决定。

认证账号的目的在于区分用户的不同身份。适合热点分发的认证账号主要指媒体类账号和组织机构账号，其由专业的工作人员组织管理和运营，如媒体官方账号、政府账号、企业账号等。

3.4.3 兴趣分发：完善用户兴趣标签体系

兴趣分发是指根据用户对内容的偏好进行分发。运营人员发现用户对内容的偏好有两个办法，分别是推荐算法和自选标签。

（1）推荐算法

推荐算法是指根据用户的浏览行为数据推测用户对内容的兴趣偏好，并把具有相关标签属性的内容推送给用户。例如，今日头条、抖音、微视等产品都是推荐算法类产品。

（2）自选标签

自选标签是指用户在注册时选择兴趣标签或订阅相关兴趣标签的内容。例如，小红书在新用户注册和老用户回归时都会让用户选择兴趣标签。

运营人员可以逐步完善兴趣分类标签，拓展新兴趣分类时一定要保证后端内容的供给。同时，内容创作者平台可以要求创作者在发布内容时主动给内容选择标签，这也有助于内容的分类筛选。

3.4.4 话题分发：话题产品的搭建逻辑

话题类似于会议，聚合了热点事件、兴趣内容、用户讨论等多种内容形式，而且引入了主持人机制对话题页进行管理。话题与兴趣社区、内容社区唯一的区别是时效性比较强，随着时间的推移会慢慢走向衰亡。

话题主要以话题页为承载主体，页面包括话题词、导语、头像、背景、主持人、数据指标（阅读、讨论、粉丝）等要素。

话题的主持人类似于社区的版主或管理员，其对话题的推广和运营有很大的帮助，为产品节省了大量运营资源。主持人产品是自运行产品，运营时需要设置好相关规则。微博话题主持人初期运营策略如图3-13所示。

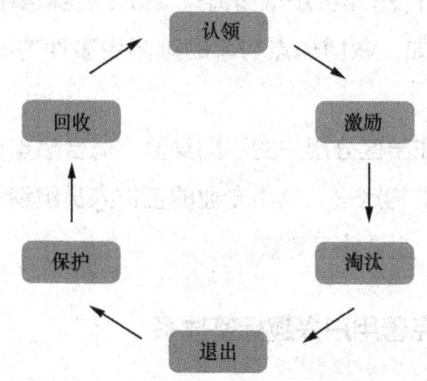

图3-13 微博话题主持人运营策略

（1）认领：达人以上的用户，先到先得；优质话题只有优质主持人才能认领。

（2）激励：包括粉丝增长激励、管理员权限、账号高曝光等。

（3）淘汰：在主持人所主持的话题中，主持人每周要发布的原创内容不能少于5条，否则将失去主持人权限。

（4）退出：主持人一旦退出，7天内不准再申请成为该话题的主持人。

（5）保护：微博平台有权对话题进行保护；保护后，主持人头像保留，但不可再编辑。

（6）回收：所有话题为公共属性，微博平台可根据话题管理规则回收话题。

第 4 章

— 活动运营：要让用户嗨起来 —

精细化运营

活动是指由共同目的联合起来并完成一定社会职能的动作的总和，其由目的、动机、动作及共同性构成，具有完整的结构系统。活动运营是指以某个运营目的为核心，进行创意策划、资源协调、落地执行及宣传评估的全部流程，分为线上活动和线下活动。

4.1 活动流程

完整的活动流程通常分为以下五个步骤。

确定目标

策划活动前，首先要明确活动的目标。例如，通过裂变形式拉新 1 000 个用户，提升某用户群 GMV 到 1 000 万，等等。活动的目标必须具备三个要素：唯一性、可量化、可达到。

（1）唯一性

唯一性即一场活动只设置一个目标，或者只有一个主要目标。因为设置多个目标容易导致活动主次不分、分散资源，进而导致活动达不到预期的效果。

（2）可量化

可量化是指活动目标必须有明确的数据指标作为衡量标准。运营人员切不可将目标设置得非常笼统，例如，"策划一场拉新活动"就是一个不合理的目标，应该修改为"策划一场拉新 30 000 人的活动"。

（3）可达到

活动设定的目标必须是可达到的，或者至少能完成 80% 以上。如果设置的目标太高或经常达不到，则不仅很难衡量某个活动成功与否，还会打击团队的自信心和积极性。

运营人员在设置目标时需要参考历史数据，运用数据推导出合理的目标值，切不可随便拍脑门决定。例如，将拉新目标设定为"一周内通过裂变活动新增 30 万个用户"，但是现阶段微信体系内只有 1 000 个用户，这就是不可能完成的目标。

创意策划

创意是整个活动的内核，主要包括规则、奖励及噱头三个部分。4.2 节将做出详细讲述。

资源协调

一场活动的落地需要很多部门的支持，包括技术、市场、产品及品牌等。为了方便项目管理和人员协调，运营人员需要制作一张活动甘特图，并且同步到项目组中每个团队和成员。

活动执行

一切准备就绪后，活动即可上线。但是，活动上线并不意味着工作的结束，运营人员应该时刻关注活动的运行情况，包括数据监控、用户反馈、临场调度及推波助澜四个部分。

（1）数据监控

在活动进行时，运营人员需要随时观察活动的相关数据，与预期的数据进行对比。如果与预期的数据不一致，运营人员就要及时分析问题并制定解决方案。

（2）用户反馈

活动进行时需要通过多种渠道收集用户反馈，整理归纳后快速优化活动。活动上线前，运营人员应制作一份完善的 FAQ 文档并同步给客服人员。

（3）临场调度

活动上线后经常会出现突发事件。处理突发事件的宗旨是保证活动正常运行，同时把用户的损失降到最低，不可贪小利而忘大义。

（4）推波助澜

活动运行中，如果用户对活动的反馈非常好，运营人员就应该敢于扩大活动规模，如延长活动时间、增加活动奖项、临时增加玩法等。

运营人员在活动中要善于挖掘参与用户的爆点行为，并通过新媒体、品牌渠道等将活动优点扩散出去，引起活动的二次增长。

复盘分析

活动结束后，运营人员需要进行复盘，主要包括目标回顾、指标拆解、原因分析及归纳总结，具体说明如表 4-1 所示。

表 4-1　复盘分析步骤

步骤	分析方向
目标回顾	对比完成指标与预设指标之间的差额
指标拆解	拆解用户量、转化率、客单价等各细分数据
原因分析	分析每个细分模块的完成情况及原因
归纳总结	强化正向结果，制定针对不完善模块的解决方案

4.2　创意公式

创意是一场活动的精髓和灵魂，策划出一个好的创意，活动就成功了一半。创意由三部分组成，如图 4-1 所示。

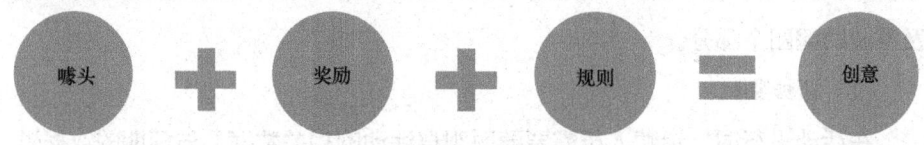

图4-1　创意公式

4.2.1　噱头：生活场景与心理暗示

运营人员做活动必须找个噱头包装一下，不然很难说服用户参与活动。对于噱头，运营人员可以从生活场景和心理暗示两个角度去寻找。

生活场景

场景是指用户在特定的时间和地点会做特定的事，可以理解为时间、空间、人物及动作的组合。合理地利用场景，可以给用户制造参与活动的契机。

（1）节日场景

节日是生活中必不可少的日子，是人们心理需求的产物。每逢节假日，人们会不自觉地进入一种情绪中。如果这种情绪没有被恰当地释放，就会表现出沮丧和失落，也就是患了节日抑郁症。而造成节日抑郁症的原因，要么是没有收到礼物或没办法送出礼物，要么是孤独、无法找到共度节日的伙伴。这表明用户在节日期间需要释放"参与感"这种情绪，因为节日是社会共同形成和认可的集体化精神的产物。有了这种认知，运营人员就能以节日为噱头，利用参与感吸引用户与产品或服务产生互动。

参与感是非常虚幻的概念，活动中必须将其实体化，或者使用户体验一个简单的仪式，如赠送礼品、专属海报及互动等。在活动中，企业就是用户的节日伙伴，奖品就是用户的礼物，整个过程中要让用户充分体验到接受赠予的快乐，感觉自己是节日的参与者。

以下四种元素可以充当节日的噱头，如表 4-2 所示。

表 4-2　节日活动噱头

元素	解释	案例
感情	不同的节日，具有不同的感情	情人节是爱情，母亲节是亲情
利益	节日期间的优惠力度大于日常	"双十一"商品享受折上折
联系	借助产品让用户之间产生互动	支付宝集福活动，微信红包活动
荣誉	企业给予新老用户的节日祝福	拜年短信、荣誉勋章、会员礼品

（2）热点场景

热点场景是指在大型社会活动进行期间产生的一系列特殊场景。例如，男性用户喜欢在世界杯、奥运会期间和三五个兄弟一起喝酒撸串。

大型社会活动不像节日一样对每个人都有吸引力，也不是所有人都有同样的情绪需求。例如，世界杯期间，部分男士的需求是看球或凑热闹，而对于大多数女性来说可能连凑热闹都谈不上。因此，运营人员在大型社会活动期间策划活动必须对用户进行分群，根据不同用户群体的需求选择不同的噱头。

（3）创造场景

创造场景是指重新组合时间、地点、人物及事件四要素，并为其赋予特殊的意义。例如，11 月 11 日本来是很平常的一天，顶多算是单身人士的特殊日子，但阿里巴巴赋予其新的意义，并将其打造成了国内最大的促销节日。如今，"双十一"不仅是阿里巴巴的促销节，也是全社会的促销节。

然而，创造"双十一"是一件可遇不可求的事情，一些中小企业可以结合公司或行业特点创造属于自己的特殊场景，如公司周年庆、行业的特殊节日等。

心理暗示

这里所说的心理暗示是指"他暗示"，即通过外界主动传达信息给用户，进而影响用户潜意识的行为。要想通过心理暗示影响用户，运营人员就必须懂得用户心理，找到用户内心最渴求的事物才能一击制胜。

电影《七宗罪》讲述了天主教教义中的七种原罪，分别是傲慢、嫉妒、暴怒、懒惰、贪婪、暴食及色欲。这七种心理状态，每个人或多或少都会有一些，这就为运营人员开展活动提供了突破口。七种原罪对应用户的七种心理需求，如图 4-2 所示。

心理暗示是通过文案传达给用户的，活动中的文案主要有活动宣传口号和活动主题介绍等。

（1）傲慢和与众不同

傲慢是一种精神状态，具有自高自大、目空一切的意思。但是，人们在评价他人傲慢时偶尔会掺杂嫉妒的心态。因此，有些傲慢不是真的傲慢，而是人想要与众不同。与众不同是一种独特的个性，一些用户希望得到认可。例如，潮牌是近些年非常流行的一种服装品牌类型，运营人员在策划一场潮牌服饰促销活动

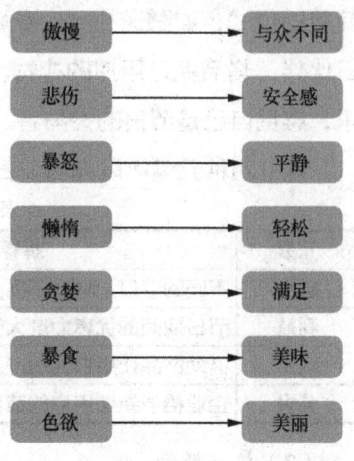

图4-2　七种原罪对应七种需求

时，运用"与众不同"这个心理需求就再合适不过，可将活动主题设定为"穿着代表你的个性，潮牌服饰春季大促销"。

（2）悲伤与安全感

安全感是人最基本的需求，当人们沮丧、悲伤时，对安全感的需求便立刻显现。所以，谁能给予用户安全感，谁就能获得用户的"芳心"。例如，策划一场床上用品促销活动，活动主题可以设定为"高端品质，让您更安全"。

（3）暴怒与平静

中医讲"暴怒伤肝"，其实没有人喜欢整天怒天怨地，每个人都希望自己的生活多一分平静和安宁。例如，旅游业越来越发达，每逢节假日都会出现游人如织的场景，然而选择目的地是让很多用户头疼的难题，景点的人山人海让用户望而却步。如果运营人员策划一场宁静的旅游目的地促销活动，必然会大受欢迎，活动的主题可以是"远离喧嚣，享受宁静"。

（4）懒惰与轻松

"懒人经济"不是互联网时代才有的产物，而是人的本能，是人对轻松、自由生活的追求与向往。例如，随着科技的进步，洗碗机、扫地机器人等懒人产品越来越多，电商平台相应的促销活动也越来越多，活动主题可以是"轻松一刻，享受生活，品质家电五一大促销"；"带着微博去旅行"是微博经常策划的内容 UGC 活动，目的是促使在假期旅游的用户发布高质量的内容，活动主题可以是"记录自由自在的生活"。

（5）贪婪与满足

贪婪是因为欲望得不到满足，而且每个人贪婪的对象不尽相同。运营人员在策划活动时可以利用用户的贪婪吸引用户，然后以满足感留住用户。例如，裂变分销利用的就是用户的贪欲，"多劳者多得"给用户画了一张"满足感"的大饼，最简单直接的活动主题可以设定为"卖得越多，赚得越多"。

（6）暴食与美味

贪吃可能不是因为饥饿，而是因为用户向往美味。随着消费的升级，部分用户在满足美味需求的同时更关注健康。例如，食品促销活动的主题可以是"国庆美食节，美味天天有"，如果配上若干美食图片则效果更佳；健康食品的活动主题可以是"绿色食品，健康的源泉"，并搭配简短的文字描述，介绍食品的产地、生产流程、富含的营养物质等。

（7）色欲与美丽

俗话说，"爱美之心，人皆有之"。因此，色欲是人对美丽外表的向往。例如，我国老年人数量庞大，这一代人在年轻时没有机会享受优越的物质生活，勤俭了一辈子。因此，运营人员在针对老年女士策划服饰或美妆活动时，可以将主题设定为"活到老，美到老"。

4.2.2 规则：制定规则的四个要素

用户与激励之间的桥梁是活动规则，其本质是用户与产品的交易行为，即产品给用户提供奖励、用户给产品提供价值。其核心原理及框架如图 4-3 所示。

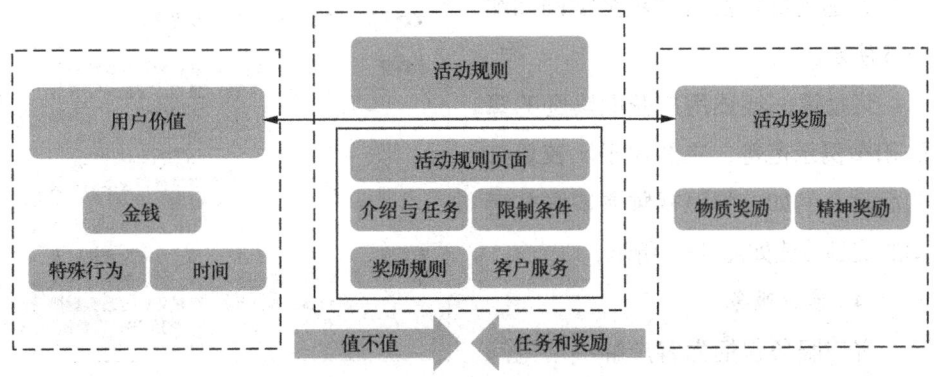

图4-3 规则原理及框架

活动规则页面

（1）介绍与任务

介绍与任务包括活动介绍、参与流程、操作流程及任务详情等。例如，腾讯视频邀请好友活动介绍如图4-4所示。

（2）限制条件

限制条件包括时间限制、参与条件及奖励限制。其中，时间限制描述主要活动和分支活动的起始日期及可获取奖励的时间范围，参与条件描述可参与活动的用户类型及其他门槛等，奖励限制描述每个账户或每个用户可获取奖品的数量等，主要是防止"薅羊毛"行为。

（3）奖励规则

奖励规则包括奖品内容、获奖规则及奖励算法。

奖品内容描述奖励的内容和数量。例如，一等奖是一台索尼电视，二等奖是两台苹果手机，等等。

获奖规则描述用户要完成哪些内容，才能获得相应的奖品。例如，腾讯视频邀请好友活动的获奖规则如图4-5所示。

奖励算法描述用户获取奖励的算法和举例示范等，主要用于比较复杂的活动。例如，腾讯视频邀请好友活动的奖励算法如图4-6所示。

（4）客户服务

客户服务包括为客户解决常见问题，以及提供咨询服务。其中，常见

活动介绍

1. 邀请有礼活动怎么玩？

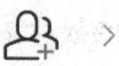 >  >

邀好友加入VIP　　好友享　　　好友开通
分享5位得奖励　邀请开通优惠　您再得奖励

2. 如何发起邀请？

凡登录腾讯视频账号的用户均可参与邀请好友开通VIP赢奖励活动，本活动页可通过两种形式向好友发起腾讯视频VIP开通邀请

1）通过分享含个人专属二维码的邀请图片邀请好友
2）通过分享个人邀请链接邀请好友

3. 如何获得分享奖？

每日邀请满5位好友登录邀请有礼开通页即可抽取1次分

图4-4　腾讯视频邀请好友活动介绍

4. 成功邀请好友开通，奖励如何计算？

邀请好友开通VIP所获得的奖励分为：邀请奖、新人奖及等级奖；

会员卡价格由腾讯视频自行制定，随腾讯视频官网价格动态更新

奖励名称	奖励内容	获得资格
必得奖	好友实际支付价格*对应套餐奖励比，详见下文	通过分享邀请图片或链接，好友成功开通腾讯视频VIP/超级影视VIP即本次邀请成功，您可获得奖励；连续套餐仅奖励首次开通
新人奖	好友开通套餐实际支付价格*3%，详见下文	邀请从未为会员的用户，首次邀请成为腾讯视频VIP/超级影视VIP的用户，可叠加获得新人奖励

图4-5　腾讯视频邀请好友活动的获奖规则

问题是制作 FAQ 描述活动中的一些问题，咨询服务包括通过预留客服电话、
开启线上咨询窗口为客户提供服务。

> **2）新人奖**
>
> 如邀请从未成为过VIP的好友首次成功开通腾讯视频VIP
> 或超级影视VIP，即可额外获得新人奖励，新人奖励=好
> 友实际支付价格*3%
>
> 例如：小M开通VIP月卡（特惠价18元），使用2元代金
> 券，且为腾讯视频VIP新用户，则小Q额外获得3%的新人
> 奖励
>
> 新人奖励=（18-2）*3%=0.48（元）
>
> **3）等级奖**
>
> 如已累计邀请多位好友开通，可获得等级奖励，邀请越
> 多奖励越多
>
> 成功邀请到2位（及以上），额外获得2元奖励
>
> 成功邀请到5位（及以上），额外获得5元奖励（累计额
> 外获得2+5=7元奖励）
>
> 成功邀请到20位（及以上），额外获得20元奖励（累计
> 额外获得2+5+20=27元奖励）
>
> 例如：小M为小Q的第5位成功邀请开通好友，则小M开
> 通后小Q可获得等级奖励2+5=7元

图4-6　腾讯视频邀请好友活动的奖励算法

制定活动规则的原理

活动规则是人数、平台、时间及动作四个要素的排列组合。动作可以理解为干
什么、做什么，无须细分，可任意
设定。其他三个维度的细分规则如
图 4-7 所示。

（1）人数

人数是指完成特定任务参与
的用户数量。单人任务即用户一个
人可完成的任务，如秒杀、抽奖、
充值返现等活动。多人任务是指多
人参与才能完成的任务，且有人数
限制。此类任务需要用户之间产
生互动才能完成，如拼团活动、

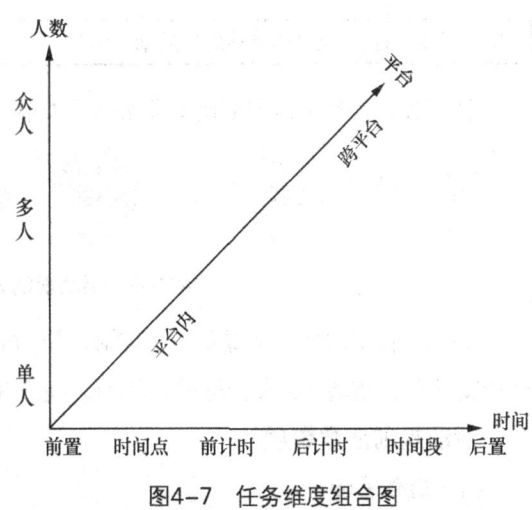

图4-7　任务维度组合图

邀请好友活动等。众人任务是指两个以上用户参与完成的任务，没有人数限制，
如分销活动、裂变活动等。

（2）平台

平台是指活动需要借助第三方社交应用进行传播。由于多人活动和众人活动需要参与活动的用户拉来其他用户参与活动，因此其一般情况下会用到第三方社交平台进行传播。

平台内活动是指活动从开始到结束都在平台内部进行，如京东 App 的秒杀、夺宝等活动。跨平台活动是指活动从开始到结束涉及第三方平台，如 App 分享裂变活动等。第三方平台包括微信及微博等社交软件。

（3）时间

时间是指活动规则中时间设置的情况，不同的时间设置方式能带给用户不同的体验。活动时间的主要设置方式如表 4-3 所示。

表 4-3　活动时间设置方式

时间	解释	案例
时间前置	指在某个行为开始之前启动	预定活动
时间点	指某一个时间点执行的活动	秒杀活动
前计时	指距离结束还有多长时间，倒计时结束	距离"双十一"结束还有 1 小时
倒计时	指距离开始还有多长时间，到了就开始	距离"双十一"还有 1 小时
时间段	指活动时间为某一个开放的时间段内	"双十一"活动为 11 月 11 日 0 点到 12 日 0 点
时间后置	指在某动作完成之后启动	购买后分享领红包活动

根据以上内容可得出活动规则公式，如图 4-8 所示。

图4-8　活动规则公式

以拼团活动为例，依据图 4-8 的公式进行拆解：用户在 3 天内，分享活动到社交平台，邀请 10 人参与拼团活动，完成任务即可 9 折购买商品。

活动规则注意事项

（1）通俗易懂

活动规则设计不宜过于复杂，如果需要用户花 10 分钟以上的时间研究规则，那么将只有极少数用户会参与活动。例如，《爱情公寓》中展博设计的桌游"开天辟地之裂变大地"的规则相当复杂，现实中估计只有很少的用户会参与。

（2）门槛低

活动门槛越低越好，尽量让所有用户都能参与其中，特殊活动或针对性活动除外。

（3）路径短

完成活动任务的过程难度适中即可，太过复杂不利于提升用户的参与度。

（4）趣味性

活动规则要尽量带有趣味性，枯燥乏味的规则不足以吸引用户。一般情况下，随机性和参与性的组合即可带来趣味性。

4.2.3 奖励：外在奖励与内在奖励

活动奖励是指产品和用户价值之间进行交换的物品，主要分为外在奖励和内在奖励两大类。

外在奖励

外在奖励是指利用事物外部的因素实现对用户的激励，如金钱、礼品、积分等。运营人员设计外在奖励，需要注意以下五个原则。

（1）关联性，即奖品尽量与平台主营业务相关。假如一家卖生鲜的企业在App上做拉新活动，将奖品设置为天猫优惠券、京东购物卡就会很突兀。因为奖品和平台商品没有关系，用户不仅不能便捷使用，也不能给平台带来好处。

（2）覆盖率，即设置奖品遵循大奖稀缺、小奖不断的原则。大奖作为吸引用户参与的噱头，起到引流的作用；小奖则用来提升用户的中奖概率和参与度。

（3）阶梯化，即奖励随着用户贡献价值的提高而提高。阶梯化奖励包含等比例和可变比例两种形式，其中等比例奖励如图 4-9 所示。

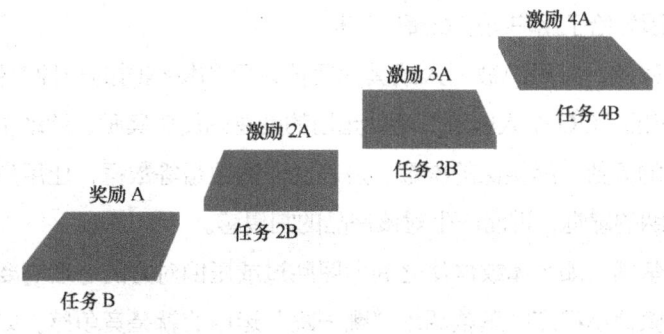

图4-9　等比例奖励

可变比例不必按照图4-9所示的对应关系设置，可以根据项目的具体情况而定。

（4）阶段化，即奖励不要一次性发放完毕。奖励发放可以设计在某几个固定的时间段，这样能延长用户参与活动的时间，甚至能让用户在整个活动过程中都保持参与。例如，在天猫的"双十一"和京东的"6·18"活动中，优惠券的发放就是分阶段进行的，额度随着活动的进行越来越大，最终在节日当天达到高潮；罗永浩在直播中分好几个阶段发放优惠券和红包，目的就是延长用户的观看时间，以及让进入直播间的新用户有奖品可以领取。

（5）概率化，即奖品的发放要有随机性。随机性发放奖品不仅有助于提升活动的趣味性，而且可以调动用户的参与感和互动性。例如，微信抢红包就是非常典型的一个概率化活动。几块钱的红包从额度上说对用户并没有多大的吸引力，但是随机性的出现提升了吸引力，因为抢到最高金额的用户会有一种成就感。

内在奖励

内在奖励是指从用户心理上给予奖励，即精神上的奖励。此种奖励多用在内容类和工具类产品活动中。内在奖励的形式共有以下七种。

（1）荣誉感，即用户参与活动并完成任务会获得很高的荣誉。例如，策划一场社区发帖大比拼活动，活动的规则是一星期内社区的所有用户发帖三篇，通过排行榜的方式将获得点赞数最多的用户展现在首页，并给予荣誉勋章一枚。

（2）成就感，即用户做完一件事情获得愉快或成功的感觉。例如，进行打卡活动，用户连续签到7天获赠达人勋章一枚，连续签到15天获赠荣誉勋章一枚。

（3）优越感，即让用户察觉到自己的优势，进而激发其炫耀的心理。例如，网易的"荣格心理学测试"活动运用的就是优越感奖励，其之所以能引爆朋友圈，是因为激发了用户的炫耀心理；支付宝年底的账单盘点活动之所以能引爆朋友圈，是因为给了用户可以炫耀的素材。

（4）归属感，即用户被别人或其他团体认可和接纳时的一种感受。例如，腾讯20周年的"QQ个人轨迹"活动运用的就是归属感奖励。活动中统计了用户注册QQ的天数、换头像的次数、发表说说的数量等数据，让用户有一种被认可、被接纳的感觉，进而产生对该产品的归属感。

（5）竞争感，即个体或群体之间力图胜过或压倒对方的心理需要和行为活动。例如，微信小程序的爆款活动"跳一跳"运用的就是竞争感。如果用户独自玩这款游戏，就没有什么意思，但是排行榜功能让好友之间产生了竞争。

（6）认同感，即人们对自我及周围环境有用或有价值的判断和评估。例如，《我们是谁？乙方！》这幅漫画成功地利用了用户的认同感，让从事乙方工作的人产生共鸣，进而转发漫画。

（7）尊重感，即尊敬、重视，让用户有一种被平等甚至高规格对待的感觉。例如，高德地图的"你敢用，我敢赔"活动中，即使用户错误的反馈和答案也会得到客服人员的回复，这让用户能感觉到被尊重。

4.3 活动类型

活动主要分为三类，如图 4-10 所示。

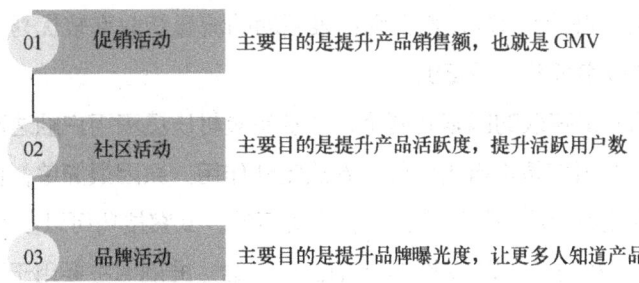

图4-10 活动的分类

4.3.1 促销活动：花多少赚多少要有数

促销活动是指为了提升某种产品或服务的销售额而以降价或赠送礼品等方式吸引用户参与的活动。这类活动有很多种玩法，如优惠券、打折、返现、拼团等，其核心是给用户让利。俗话说，"钱要花在刀刃上"，促销活动需要精打细算，让每一分钱都产生最高的回报。

$$GMV = 流量 \times 转化率 \times 客单价$$

这是营销的核心公式，每一场促销活动都需要按照这个公式进行拆解。

活动流量

促销活动一般通过两种形式的渠道获取流量，分别是内部渠道和外部渠道。内部渠道是指平台内部营销坑位，如 Banner、活动位、搜索框、Push 等。外部渠道是指平台以外的营销渠道，如线上投放、合作 BD、线下广告等。

一般情况下，只有"双十一""6·18"这种大型活动才会开足马力进行全渠道宣传，日常的促销活动只需要利用内部的营销坑位就足够了。成熟的项目或产品整体的用户数据趋于稳定，而流量的利用率才是精细化运营的根本。因此，运营人员只有关注活动的流量获取效率，才能提升流量的利用效率，其衡量指标为坑位 CTR。流量获取率的评价逻辑如下。

（1）CTR 活 = 坑位点击用户数 / 坑位触达用户数，此公式表示活动在某个坑位的流量获取率。如果是被动坑位，如 Banner 等，公式中的分母采用日活；如果是主动坑位，如 Push、兴趣推荐位等，公式中的分母则采用触达用户数。

（2）CTR 均 = 点击用户数（A+B+C…）/ 日活（A+B+C…），此公式表示某段时间内坑位相对于日活的转化效率。其中，A、B、C 代表每天的数据。公式中的分母逻辑同上。

（3）如果 CTR 活 >CTR 均，则代表活动的流量获取率较优秀；反之，则活动的流量获取率较差，需要优化。

影响活动流量获取的因素有两个，分别是素材质量和用户触达准确率。素材质量的好坏对用户是否点击坑位起着决定性作用。原因很简单，优秀的文案和好看的图片能吸引用户的注意力，反之则不然。文案技巧可以参考本书 3.1.1 节和 7.1 节，图片技巧可以参考 6.2.1 节。用户触达准确率主要用于主动坑位的分析，因为被动坑位中分母只能用日活。活动与推荐坑位中的用户兴趣匹配度越高，点击率就越高，反之则越低。

兴趣推荐可以采用产品化策略，也可以通过人工分析手动操作，这主要视公司的具体情况而定。兴趣分析包括但不限于以下几点。

（1）浏览分析：分析用户的浏览行为，推测用户对品类或商品的喜爱程度。

（2）购物车分析：分析用户购物车中的所有商品，推测用户对品类和商品的喜爱程度。

（3）收藏分析：分析用户收藏的商品，推测用户喜欢的品类和商品。

（4）用户属性分析：分析用户性别、地域、身份等特征，猜测用户可能喜欢的品类和商品。

转化率

转化率与商品优劣、产品逻辑、优惠力度等多种因素相关，但是相对于较稳定的电商平台来说，短时间内影响促销转化率的因素是优惠力度。

虽然优惠力度对转化率影响较大，但是不能只考虑提升转化率或 GMV，却不考虑投入产出比。如果转化率或 GMV 是因为补贴得到的，那么业务的风险就会非常高。一旦补贴停止，业务增长将陷入停滞。因此，运营人员要时刻关注优惠对业绩提升的效率，不该花的钱不花，能少花的钱少花。衡量公式如下。

$$GMV 提升率 = 促销 GMV / 未促销 GMV$$

$$ROI = 投入成本 / GMV 提升值$$

促销活动一方面会让本来没有下单意愿的用户下单，另一方面也会提升或降低本来就会下单用户的客单价。例如，满减券会拉升客单价，现金券会降低客单价。因此，运营人员要计算这两部分的 GMV 变化值。

GMV 提升率体现的是相对于不做促销带来的 GMV 提升比例，而 ROI 体现的是每花一块钱所换来的 GMV。

假设以发放满减券的形式提升某一类型用户 GMV，优惠券面额为满 100 元减 10 元，自然客单价为 80 元。通过 AB 测试的形式进行对比，衡量此次活动的效果。分别选取两组用户进行数据对比分析，整体过程如表 4-4 所示。

表 4-4　满减促销活动 AB 测试数据分析

数据指标	试验组	自然组
促销策略	满 100 元减 10 元优惠券	无
触达人数	1 000 万（干预）	1 000 万（自然）
转化率	12%（干预转化）	6%（自然转化）
购买用户基本值	干预人数 × 自然转化 = 60 万	
用户提升值	干预人数 ×（干预转化率 − 自然转化率）= 60 万	
GMV 基本值	购买用户基本值 × 自然客单价 =60 万 ×80 = 4 800 万	
GMV 提升值	用户提升值 × 干预客单价 + 购买用户基本值（干预客单价 − 自然客单价）= 7 200 万	
优惠券成本	每单优惠金额 × 购买用户量 = 1 200 万	
短信成本	每条短信费用 × 发送条数 = 100 万（假设 0.1 元 / 条，触达率 100%）	
GMV 提升率	GMV 提升值 / GMV 基本值 = 1.5（150%）	
ROI	GMV 提升值 / 总成本 =GMV 提升值 /（优惠券成本 + 短信成本）= 5.5	

4.3.2　社区活动：气氛很重要

社区是一群具有共同属性的用户聚集的地方，社区氛围是指用户群体共创的社区调性的具象化表现，主要体现在内容形式、互动行为及群体性格三个方

面。运营人员塑造社区氛围，可从这三个方面着手。

内容形式

内容形式是社区氛围的基石，不同的内容形式代表了不同社区的底层逻辑，并导致社区氛围的不同。内容形式包含内容发布形式和内容调性两部分。

（1）内容发布形式

内容发布形式包含两个方面：一是内容发布功能，二是内容展现形式。

内容发布功能是指社区的产品功能，如评论、转发、点赞、话题、置顶、投票等。功能本身是中性的，不具备社区氛围属性，但是不同的功能可以给予用户不同的玩法，所以利用好每个功能都可以产生一种社区文化。

案例

①"最右"（→ _ →）本来是微博里转发功能的一个玩法，当转发者对转发内容表示赞同、调侃时会用这个符号。慢慢地，"最右"发展壮大起来，形成独立的"最右 App"。

②新浪微博与新浪博客的区别在于功能差异。微博限制了内容的字数，并增加了很多互动功能；博客对字数没有限制，而且互动性较差。正是这种底层逻辑上众多功能的差别造成了上层内容形式的不同，内容形式的不同又造就了不同的社区文化。Web 1.0 和 Web 2.0 等各种时代的进化都是源于产品功能的进化。

内容展现形式是指内容的文字、图片、视频、语音及直播等形式。不同的内容展现形式带来的社区氛围也不同。

案例

①饭否和 Twitter 开始时都是纯文字的短博客，文字表达的信息有限、枯燥、缺乏趣味性，新浪微博则融合了 Twitter 和 Facebook 的形式，从而提升了内容互动的趣味性。

②如今火爆的短视频平台快手，以前只是做 GIF 动图的公司。但是，当短视频的时代来临后，战略上的调整使其在几年内发展成为一个行业独角兽。

（2）内容调性

内容调性是指内容定位和内容风格，读者可以参考本书 3.2.2 节内容。

小众的垂类社区聚集的用户比较同质，因此其社区氛围也比较单一。综合型社区的内容氛围比较多样化，其在一个比较宽泛的社区氛围下会分为多个小众的社区氛围。

案例 ───

①"最右"是一个搞笑类内容社区，与头条的内涵段子类似。

②新浪微博和百度贴吧聚集着各种各样的用户，其爱好、兴趣差别很大，因此划分了多个小众社区。例如，微博借用超话产品和当年的微吧产品细分用户；百度贴吧则有成百上千个小社区，最有名的当属"李毅吧"。

──

互动行为

互动行为是指用户之间通过内容的形式产生互动来表达各自的情绪。互动过程是螺旋式进行的，一层叠加一层，慢慢地发展壮大。首先，用户看到内容后会产生共鸣、好奇、矛盾、争议、从众、趣味性等情绪，这些情绪会促进用户发布内容和评论；其次，用户根据看到的内容通过抖机灵、模仿、创新等形式产生类似或延伸性质的内容；最后，内容发布者通过其他用户的评论或点赞获得认同感、成就感、荣誉感。

互动行为可以是杂乱无章的，也可以是有规律的。杂乱无章的互动社区相对较开放，在保证内容安全的前提下任社区自由发展；有规律的互动行为容易形成特定的社区文化，但是这种行为需要运营人员规范引导。

案例 ───

①从宏观上看，微博的互动行为是杂乱无章的，用户想怎样互动就怎样互动。但是，从微观上看，微博的互动行为又是有规律的，例如，利用话题、热搜等产品打造热点互动氛围。

②有规律的互动氛围大多出现在评论区。例如，头条的跟帖评论、B 站的弹幕等。这些有规律的内容需要运营人员利用小号导向、梳理内容等形式带节奏，时间久了，用户就会形成习惯。

──

群体性格

群体性格是指社区中用户群体具有一致的认知和行为。

（1）认知一致是指虽然有争议，但是社区内某些核心文化、核心观点具有高度的一致性。例如，"皇马吧"的用户高度一致地认为巴萨不如皇马；相反，"巴萨吧"的用户一致认为皇马不如巴萨。

（2）行为一致是指用户群体之间有一种通用的行为动作，如定期发帖、评论的盖楼文化、社区独特的语言体系等。如果把这个行为比作旗语，那么只有同一个群体的用户才能明白这个旗语的含义。

社区氛围是由用户和运营共同决定的。例如，某个社区冷启动之前想要打造A氛围，但是用户并没有按照既定的路线走，形成了B氛围；运营人员发现社区用户具有某种特性，并开始集中发力带节奏，慢慢把这种特性培养成了社区氛围。

社区氛围一旦形成，这个社区就有了持久的生命力。运营人员所有的运营动作只能顺势而为，现实中也是逆社区文化的产品改革和运营策略成功的少，失败的多。

社区活动的主要目的是保持社区氛围、引导用户产生互动和内容。社区活动主要有以下几种形式，如表 4-5 所示。

表 4-5　社区活动主要形式

活动类型	案例
投票活动	20 世纪最伟大的球员是哪一位，选出 10 位让用户投票
集赞活动	征文大赛，参赛文章 1 周内点赞最多的用户获取 ×× 奖品
跟帖活动	评论大赛，随机抽取评论中 N 楼发送奖品，点赞最多者获得奖品 ××
访谈活动	邀请 KOL 做访谈，在社区内和用户实时互动，随机回答 50 个问题，并穿插抽奖
晒图活动	摄影大赛，发布参赛作品，评论、点赞、转发最多者获得 ×× 奖品
粉丝活动	×× 粉丝成员，一周内发布 ×× 相关内容最多者获取 ×× 演唱会门票 1 张
节日活动	国庆旅行季活动，国庆期间发布旅游日记，互动最多者获得迪士尼门票 1 张
热点活动	对 ×× 事情发表自己的观点，互动最高者获得奖品 ××
PK 活动	西班牙国家德比发起 PK 活动，双方球迷在社区发帖，发帖数量最多的一方获胜，并在获胜方中随机抽取 3 名送正版球衣
打卡活动	连续打卡 7 天，赠送 ×× 签名照一张

4.3.3　品牌活动：策划刷屏H5的逻辑

朋友圈在不经意间就会出现一款刷屏的 H5，如"网易戏精课""支付宝账单"等。刷屏是为了让品牌形象在用户心中一次次再现。品牌是公司的无形资产，其认知度与美誉度对用户的消费决策有重要影响力。所以，刷屏实际支撑的是爆点话题中所包含的品牌调性、品牌身份基因。

H5 只是做品牌传播的内容载体，其核心是品牌内容的策划能力。下面分别以测试互动类和故事类为主，讲述策划 H5 的底层逻辑。

测试互动类

测试互动类 H5 是最常见的类型，其在现实中刷屏的概率也确实略高于其他类 H5。测试互动类 H5 主要由输入、模型、结论三部分组成，通过用户想了解自我或其他噱头进行包装，其整体逻辑和框架如图 4-11 所示。

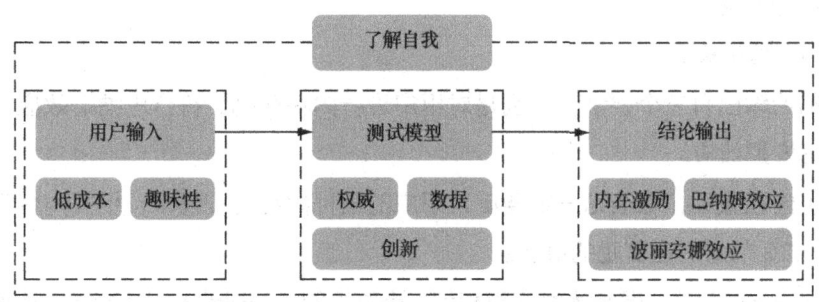

图4-11 测试互动类H5的逻辑框架

（1）了解自我

用户不仅想了解自己，也想炫耀自己。用户热衷于各种测试是出于想了解自己的需求，而分享则是希望炫耀和得到认可。

（2）用户输入

用户输入具备低成本、趣味性、帮助用户了解自我的特性。

①低成本：测试题数量不要太多，难度不宜过高，整体上给用户一种轻轻松松回答完毕的感觉即可。如果列出一堆非常复杂的心理测试题，用户肯定没有耐心参与。

②趣味性：狭义上是指题目要有趣，不能太死板、太理论化，尽量包装成网络语言或符合受众群体的语言；广义上是指整个测试活动的趣味性，套路可以不变，但是玩法一定要新颖。

（3）测试模型

测试模型主要有三类，分别是权威型、数据型、创新型。

①权威型，即运用各种心理学、行为学、社会科学的测试公式。权威的公式可以提升用户的信任度，同时也能够引发用户的学习兴趣。例如，网易的

"荣格心理学测试"就是权威型 H5。

②数据型，即通过一组数据描述用户，多用于平台中用户行为的统计分析。用户相信数据，也希望通过数据展示自己，例如，支付宝的"年终账单"，QQ 20 周年的"QQ 个人轨迹"，等等。

③创新型，即属于运营人员自己创造的测试模型。创新不是完全推倒重建，而是在已有模型的基础上进行改造。例如，雪球的"投资门派测试"对投资行业已有的投机理论、投资理论、价值理论、江恩理论、缠论等进行归纳总结，形成新的理论。

（4）结论输出

结论输出有三个要素，分别是对用户进行内在激励、符合巴纳姆效应、符合波丽安娜效应。

①内在激励，即结论一定要满足用户的某种内在心理需求，相关内容可以参考 4.2.3 节对内在奖励的讲述。

②巴纳姆效应，是指人很容易相信一个笼统的、一般性的人格描述，认为其与自己十分吻合并准确地揭示了自己的人格特点。例如，算命测试中经常得出一些笼统的结论，给用户一种"好像什么都说了，但又好像什么都没说"的感觉。

③波丽安娜效应，是指对自己的正面描述即使缺乏客观性和公正性，人们都倾向于认同。通俗地讲，就是人人都喜欢被赞美、憎恶被批评。

（5）变形

如果从输入、模型、输出三个维度考虑，测试互动类有很多种变形，如表 4-6 所示。

表 4-6　测试互动类 H5 的变形

类型	案例
恶搞型	生成新工牌、对话记录、结婚证、合同、新身份、合照等
轻游戏	拼手速、模仿动作、消除物品、拼图类、比赛类等

故事情节类

讲一个好故事，其实就是设计一个好的场景。一个具有吸引力的场景离不开以下五个要素。

（1）新鲜

新鲜是指故事在时间上要及时，如果是过时的梗，就没有太大的吸引力了。例如，网易考拉海购在 5 月 13 日母亲节推出的"测一测妈妈的出厂配置"H5，通过一个个选项勾起了用户对母亲的回忆，在众多母亲节 H5 中脱颖而出。

（2）重要

重要是指与用户的利益相关，让用户感到"看上去有很大的价值，不关注会有所损失"。例如，"Who runs China"意思是"为人民"，这是 CGTN 特别为"两会"打造的海外版 H5，在表现形式上采用了更多数字特效，内容主要是"两会"中与民生相关的数据，这些都与用户息息相关。

（3）显著

显著是指与大 V、明星等具有流量的人或物相关联，也就是借势。例如，"京东母亲节"H5 就借助母亲节这个热点事件获取了大量的关注。

（4）有趣

有趣是指好玩、有意思，"一般概率属性 + 参与感"能提升故事的趣味性。例如，艾洛游戏的"拯救不开心大作战"H5 以随机互动游戏的方式缓解用户低落的心情。

（5）接近

接近是指提供用户熟悉的场景，故事中的场景似曾相识，甚至就发生在用户的生活中。例如，网易与人民日报的"穿越 2020 年"H5 描绘了 2020 年的不平凡。

4.4　重点活动形式分析

活动形式有多种多样，运营人员可以根据不同的活动主题或风格设置不同形式的活动，这也正是活动运营的魅力。本节着重介绍会场活动和场景活动的策划与运营逻辑。

4.4.1　会场活动：通过动线讲解最小MVP

首先，运营人员要做的是梳理人们日常逛商场的路径：用户乘坐交通工具来到商场，通过某个入口进入商场，选择楼层并沿着设计好的路径和展区开始逛，进出多家店铺，最后购买选中的商品。

会场活动的设计与日常逛商场的逻辑是相同的：乘坐的交通工具是流量渠

道，商场是本次活动的主会场，商场入口是活动的入口，商场楼层和展区是活动分会场和展区，店铺是各品牌店铺、品类展区等。

这里引入"动线"这个概念。动线是建筑与室内设计中的用语，即将人在室内室外移动的点连起来的路径。把这个概念运用到商场里就变成了顾客动线，也就是顾客的流动路线；应用到活动会场里就是用户动线。图 4-12 中深色的部分为商场中的商铺，箭头部分为出入口，空白处为顾客通道，入口和顾客通道连接起来形成的线路就是用户动线。

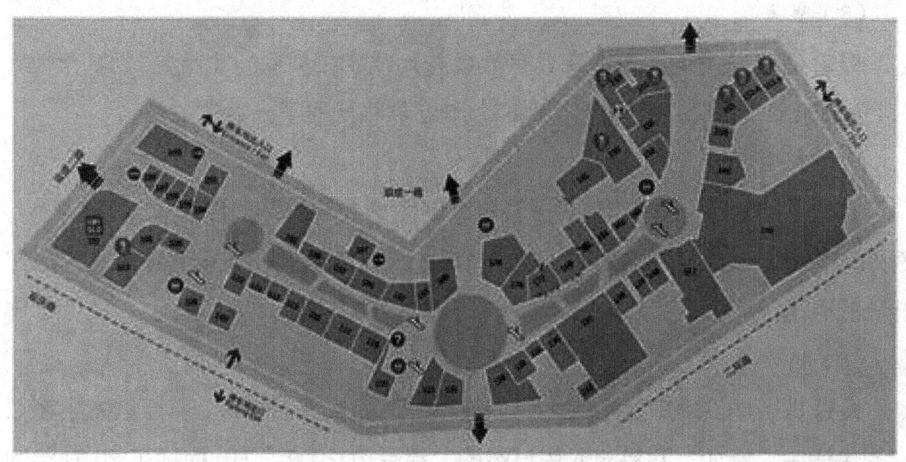

图4-12　商场的顾客动线

互联网产品中的用户动线可以理解为用户的浏览路径。设计会场活动时，运营人员会预先设计用户动线以引导用户完成主办方想让其完成的行为。会场活动中的用户路径分为两部分，分别是渠道路径和会场路径。

渠道路径

渠道路径是指用户在不同渠道看到广告并通过一系列动作到达主会场的路径。常见的五个渠道的用户路径如表 4-7 所示。

表 4-7　渠道用户路径案例

渠道	用户路径
公众号	看到文章—点击文章—浏览到活动链接—点击链接—跳转到会场
朋友圈投放	看到广告—点击广告—浏览到主页 Banner—点击 Banner 进入主会场
信息流投放	看到广告—点击广告—浏览到主页 Banner—点击 Banner 进入主会场
SEM 广告投放	搜索关键词—点击链接—浏览主页会场 Banner—点击 Banner 进入主会场
弹窗广告	看到弹窗—点击弹窗—浏览到会场 Banner—点击 Banner 进入主会场

用户路径上的每个步骤都会产生用户流失，这就构成了流量漏斗，而优化每一步的素材、页面布局、产品逻辑等即可提升每一步的通过率，这样就能降低用户获取成本。

会场路径

会场路径是指活动会场内部的用户路径，包括纵向路径、横向路径及购买路径。下面以 2020 年京东"6·18"会场为例，讲述会场路径的基本逻辑。

（1）纵向路径

纵向路径是指会场活动中由上到下、由里到外的用户路径。由上到下的路径是指手机向上滑屏时的用户路径，由里到外的路径是指点击跳转页面时的用户路径。京东"6·18"主会场原型图和截图如图 4-13 所示。

图4-13　2020年京东"6·18"会场原型图和截图

京东"6·18"会场的滑动路径如图 4-13 中的原型图所示，点击路径为点击各模块后跳转的集合页。以下按照滑屏路径分析"6·18"活动。

第一屏包括 Banner 主题图、预售榜单轮播图、6·18 优惠券三个模块。Banner 主题图为主题会场入口，图 4-13 中链接的是电竞酷玩会场。Banner 链接的主会场随着时间轮换主题，这给不同 BU 均等的机会享受主会场的大流量。预售＋优惠券的目的是快速锁定和提升销售额。可以看出，第一屏的设计思路是让用户尽快下单。

第二屏包括必选、精选、大牌三个模块。此屏的目的是通过精选、必选、大牌等推荐位，提升商品的感知度和用户的转化率。

第三屏包括种草、好店、推荐、猜你喜欢三个模块。此屏推荐的都是用户曾经浏览过、收藏过的商品，即弱感知商品，以满足用户"逛"的需求。

（2）横向路径

横向路径是指并列的分会场或次要主题，产品的表现形式为底边栏切换。京东"6·18"的横向路径为"超嗨预售—全部会场—主会场—大牌LIVE—我的"，如图4-14和图4-15所示。

超嗨预售会场是各品类商品的预售专场。预售的方式能提前锁定活动的销售额，同时也能锁住固定时间内的销售额，如图4-14所示。

全部会场中所有品类按照"热门—猜你想看—浏览行为"进行排序，其目的是提升用户初期浏览的转化率，如图4-14所示。

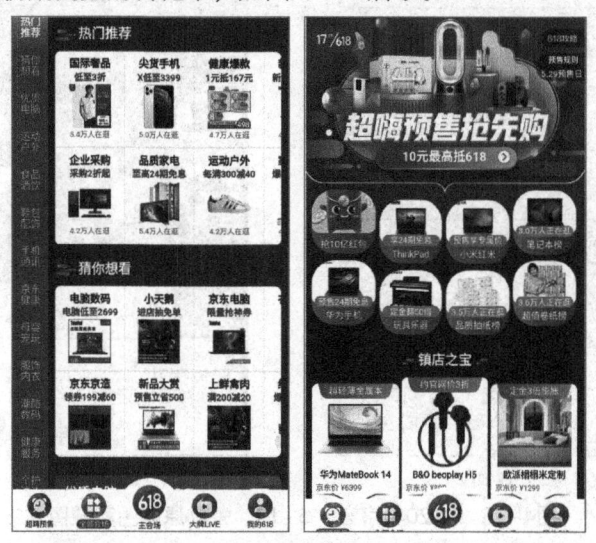

图4-14　"6·18"预购会场和全品类会场截图

大牌LIVE是整个活动中为数不多的互动模块。虽然疫情的影响导致直播带货大火，但是会场中并没有大V的身影，依旧按照商品的品类进行排序，而且着重突出了品牌，如图4-15所示。

我的6·18会场采取的是千人千面的策略，根据浏览行为、购物车、猜你喜欢等数据推断用户会购买的商品大集合，如图4-15所示。

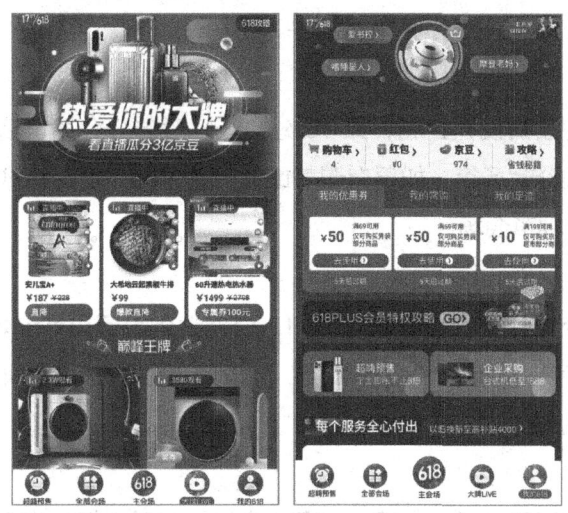

图4-15 "6·18"大牌直播LIVE会场和我的618会场截图

卖场动线反映了运营者的目的，虽然各平台的卖场动线各不相同，但实质上都是围绕用户留存和成交展开的。虽然平台的卖场动线一般已有固定的形式，但动线的调整和板块的创新在一定程度上既可以避免活动页面的同质化，还可以带给消费者更新鲜的体验。

（3）购买路径

购买路径是指用户进入活动专场到支付订单的路径，如图 4-16 所示。

点击集合页　浏览商品　加入购物车　下订单　支付订单

图4-16 购买路径

会场活动中由于用户选择的起点不同，购买路径也不同。因此，运营人员通过购买路径可以衡量整个活动、某个分会场、某个模块的转化情况。

会场类型

设计分会场时需要从品类、用户分类、时间三个维度考虑，所有会场类型都是这三个维度的

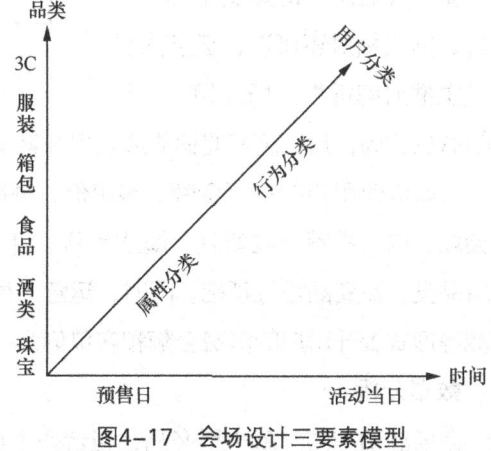

图4-17 会场设计三要素模型

111

排列组合。会场设计三要素模型如图 4-17 所示。

（1）品类

按照商品的品类设计会场，如 3C 分会场、服装分会场、箱包分会场、食品分会场、酒类分会场等。如果有爆款或流行的产品，可以组成流行会场，一些新品可以组成种草会场。

（2）用户分类

按照用户分类分层设计会场，例如，根据性别设置男性会场、女性会场；根据浏览偏好可以设置为"我的会场"；按照用户消费习惯可以分为高端会场、中端会场、尾货会场等。

（3）时间

按照活动时间要素设计会场，如预售会场、秒杀会场、夺宝会场等。

三个元素需要搭配使用，其核心是要以用户行为为中心、以时间和品类为辅助。活动会场组合方式示例如图 4-18 所示。

图 4-18 中用户价值划分的依据是客单价和消费金额。

①低价值用户的购买金额、客单价、频次相对较低，运营人员可以主推尾货和低价会场，目的在于培养其行为习惯，通过低价高折扣策略提升其消费金额、频次及黏性。

②中价值用户的购买金额、客单价、频次相对还可以，运营人员可以主推大牌折扣会场及相对有品

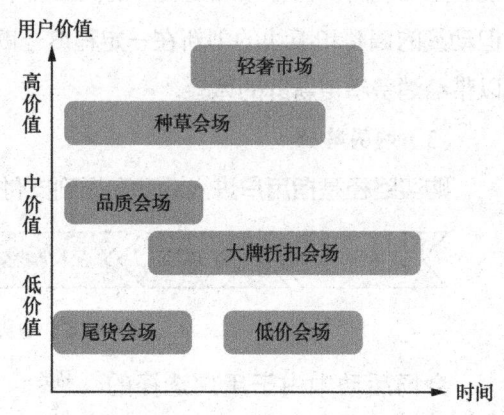

图4-18　活动会场组合示例

质的商品会场，通过满减促销的形式提升客单价，培养其购物习惯。

③高价值用户的购买金额、客单价、频次相对较高，运营人员可以主推种草会场，向其推荐一些新款、爆款商品，目的是提升用户的浏览时间，为未来的新品类、新商品等打基础。同时，运营人员还可以推荐轻奢会场，采用满减、立减等形式提升用户的消费金额和客单价。

数据分析

会场活动如同一款小型产品，包含多个页面。其数据分析的思路与产品运

营的数据分析思路一致，主要数据指标如表 4-8 所示。

表 4-8　会场活动的主要数据指标

数据类型	解释说明
页面 PV	会场页面浏览数，反映页面的宣传效果
页面 UV	会场页面浏览用户数，反映用户的覆盖效果
模块点击数据	页面每个模块的点击数据，反映模块的宣传效果
读屏数据	移动端用户上滑浏览屏幕数据，反映用户的浏览习惯
停留时间	页面用户停留时间，反映用户的黏性情况
引入订单数据	通过会场或某个模块下订单数据，反映会场订单的转化效果
支付订单数据	通过会场或某个模块支付订单数据，反映会场支付订单效果
销售金额	通过会场或某个模块下订单数据，反映会场销售情况
品类销售额	统计品类或商品销售额数据，反映用户对品类和商品的偏好

4.4.2　场景活动：天时地利人和一应俱全

一场活动与用户场景相契合，不仅能够满足用户的基本需求，还能提升用户体验，更能让用户对产品产生好感。

什么是场景

"场"是指时间和空间的概念，"景"是指情景和互动。俗话说"触景生情"，有些场景会触发用户的某种情绪。例如，提到毕业季，用户就会陷入对美好的学生时代的回忆。

场景包含时间、空间、事件及人物四个要素，其中时间和空间组成了时空要素。

（1）时间

场景发生的时间维度是场景化运营中一个较大的变量因素。用户的情感反应在时间上具有随机性、可变性和瞬时性等特征，但是运营人员可以将其放在一个相对稳定的维度来理解。用户对特定情愫的存储是有记忆性的，场景化营销要做的就是"激发"，然后尝试满足这种情绪状态，并做到场景和情感连接的连续触发。

（2）空间

事情和场景的发生与发展都要依托一定的物理空间而存在。场景化运营对物理空间有特定的要求，如背景音乐、灯光色彩、装修风格、气氛等。因为场景中用户的需求往往是对外在环境的应激反应，也就是触景生情。

（3）事件

场景中人与人之间的互动关系称为事件，这是运营策略与用户情感需求的交互和匹配。要满足用户在不同场景下不同的情感诉求，运营人员就需要在场景的内容上多下功夫。

（4）人物

人物是场景里的主体。以往运营人员对用户的关注主要集中在用户画像和行为数据分析上，但是人的大脑具有感性思维，数据无法预判用户的感性变化，而场景却可以做到这一点。

运营人员在依托场景制定运营策略时要以人的情感和心理为出发点，而不必纠结于数据。例如，股票投资是非常注重数据分析的行业，然而即使拥有众多数据和推理，也无法预判市场中用户情绪的变化，同时也无法控制投资者自身的情绪。

运营人员需要洞察用户在特定情境下的心理诉求和精神情绪，而不能只考虑用户的生理需求和社会需求。运营人员要能掌握用户需求背后的心理动机及用户的心理状态，然后结合特定场景激发用户消费。

设计场景活动

设计场景活动的思路有两种，分别是挖掘场景和创造场景。

（1）挖掘场景

挖掘场景的流程如图 4-19 所示。

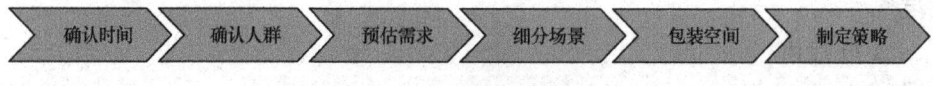

确认时间　　确认人群　　预估需求　　细分场景　　包装空间　　制定策略

图4-19　挖掘场景的流程

挖掘场景可以从特殊的时间开始，如春节、国庆节等，然后确定人群；也可以从用户群体开始，如学生群体、女性群体，然后确定时间。在确定时间和人群后，运营人员就需要罗列出用户群体有哪些需求场景和具体的需求是什么。以春节这个特定时间为例，分析男性群体和女性群体不同的场景需求，如表 4-9 所示。

表 4-9　场景挖掘示例

时间	人	事件	细分需求	包装	策略
春节	男性	买礼物	给老婆买礼物	拍摄一段视频，描绘送给老婆礼物时她的惊喜，夫妻二人拥抱在一起的温馨场景	向点击观看视频的用户推荐珠宝首饰会场
			给父亲买礼物	拍摄一段视频，描绘除夕夜坐在餐桌前与老爸把酒言欢的场景	向点击观看视频的用户推荐特色酒类会场
	女性		给儿子买礼物	拍摄一段视频，描绘老人夸赞好儿媳、好女婿的场景	向点击观看视频的用户推荐儿童服装会场
		大扫除	没有时间打扫	拍摄一段视频，描绘下班回家后看到家里的乱象，但是没有时间和精力打扫卫生的场景	向点击观看视频的用户推荐电子保洁会场

（2）创造场景

案例1

电影《华尔街之狼》中有一个经典的镜头，"小胡子"把自己的一支笔卖给朋友小李，如图 4-20 所示。"小胡子"拿着笔说："请你给我签个名。"小李说："我没有笔。"在这个镜头中，"小胡子"制造了一个需求场景，然后顺利地把笔卖给了小李。

图4-20　卖笔场景

对于笔来说，需要给用户一个使用的场景，例如签名。要满足签名这个场景，自然就需要笔。因此，笔在这个场景中具有了被需要的价值。如果"小胡子"只是简单地陈述罗列笔的材质、设计、价格等因素，那是不能打动小李的。因为无论这支笔有多好，小李都会觉得它毫无用处。

案例2

两个商人来到一个经济不发达的小岛，发现这个岛上所有居民都不穿鞋，甚至都没有鞋。结果商人A失望而归，他认为这个岛上的居民既然不穿鞋也能生活，那么鞋根本卖不出去。商人B却非常兴奋，他认为这个岛上的居民一双鞋都没有，假如每人都有一双鞋，那么这个市场非常大。因此，商人B采取以下三个策略，卖出去了很多双鞋。

①在岛上举办一场足球赛，获胜的队伍每人获得1万元的奖金。踢足球需要鞋，因此居民需要购买球鞋，慢慢地对鞋产生了兴趣。

②找一些非常漂亮的模特，穿上高跟鞋在岛上举办选美大赛，然后让所有岛民免费观看。女性居民也想像模特一样漂亮，因此争相购买高跟鞋。

③举办一场爬山比赛，第一名获得奖金1万元。爬山必须穿鞋，于是居民开始购买登山鞋。

通过以上两个案例，我们可以归纳出创造场景的核心思路，如图4-21所示。

图4-21 创造场景的核心思路

①产品的价值包含两部分，分别是商品价值和使用价值。商品价值是指产品本身具有的价值，使用价值是指产品对于人来说有哪些工具性价值。

②用户会根据不同的场景使用产品不同的价值。例如，女性用户选择手机时会注重产品的外观，这里体现的是产品本身的价值；男性用户选择手机时注重性能、参数、功能等，这里体现的是产品的使用价值。但是，对于新的产品，用户无法立即对其价值做出明确的判断，就需要把产品与某个场景关联起来。例如，"怕上火，就喝王老吉"就把预防上火与凉茶关联了起来。

③强化捆绑是指强化产品与场景之间的联系，通过各种渠道频繁地触达到用户，让用户形成习惯。

第 5 章

— 社群运营：在屋檐下要低头 —

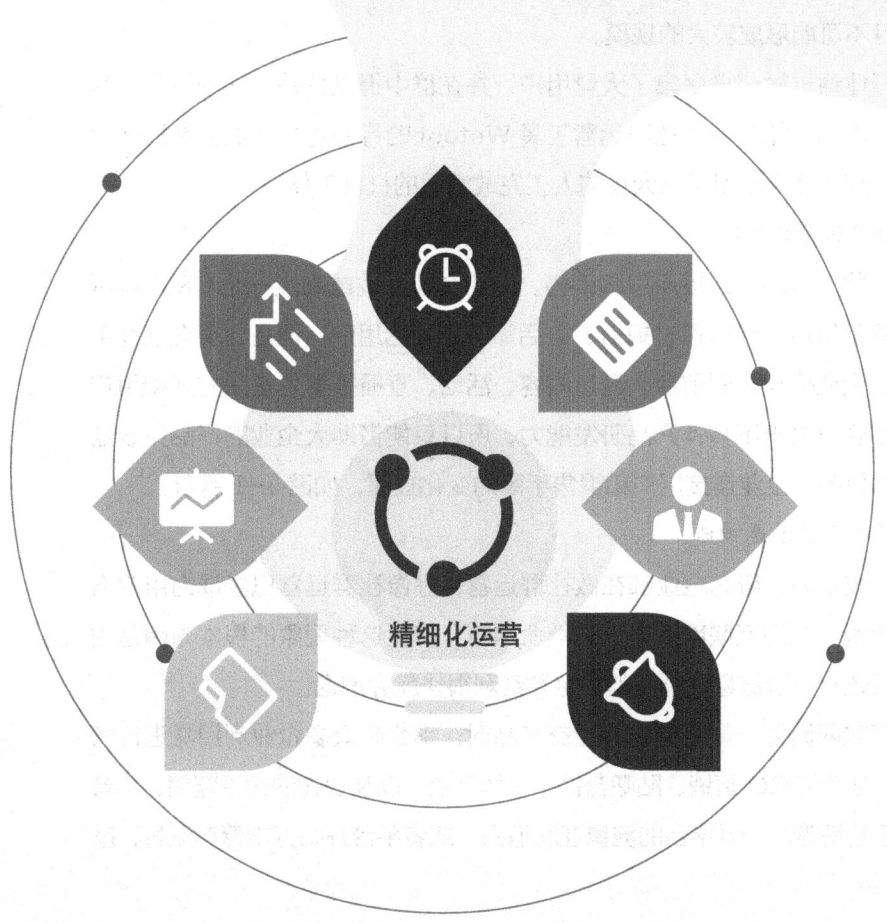

精细化运营

5.1 社群运营的本质

社群运营是指将成员通过一定的纽带联系起来，使成员之间具有共同的目标并持续互动，而且具有共同的群体意识和规范。所谓的纽带，狭义上是指微信体系，广义上是指微信、微博、抖音、贴吧等一切互联网产品。所有企业都可以把互联网产品当作工具，这个工具的核心目的是连接用户并产生销售行为。

（1）社群运营的本质

社群属于寄生生态，是大型互联网产品下的"交租者"。假如把微信、微博、抖音等产品比喻成一棵大树，那么社群就是这棵大树上的爬山虎。大树的形态决定了爬山虎的形态，从而决定了以社群运营为主要增长方式的业务风险较高，而且不可能形成较大的规模。

教育行业通过微信群聚集了大量用户，并在群中提供营销、课程辅导、客服等服务。然而，微信封杀社群运营工具 Wetool 的行为直接导致其社群运营体系崩塌，短时间内不得不靠大量的人工完成繁重的机械工作。

（2）社群运营的目的

社群运营的目的是连接用户和销售。以前企业开发或购买一个 CRM 就可以很好地管理用户，然后通过短信、电话等手段触达用户。但是，现在这种手段落伍了，企业需要走到前台，通过内容、活动、直播等更先进的方式和用户互动。中小企业由于不具备产品研发能力，所以只能借助大企业的产品完成连接和销售的目的。企业连接用户和销售手段的变化过程，如图 5-1 所示。

（3）社群运营不是神话

仿佛一夜之间，所有企业都在做社群运营，好像社群运营已经成为用户增长的核心手段，成为互联网下半场的救命稻草。产生这种现象的根本原因是由于微信体系还有一些流量红利，但是这种红利很快就会消退。

每当互联网诞生一款新型内容社交产品时，都会有众多企业利用其进行营销。例如，之前的 QQ 营销、贴吧营销、微博营销，以及现在的知乎营销、抖音营销、快手营销等。一旦平台的流量红利退去，或者平台开始打击营销账号，就会有大批寄生企业消失。这是互联网发展的正常现象，抖音营销也会走上这条路。

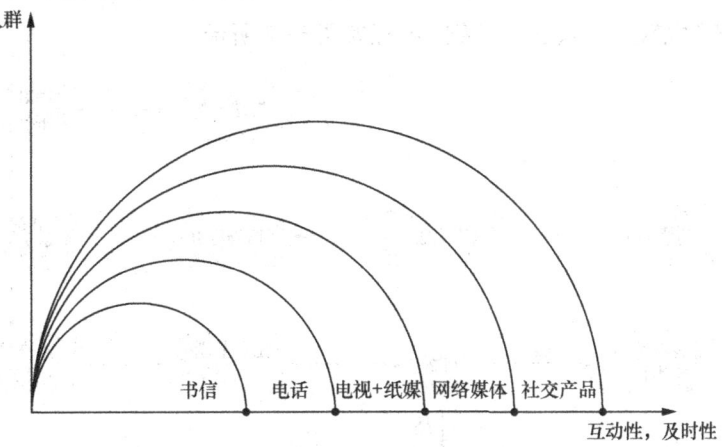

图5-1　企业连接用户和销售手段的变化过程

案例

新浪微博诞生之初，大批做内容的账号迅速走红，其速度之快，令人咂舌。例如，"天才小小熊猫"利用"3Q大战"迅速走红并开始通过售卖广告盈利，然而此时微博却还在"烧钱"。小米的饥饿营销玩得可谓顺风顺水，但是现在企业就算花费更多的精力做微博，也不一定能快速增粉，因为微博的红利期已经过去。

今日头条刚起步时，内容全是四处抓来的，因此经常和业内平台打版权官司。后来，今日头条开始大力扶植自媒体创作者，相比第一批随便写内容甚至搬运内容的账号都会得到很大的流量，现在就要花费更多精力创作内容，甚至很多 MCN 机构都不盈利。

5.2　社群运营实操

社群运营的工作内容非常烦琐，需要大量的人力和物力。有研发能力的团队可以开发插件工具，没有能力的团队可直接购买第三方工具，如 Wetool、侯斯特、小裂变等。

5.2.1　微信群：群裂变增长的流程

微信群裂变是微信体系用户增长的主要方式之一，其特点是用户参与门槛低、裂变动作相对简单、群内易于制造从众效应、用户参与度高、封号风险较低、安全性较高。微信群裂变的流程如图 5-2 所示。

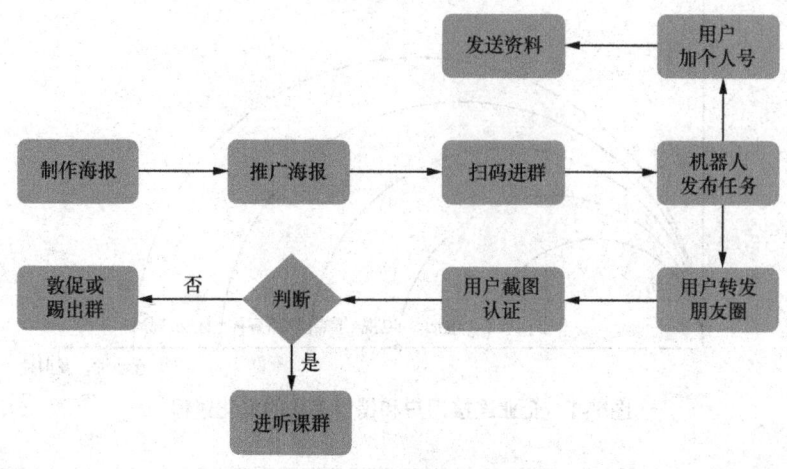

图5-2　微信群裂变流程

（1）制作海报

有关海报的制作方法，读者可阅读 6.2 节。要注意的是，海报微信群的二维码一定要用活码，即动态二维码。因为微信群的人数上限是 500 人，一个群不够用。

（2）推广海报

推广海报的渠道主要有个人号、公众号、微信群、App 等。推广的素材包括转发文案，文案内容包括活动介绍、奖励介绍、产品描述等。

促使用户转发需要设置诱饵，诱饵的选择要注意以下两个原则。

①相关性，即诱饵必须与活动的目标用户相关联。例如，母婴社群可以送儿童绘本，美妆社群可以送面膜，等等。

②低成本。虚拟产品的价格最低，如复习资料、电子书、课程等。实物奖品要控制好成本。

（3）扫码进群

扫码进群后的一系列操作需要借助第三方工具完成，如小裂变、乙店等建群宝工具，运营人员只需要设计进群话术、转发话术即可。

（4）群管理

群管理主要是做好群定位、内容规划、群规则、营销变现等工作。

①群定位是指建立社群的目的。社群一定要有一个共同目的，只有这样才能让所有人朝着一个方向共同努力。

②内容规划是指群内分享的流程及规则，包括内容形式、发送时间、发送频次、互动方式等。

③群规则是指群内用户共同遵守的规则，包括行为规则、发言规则、身份认证规则等。

④营销变现是指群内营销售卖商品的规则，包括活动频次、优惠信息等。

5.2.2　公众号：任务裂变增长逻辑

公众号不仅可以通过发布内容、投放广告的方式增长，还可以通过裂变的方式增长。

公众号裂变原理

裂变活动通过奖品吸引用户，用户完成固定的任务才能领取奖品。公众号裂变的逻辑如图 5-3 所示。

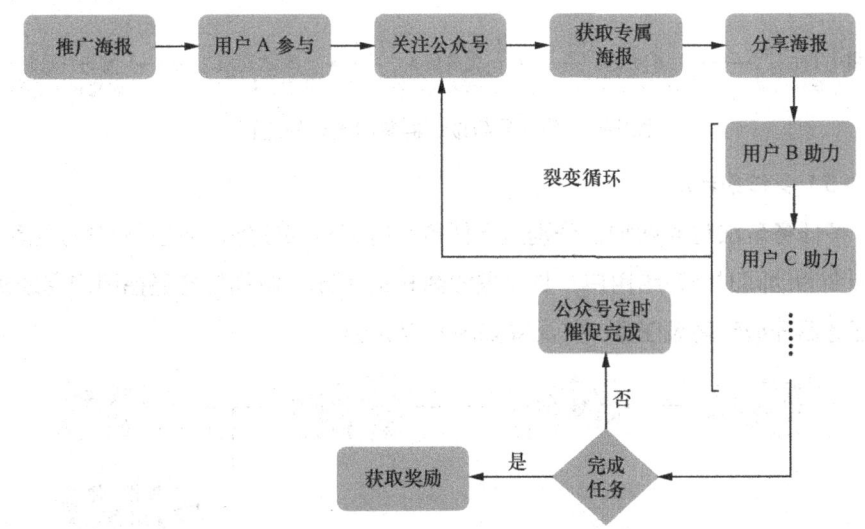

图5-3　公众号裂变增长的逻辑

用户 A 通过某种渠道见到某用户的专属海报，便扫描二维码关注公众号助力。当用户 A 关注公众号后，公众号通过客服消息或欢迎语推送用户 A 专属的海报。接着，用户 A 把海报发送到朋友圈或微信群等，用户 B 为用户 A 助力，则用户 B 继续上述循环。如果用户 A 完成任务规定的助力要求，则获取相对应的奖励；如果用户 A 未完成助力要求，则公众号会在特定时间推送提醒消息，督促用户 A 完成任务。

公众号裂变玩法

（1）公众号与 App 共同增长

激励任务的奖品可以设置为与 App 相关联的奖品，用户完成任务获取奖品后引导用户下载 App 兑现奖品。例如，微信端获取听课权限，然后下载 App 听课，流程如图 5-4 所示。

图5-4　公众号与App共同增长的流程

（2）公众号与微信群共同增长

用户完成任务后领取奖品，领取奖品后弹出进群页面，用户扫描活码进入微信群。例如，用户领取免费资料后，弹出课程学习群的二维码，引导用户进群，流程如图 5-5 所示。

图5-5　公众号与微信群共同增长的流程

（3）多任务玩法

多任务玩法包含两种，分别是多任务并行和阶梯任务。多任务并行是指多个裂变活动同时推荐给用户，其流程如图 5-6 所示。阶梯任务是指用户完成初级任务后升级到高级任务，其流程如图 5-7 所示。

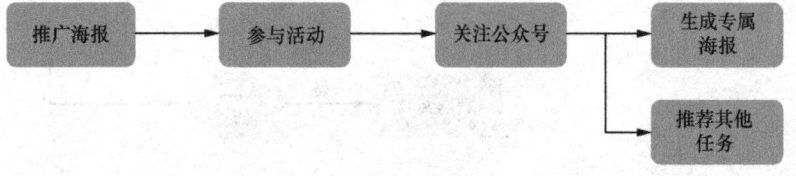

图5-6　多任务流程

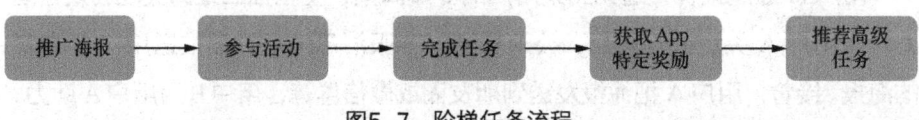

图5-7　阶梯任务流程

5.2.3　个人号：一场精彩的角色扮演

个人号是指微信个人号和 QQ 个人号。运营人员在运营过程中需要对个人号进行包装，目的是减少个人号的营销属性，其作用第一是降低微信被封杀的概率，第二是提升用户体验。

微信个人号

包装微信个人号包含两部分，分别是人设定位和内容经营，如图 5-8 所示。

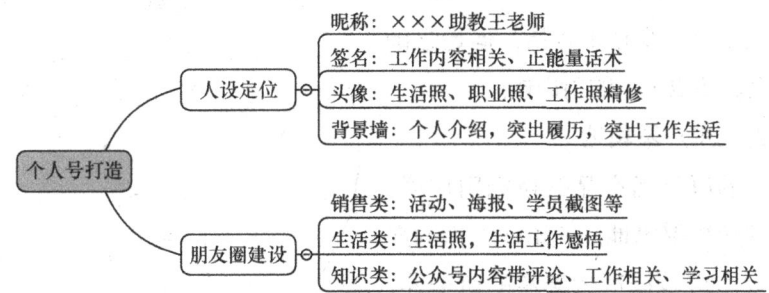

图5-8　微信个人号包装

（1）人设定位

人设定位是指对微信号所要呈现的角色、性格、爱好及生活方式等进行设定并包装。其中，微信号的信息介绍、朋友圈内容等都与人设相关，如图 5-8 所示的细节。

（2）内容经营

个人号最重要的部分是朋友圈经营，其内容主要包括三种类型，如图 5-8 中的"朋友圈建设"所示。

以教育行业为例，朋友圈经营策略如图 5-9 所示。

QQ 个人号

QQ 个人号和微信个人号的包装思路是一致的。因为 QQ 的功能比微信更多样化，所以个人号的包装项目也相对较多。

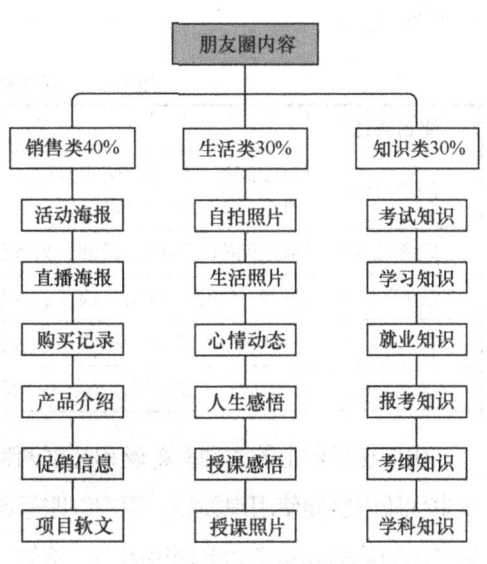

图5-9　朋友圈内容规划

个人号需要申请很多个，并分配给多个运营或销售人员，因此需要制定标准化作业流程，即SOP。

5.2.4 人工增长：不是办法的办法

在这个投放成本越来越高的时代，为了获取用户、让产品与企业存活下去，一种纯人工揽用户的增长模式开始出现并取得了一定的成绩。虽然这种方法不高端，也没有多少技术含量，但是它确实能帮企业获取一定的用户量。

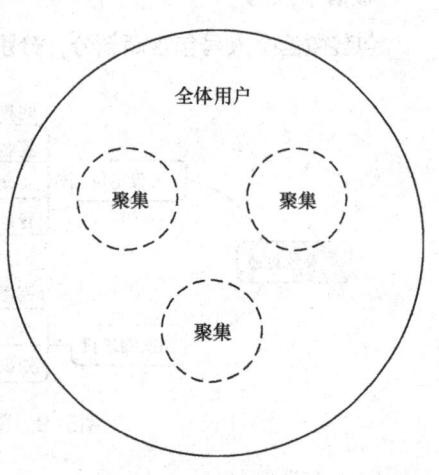

图5-10　用户聚集原理

找群或用户聚集地

此处的群是指产品的目标用户群，也可以理解为聚集地。无论什么样的产品，都会出现目标群体聚集的可能性，无非是群体大小的差别。用户聚集原理如图5-10所示。

用户聚集大概率会出现在开放式产品平台上，因为封闭式产品平台是没有办法触达用户的。开放式平台分类如表5-1所示。

表5-1　开放式平台集合

平台类型	举例
问答平台	百度问答、知乎、新浪爱问、天涯问答、腾讯问问、360问答、58问答、雅虎知识、QQ问问
内容社区	百度贴吧、豆瓣、微博、兴趣部落、天涯、猫扑、果壳
短视频平台	抖音、快手、火山、快闪、西瓜、秒拍、美拍、小影
自媒体平台	企鹅号、百家号、趣头条、今日头条、UC大鱼号
其他平台	58同城、宝宝树、小红书、陌陌、闲鱼

用户在平台上的表现有粉丝和社群两种形式。其中，粉丝形式是指账号通过产生优质内容促使用户关注，用户以账号粉丝的形式存在；社群形式是指利用某款产品的社群或圈子功能聚集用户。例如，抖音上聚集用户以账号粉丝的形式存在，百度贴吧、豆瓣小组、微博超话等聚集用户都是通过兴趣社群的形式形成。

攒人头

攒人头是指用户增长的方式为积累账号粉丝和让用户加 IM 账号（主要是 QQ 和微信），其主要流程分为以下三个阶段。

（1）混圈子

混圈子是指找到一款产品中目标用户聚集的圈子，并加入这个圈子。例如，百度贴吧、微博超话等社区会有宝妈群体的聚集地，如"宝妈吧"或宝妈超话，运营人员找到这些聚集地，然后加入其中，与用户互动、发内容或阅读内容等。混圈子有三点需要注意。

第一，选择"活着"的圈子。运营人员可以通过分析最新发帖时间、粉丝量、帖子的跟帖量及阅读量等数据，判断这个聚集地是否还"活着"。如果数据很差，则说明圈子已死，可以放弃，反之则加入。

第二，进群门槛。有些群设有进入门槛，其形成的原因有两种，一种是人为设定，另一种是产品属性决定。

第三，混个脸熟。进群后，运营人员要积极参加群里的活动，如积极发言、产生内容、互动等，目的是让群里的用户知道你、认识你、相信你。

（2）私聊

私聊的方式有两种，分别是加好友和刷评论。加好友主要针对 IM 软件或有私信功能的产品，私聊通过加用户为好友和发私信完成。刷评论是指在文章评论中留下观点和微信、QQ 等联系方式，有需要的用户在发现留下的联系方式后会主动添加。

（3）找群主

运营人员进群后一定要和群主搞好关系，因为群主手里有很多目标用户。第一，找到群主谈合作，给群主一定的利益，然后在群里发布一些营销属性的活动或内容。第二，实行利益分成，把群主发展成一个 B 端代理，让其利用自己的资源去寻找更多群和用户。

收割

收割是指通过营销手段促使用户付费。这个过程一般是在微信或 QQ 上进行的，因为找到的用户要通过 IM 软件聚合起来，同时部分平台不具备完善的营销功能。

团队建设

这种增长方式之所以被称为人工模式，是因为需要建立一个庞大的团队，并以人工机械化的方式寻找用户。整个团队需要三种角色，分别是策略人员、运营人员及网销人员。

（1）策略人员

策略人员负责研究每个产品的用户群体，并制定获取用户的策略，一般是每个人研究一款产品。例如，策略人员 A 负责贴吧产品，其工作就是找到贴吧中用户聚集的地方，并制定获取用户的运营策略，包括研究贴吧的产品规则和社区规则。

（2）运营人员

运营人员负责每个产品的内容、活动、文案、素材等方案的策略和执行。例如，发到贴吧的内容是什么，用哪些资料吸引用户，怎样做到用户增长，等等。

（3）网销人员

网销人员负责引流之后产品的售卖，将用户转化成销售额，需要制定转化策略、转化流程及销售话术等。

当然，具体的策略人员、运营人员及网销人员配比应根据具体的工作量和产出而设定。

成本控制

（1）SOP 制定

人工增长方式非常烦琐，整个流程中可产品化的部分非常少，而且工作人员可能大多数学历较低，因此需要制定规范的 SOP 流程，规定好从头到尾每一个环节的基本动作。

（2）人员成本

团队的人员成本包括工资成本、提成成本及场地成本。基地一般会设置在二线城市，如济南、郑州、西安等地。这些地方的人员工资较低、场地成本较便宜，但同时也是省会城市，人员的基本素质有保障，因此适合创办人员密集型的基地。

（3）KPI 制定

这种增长模式对成本的控制非常严格，因为其提升销售额的策略是招聘更多工作人员。KPI 主要考核两部分，分别是每人每天获取销售线索的数量（如微信号数量、QQ 号数量、手机号数量）和每人每天的销售额。制定的 KPI 一定要能覆盖人员成本，只有达到这个水平，才能规模化扩招团队。

5.2.5 小程序：三家小程序的异同

小程序是一种不需要下载安装即可使用的应用程序，它实现了应用程序"触手可及"的梦想，也体现了"用完即走"的理念。

互联网进入下半场后，获取用户的成本越来越高，而且流量越来越集中于超级 App，中小企业不得不依附于大平台的生态。因此，小程序应运而生。腾讯、阿里巴巴、百度三家拥有大量用户，纷纷推出了自己的小程序。三家的小程序各有千秋，分别代表了社交、支付、搜索三个领域。

微信小程序：占领时间

微信的主要优势是其拥有 10 亿用户基数，以及对用户时间形成高频、全天候、碎片化的占领。微信小程序依旧延续了这种状态，这也是小程序中娱乐、游戏、视频、电商等项目的活跃用户数占领半壁江山的原因所在。

（1）微信小程序的优劣势

微信小程序的优劣势如表 5-2 所示。

表 5-2　微信小程序的优劣势

优势	微信有 10 亿用户基数，因此小程序拥有庞大的用户流量。小程序产品中的用户使用频次、时间非常高
	大量的强社交关系链，适合通过裂变的方式实现用户增长
	提供首页下滑、公众号关联、社交转发等功能入口
劣势	封闭生态，拓展新用户较乏力；微信将快手、抖音、西瓜视频、淘宝等外链的分享都禁止了，更加强化了其封闭生态的属性
	损害社交关系，因为通过人际传播的方式让用户不断裂变分享已经引起了用户的反感，越来越多的裂变分享不仅是对用户体验的损伤，也是对用户关系链的损害
	线上能力太强，而线下能力太弱

（2）微信小程序的增长核心

微信是封闭式、双向、强关系链的社交产品，小程序增长的核心是裂变传播，主要的裂变方式如表 5-3 所示。

表 5-3　微信小程序的裂变方式

裂变要素	解释说明	案例
社交属性	满足用户的某种心理，让别人夸赞	"跳一跳"排行榜和分数，可参考第4章讲述的内在激励相关内容
诱发情绪	让用户产生某种情绪	李文亮去世，引发用户的悲痛心理
实用价值	具有实用价值的内容	年底报税全攻略，全国十大必去景点攻略
美好故事	分享一个美好的故事	具体可参考4.3.3节内容
利益诱发	满足用户趋利的心理	转发获取免费学习资料和免费进听课群
公共属性	满足用户对公共事件的消费	"两会"提案

支付宝小程序：占领空间

支付宝小程序主要围绕 B 端商业场景展开，同时依托支付和信用为 B 端商家提供功能支持。其用户集中在民生、政务、出行、医疗、生活服务等领域，都是一些实实在在的线下产业。因此，支付宝小程序并不在乎使用时长，而是需要挖掘强关联的服务和使用场景，以占领空间为主。例如，依托芝麻信用的共享单车免押金，线上高效缴纳电费和煤气费，等等。

（1）支付宝小程序的优劣势

支付宝小程序的优劣势如表 5-4 所示。

表 5-4　支付宝小程序的优劣势

优势	支付宝的支付能力及商业能力是布局小程序的最大优势
	使用场景非常清晰，类似水电煤气缴费、信用卡还款等生活服务场景
	线下资源、商业路径、金融服务是支付宝独一无二的资源优势
	亿级别的线上流量，打通了淘宝直播
劣势	社交短缺，尽管推出了"集福"与"蚂蚁森林"助力社交，但效果并不理想
	流量转化率不高，相对封闭；需求场景非常精确，是实体的延伸，因此缺乏创造力
	相对于微信首页下滑模式的简易入口，支付宝给小程序的资源并不丰富，入口较深

（2）支付宝小程序的增长核心

支付宝小程序的增长核心是寻找支付宝提供的入口。首先需要研究其流量分发规则，然后以"生活号 + 小程序"为基础建立私域流量池，最后通过"活

动 + 内容"的形式积累粉丝。

百度小程序：占领流量

搜索服务既不像微信那样占据用户时间，也不像支付宝那样直接与空间场景融合，其本质是流量分发器，即在用户和信息之间做到高效匹配。百度小程序的核心是通过"大流量 + 闭环"拓展全场景，进而对抗微信与支付宝对时间和空间的占领。

微信、支付宝是先有庞大的泛流量，然后通过各种运营技巧引流。而百度的流量逻辑是相反的，因为流量具有目的性，百度根据目的给流量匹配优质的服务商。

值得注意的是，对于小程序中的许多工具类产品来说，"用完即扔"的窘境让它们需要定向的大流量，而不是数据漂亮的泛流量。因此，百度流量的精准性更高。

（1）百度小程序的优劣势

百度小程序的优劣势如表 5-5 所示。

表 5-5　百度小程序的优劣势

优势	拥有亿级的流量和强大的内容搜索分发能力
	入口极多：不仅百度的信息流中提供了入口，而且百度旗下的所有产品及合作 App 都能够成为小程序的入口
	百度的智能技术相对于其他平台更高
劣势	支付弱，变现难：就支付来说，百度的支付资源与支付宝、微信完全不能抗衡；支付弱意味着企业变现相对困难，需要引导用户使用第三方支付
	社交缺失：百度 App 严重缺少社交，用户无法分享裂变，也就阻断了二次传播

（2）百度小程序的增长核心

百度智能小程序"开源联盟"是一个非常大的流量池和入口，不但包括百度自身的百度视频、百度网盘、百度贴吧、百度地图等产品，同时还与爱奇艺、B 站、快手、携程等大流量头部互联网企业合作。

以上只介绍了三款主流的小程序，现在 360 开发了基于 PC 端的小程序，头条系产品也开通了小程序，它们都是对自己商业闭环的一个弥补，未来还会有更多玩家进入。这对于创业者是一个福音，因为在任何一个互联网新产品的诞生初期都会有一波流量红利。

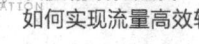
5.2.6 销售转化：以教育行业社群转化为例

教育行业是运用社群营销最频繁的行业，几乎每家企业都会配置社群团队，少则十几个人，多则上百人。然而，由于不同企业的课程定价不同，社群起到的作用也不同。教育行业的课程价格分类如表5-6所示。

表5-6 教育行业课程价格分类

价格区间	0 ~ 49元	50 ~ 500元	501 ~ 1 000元	1 001 ~ 3 000元	3 000元以上
定价策略	0 ~ 1元	68	599	1 500	
	1 ~ 9元	99	799	2 000	
	19.9 ~ 39.9	149	899	2 500	
	49	199	999	3 000	

课程作用

（1）0 ~ 49元的课程为引流课程，是拼团、裂变、体验课的诱饵。

（2）50 ~ 500元的课程为信任课程，其作用是收回营销推广成本。

（3）501 ~ 1 000元的课程一般情况下是录播课程或轻服务的课程，其作用是满足购买力较差的用户的需求。

（4）1 000 ~ 3 000元和3 000元以上的课程为盈利课程。

课程销售方法

（1）0 ~ 49元、50 ~ 500元、501 ~ 1 000元的课程属于知识付费类课程，一般采用社群营销的方式转化。其转化方式更偏向互联网运营，需要优化社群营销漏斗的各环节，以提升整体的课程售卖转化率。

（2）1 001 ~ 3 000元和3 000元以上的课程大多采用电销的方式转化。其转化方式更偏向传统的销售方式，需要针对不同的人群制定相应的转化话术，然后通过电话沟通的方式售卖课程。

社群销售模式

（1）体验课形式

用户进群或添加个人号后，运营人员会发送一个视频录播课程或体验课程的连接，其目的是让用户更详细地了解课程。当用户体验完课程后，电销人员会及时外呼，解决用户对课程的一些疑问，然后尝试让用户付费购买课程。

（2）直播形式

直播形式是指教师通过直播售卖课程。直播售课要求教师既熟悉售卖的课程，也熟悉直播技巧。直播转化流程如图 5-11 所示。

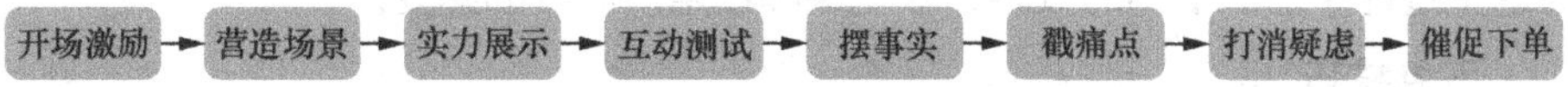

开场激励 → 营造场景 → 实力展示 → 互动测试 → 摆事实 → 戳痛点 → 打消疑虑 → 催促下单

图5-11　直播转化流程

图 5-11 是较完整的直播流程，运营人员可根据实际情况进行优化。每个模块的具体内容示例如下。

①开场激励：全程参与直播的用户获得 ××× 奖励，期间不定时间穿插抽奖活动。

②营造场景：老师讲解课程的作用，强调最佳学习时间。

③实力展示：老师试讲一段课程，讲述学习技巧。

④互动测试：测试老师试讲的内容，并随机选取用户给予点评；测试最好能显示分数或结果。

⑤摆事实：根据测试情况，结合课程特点和课程方法论，强调"只要跟着课程学习，肯定有效果"。

⑥戳痛点：描述冲突场景，放大冲突过程中的痛苦。

⑦打消疑虑：利用从众心理和对权威的信任来实现。运营人员可以通过发布购买人数详情或截图的方式激发用户的从众心理，同时利用授课老师的履历和公司背景等信息对课程进行背书，进而增强用户对课程的信任度。

⑧催促下单：利用优惠券、拼团等方式促进用户下单。

（3）训练营形式

训练营其实是一种更高级的体验课，可以把系列课程的前几节课以免费或低价的形式让用户体验，然后售卖高价课程。训练营主要包含以下三个步骤。

①开营仪式：介绍训练营规则、课程内容、教师情况、学习安排、行为规则、奖品激励、上课方式及时间限制等。

②课程培训：策划一场直播授课秀，一般包括介绍课程内容、穿插活动、互动提问、进行抽奖活动及打卡等环节；可针对不同的课程设置不同的环节；主要流程为"预习课＋课前测试—直播讲课—总结回顾＋作业＋打卡"。

③结课仪式：包括考试测评、颁发结业证书、给予购课特权等。

训练营类似于 MBA 课程中的强化训练，如爬山、拉练、讨论互动等活动，其目的是通过这种集中化、快节奏、带有仪式感的拉练方式调动用户的情绪，在这个过程中加深学习的效果并强化课程在用户心中的感受。

下单技巧

社群运营中促进用户下单的技巧有以下 8 种。

（1）优惠：让利永远是最好的促销办法，如降价、优惠券、赠送课程、赠送礼品等。

（2）紧迫感：制造紧迫感有利于促使用户下单，如时间限制、最后 30 个名额、最后一天等。

（3）从众：用户消费具有从众心理，所以可以在群内发放已购人员名单、运营人员以用户身份下单购买。

（4）权威：权威背书可以提升用户的信任度，例如，强调授课老师是名人、公司是名企及课程热度等。

（5）用户证明：结合用户从众和信任权威的心理，例如，在群内展示已购买课程用户取得的效果、好评等。

（6）害怕失去：用户在心理上会放大所失去东西的价值。例如，上课时做任务得到的奖励是用户付出成本得到的，如果不能得到这个福利，用户就会有一种非常强烈的失去感。

（7）拼团活动：让利和从众心理相结合，促使用户下单。

（8）价格锚点：用户关注的不是绝对价格，而是相对价格，例如，课程购买页可以标注"原价 998 元，现价 688 元"的文案。

5.3　社群活动

社群运营中最强大的两个武器是拼团和分销，它们不仅能促进用户转化，还能促进用户增长。

5.3.1　分销链的打造流程

分销佣金的抽取逻辑

分销不能超过三级，超过三级就涉嫌违法。二级分销抽佣逻辑如图 5-12 所示。

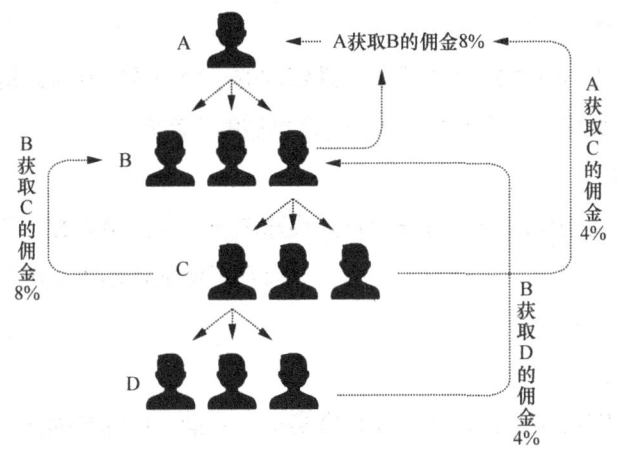

图5-12　二级分销抽佣逻辑

（1）B 是 A 的一级代理，C 是 A 的二级代理，A 的佣金 =8%B+4%C。B 和 C 的数量与销售额越多，A 获得的佣金就越多。

（2）C 是 B 的一级代理，D 是 B 的二级代理，B 的佣金 =8%C+4%D。C 和 D 的数量与销售额越多，B 获得的佣金就越多。

实际应用中，分销的计算非常复杂，其中分销的层级和抽佣比例可根据业务形式具体设定。佣金的抽取方式有两种，分别是销售佣金和推广佣金。销售佣金是指按下级代理的销售额抽取佣金，推广佣金是指对下级代理推广的人数抽取佣金。

建立核心节点

分销模式的关键在于核心节点 B，B 越多，带来的用户就越多。快速拓展 B 群体，有利于分销体系的建立和完善，具体的拓展对象有以下几种。

（1）付费用户

付费用户已经和商家建立信任，对商家和产品有了一定的认知。运营人员或销售人员可以询问买家，并挖掘符合代理条件的用户。

（2）宝妈群体

二三线城市的宝妈有大量的闲暇时间和赚钱欲望，并且有丰富的女性资源。如果分销的商品为母婴用品和日用品，那么可以将宝妈群体作为重点拓展为代理。

（3）微商群体

微商群体手中有很多线下资源，而且有现成的微信社群体系。与微商群体合作，或者将其收编到麾下，是快速建立 B 端团队的办法。

（4）供给端

如果企业的商业模式为 B 端和 C 端组成的平台模式，则可以发动 B 端用户作为代理，如教育行业的授课老师、电商领域的卖家等。

设置门槛

业务发展初期可以通过海选的方式快速拓展代理人员人数，但是当业务较成熟时就需要设置代理人员准入门槛，这有利于保证代理人员的质量。设置门槛的方式有以下两种。

（1）充值会员

花费一定的金额购买会员后才有资格参与分销，目的是提升用户分销的积极性。

（2）购买产品

购买产品才能参与分销，目的是让用户了解和体验产品，这样才更能懂得用户的需求，同时剔除不坚定的用户。

打造培训学院

打造培训学院的目的是提升代理人员的战斗力，进而提升业绩。培训内容主要包含四个方面，分别是商品培训、工具培训、规则培训和技能培训。

（1）商品培训

商品培训分为商品特性培训和营销技巧培训。商品特性培训是指给代理讲述商品的特性、作用、材质等相关内容，主要目的是让代理人员了解商品。营销技巧培训是指给代理人员讲述商品的售卖技巧、营销技巧等。

（2）工具培训

分销体系需要一个强大的系统工具支持。无论是采用第三方工具，还是企业自己开发的工具，其使用都较复杂，因此需要对代理人员进行培训，让他们熟悉系统的操作流程，避免出现低级错误。

（3）规则培训

规则培训是指分销体系的相关规则培训，包括代理管理规则、佣金分配规则及奖惩规则等。其中，代理管理规则包括代理的等级制度、职位制度、权限制度等；佣金分配规则包含结算方式和结算规则，结算方式主要有按线索量结算和按销售额结算，结算规则主要有按照阶梯等级结算和按总量结算；奖惩规则包括奖惩行为及其详情等。

（4）技能培训

技能培训是所有培训项目中最重要的一项，直接决定了团队的战斗力和 GMV 的增长情况。培训方式包括以下三种。

①树立标杆：将业绩好的分销人员作为标杆，分享成功经验。

②每周例会：小团队聚集培训，互相分享经验、讨论办法。

③基础技能培训：运营人员制作 FAQ 对新代理人员进行培训。

各培训模块都要形成 SOP 文档，并在实战中不断修改、完善和提升。当然，培训不是目的，目的是掌握技能。因此，每次培训完成后需要进行测试，帮助代理人员掌握知识。

奖励机制

奖励情况由代理等级和业绩决定，等级越高，销售额越高，得到的奖励就越高。

等级制度是指对代理人员的分层管理，其目的是提升管理效率和筛选优质代理人员。代理等级可以划分为大区经理、分销总监、分销经理、分销专员、分销实习生；职责定义为满足合作 1 年以上、连续 3 个月业绩超额完成的享受大区经理待遇，以此类推；收入构成为"大区经理薪资 = 基础薪资 + 岗位津贴 + 销售提成 + 团队销售提成"以此类推。

提成梯度是指根据销售额的量级制定可变化的提成系数。例如，连续 3 个月超额完成任务，同时总销售额超过 100 万元，则次月起享受 20% 的销售提成。

升降制度是指代理等级的升级和降级规则。例如，连续 6 个月完成销售业绩，则可晋升为分销经理；在分销经理的位置上需要每个月完成 100 万元的业绩，如果连续 2 个月没有完成业绩，则次月降为分销专员。

5.3.2　拼团的注意事项

拼团的最大特点是在短时间内通过同一圈层的用户扩散积累庞大的精准客户。其在水果生鲜、食品快消、整形美容、亲子母婴、教育培训、汽车、摄影等依赖熟人推广的产品体系中非常流行。

拼团选品

（1）爆款

所谓爆款商品是指在销售中供不应求、销量很高的商品，其具有吸引关注的作用。爆款商品需要有广大的受众，如果受众群体比较小，则拼团活动很难在短时间内形成爆发式增长。

寻找爆款商品的方法有以下几种。

①搜索引擎：利用百度指数查询有哪些商品的搜索量正在上涨，其中又有哪些处在快速增长期。除了百度搜索，运营人员还可以使用淘宝搜索框、微博指数等。

②竞品分析：关注竞品也是获取信息的有效途径，经常性地浏览大商家、大店铺能快速获取商品售卖情况。

③行业大会：每个行业都会有相关的行业大会，运营人员经常参加行业大会，有利于了解行业动态。

④媒体信息：爆款肯定会受到媒体的追捧，运营人员时刻关注行业媒体、大众媒体等，有利于发现爆款商品。

（2）价格

价格是用户决定购买与否的核心因素。拼团的主要目的是获取更多新用户，因此商品的价格不宜过高。同时，这个低价格是绝对值的概念，而不是相对值的概念。例如，价值2万元的汽车算是低价格汽车，但是用于拼团恐怕很难成功。

（3）受众群体

拼团的底层逻辑是通过社交分享找到有共同需求的用户。如果商品的受众较小，就很难找到有共同需求的用户，拼团也很难成功。例如，漫画《海贼王》的手办就是小众商品。

（4）必需品

人们对生活必需品的需求量较大，而且购买频次较高。因此，这类商品容易拼团成功。

拼团种类

（1）秒杀团

秒杀可以在短时间内快速提高商品的销量，降低库存压力。秒杀需要突出时间的紧迫性，正在抢购中的商品需要显示倒计时，让购买者有紧迫感。常见的秒杀团还可设置场次，如23：00秒杀、00：00秒杀等。

（2）超级团

超级团需要参与的人较多才能成团，一般为50～200人。超级团用户直接参团，可以灵活制定价格阶梯，如满 10 人减 1 元、满 100 人减 100 元等。

（3）抽奖团

抽奖团的诱惑力大，可快速吸引大量用户。用户支付 1 元参与拼团，活动结束后平台从成团的订单中随机抽取中奖者，被抽中的用户获得拼团商品，对未中奖者进行退款。这类似于 1 元夺宝模式，作为低成本拉新的活动还是很划算的。

（4）免单团

拼团数据显示，用户开团的积极性远没有参团的积极性高，大部分用户都是等待其他用户开团后选择自己感兴趣的商品去参团。团长免单团是通过调动团长的积极性，让团长鼓励其他用户参加，开团成功后，团长可免费获得该商品。这种方式有利于扶持分销代理人，团长是可以培养成分销商的。

拼团人数

（1）二人团

二人团拼团的成功率高，一般开团后很快就可以通过社交空间找到有相同需求的人。二人团的主要目的是推广社交电商平台本身，快速成单、快速裂变有利于短时间内形成爆款。

（2）3 ～ 5 人团

3 ～ 5 人团的目的是提升 GMV。在某些垂直领域，用户触达 3 ～ 5 人的关系链是非常简单的事，如宝妈群、折扣商品群等。

（3）10 人以上团

10 人以上团的主要目的是获取新流量，一般通过压低爆款商品价格的方式驱动用户裂变。

拼团爆发的原因

（1）社交产品的流量红利

拼团是随着微信发展起来的，其享受到了微信增长的红利。更重要的是因为熟人关系链，熟人推荐商品有一定的背书作用，极大地缩短了用户下单前的考虑时间。

（2）用户下沉

拼多多的崛起采用的是典型的农村包围城市路线。三线以下城市的用户体量非常大，但是在电商行业发展的初期，由于经济、物流等因素并未发展起来。而随着经济、物流、移动端等基础设施的快速完善，三线以下城市的需求彻底爆发，这为社交电商提供了庞大的用户基础。

三线以下城市用户的购买力相对较低，物流成本相对较高，品牌意识较差，因此大量的用户对低价商品比较青睐，这导致传统的推广方式不适用。微信的出现则解决了产品的推广问题，社交电商因此迎来了爆发期。

— 新媒体运营：学会游戏规则 —

精细化运营

新媒体运营是指利用微信、微博、SNS 社区、抖音、快手、知乎等新兴媒体平台，对企业和产品进行宣传及推广的一系列运营策略。

6.1 直播电商：人、货、场的重构

直播电商不是新鲜事物，它只是零售中人、货、场的重构，以及营销手段的升级。零售业历史中的每次变革都是围绕"人、货、场"三个核心要素重新进行组合，只是在不同的演变阶段，侧重点不同而已。

人、货、场演变的三个阶段

（1）第一阶段：货—场—人

此阶段以货物为核心，其他要素都围绕货物进行运转。这种模式主要发生在物资匮乏的时期。虽然现今市场上也会有类似的销售场景，但主要是人为控制产量和商品型号等原因造成的。第一阶段人、货、场的架构逻辑如图 6-1 所示。

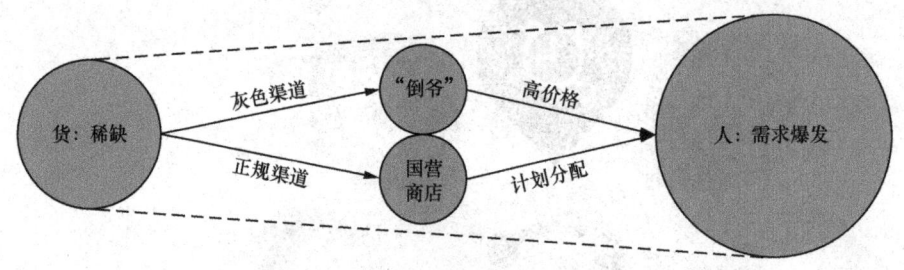

图6-1　第一阶段的人、货、场架构

案例

在物质匮乏的年代，我国无法生产足够数量的电视机以满足人民日益增长的物质文化需求，便出现了很多"倒爷"把国外的电视机倒卖到国内。由于电视机的供应量很少，只要能买到电视机，用户就愿意花更高的价钱。电视剧《与青春有关的日子》中非常详细地描述了我国在改革开放初期电视机一台难求的场景。

苹果手机和小米手机都采用了饥饿营销的方式，这种人为造成的短时间内供应短缺也会改变人、货、场的架构。

（2）第二阶段：场—货—人

当社会生产的商品种类越来越多、产量越来越大时，用户的需求就会全面爆发，也越来越多样化，这些导致需要一个专门的地方来售卖商品。于是，场的概念也就随之出现了。近几十年间，我国先后出现了超市、专卖店、便利店、电商平台等多种货场形式。货场手握巨大的客流量，向上游可以压低厂家的价格，向下游可以赚取用户的差价。第二阶段的人、货、场架构如图6-2所示。

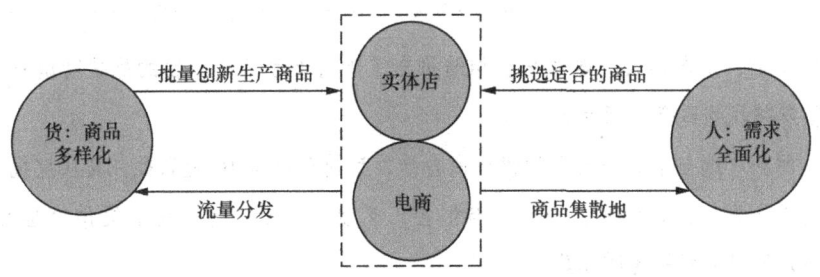

图6-2　第二阶段的人、货、场架构

案例

超级卖场中有成百上千种商品，顾客可以自由地选择购买。按照商品的品类划分，有日用品卖场、电器卖场、服饰卖场等。例如，沃尔玛、家乐福等是日用品卖场，国美、苏宁是电器卖场，百丽、达芙妮等是服饰卖场。

超级卖场主打的是多品类和多品牌，专卖店主打的则是单一品牌和精选品类。例如，耐克专卖店、阿迪达斯专卖店等。

（3）第三阶段：人—货—场

过多的信息使消费者信息过载，而且用户的消费方式也由之前的大众化消费转变为个性化消费。因此，零售的主角由货和场转变为人。用户想要什么，厂商就生产什么；用户不喜欢挑来挑去，平台就帮助用户挑选；用户想在哪里购买，就在那里购买。新零售阶段的人、货、场架构如图6-3所示。

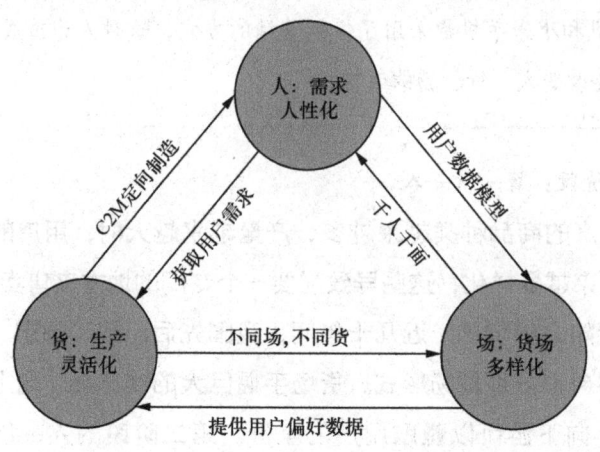

图6-3　新零售阶段的人、货、场架构

案例

淘宝、京东等大型电商平台相继推出了千人千面算法，目的是帮助用户筛选信息并找到适合的商品。

网易严选与全球最优质的供应商合作，目前已覆盖10大品类。其从挖掘消费需求出发，按需订制，全程参与把控工艺生产环节，为消费者提供价格好、商品好和服务好的优质体验。

直播电商的人、货、场

电视里，一位帅哥拿着一把菜刀说道："这是高碳钢材质的菜刀，高碳钢的硬度高于普通的钢铁，无论是剁排骨还是长时间使用都不可能变钝。"说罢转身拿出一根牛大骨，使劲砍了三五下，然后拿到镜头前特意展示刀刃并说道："是不是一点问题都没有？"

帅哥走回桌前，拿出一件带包装的刀具，大声道："这么好的菜刀平常卖398元，今天只卖198元，只卖198元！本期节目还有抽奖大礼包活动，前10名打进电话购买的用户，送上一件纯橡木的案板，名额有限，你还在等什么？赶紧拨打屏幕下方的电话××××。"

以上场景与直播电商的表现形式如出一辙，只不过互联网的赋能使直播电商如虎添翼。直播电商的人、货、场架构如图6-4所示。

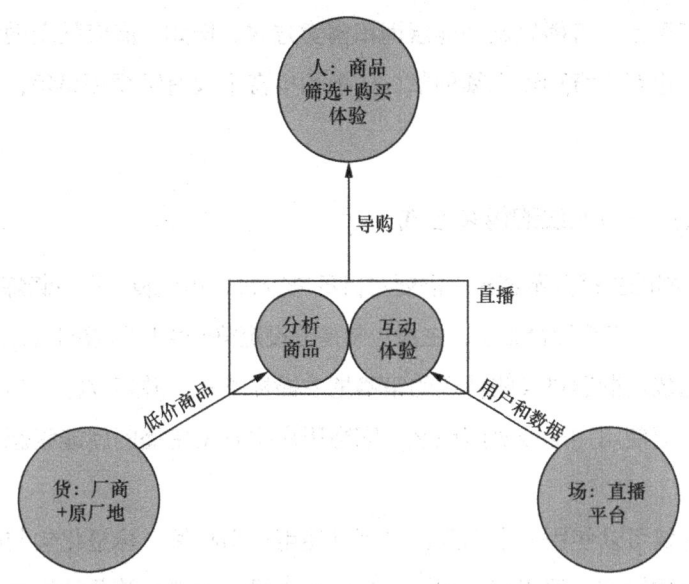

图6-4　直播电商的人、货、场架构

（1）人

直播能给用户带来更优质的感官体验，其调动了用户的视觉、听觉、触觉、心理等感官，比使用评论、实物图片、规格参数等平面信息更加生动。

相对于时间较充裕的女性用户及二三线城市的用户来说，直播电商不仅是一种有趣的购物方式，同时也是打发时间的不二之选。但是，相对于男性及时间较紧迫的一线城市的用户来说，直播电商的效率就太慢了。

（2）货

直播电商中的商品具有多、好、省三个特性。

①多：可以通过直播售卖的商品越来越多，小到手机壳，大到房子。而且，很多性价比较高的国产品牌正在利用直播的形式崛起，如花西子、网红自有品牌等。

②好：直播售卖的商品基本有品质保障，因为面对少则几万、多则几千万的粉丝，任何一个主播都不敢售卖假冒伪劣商品。

③省：直播为厂家和原产地的货主提供了直接面对用户的机会，没有中间商，用户会获得更多优惠。

（3）场

未来的线上卖场是多元化、相互融合的，既没有单一的电商平台，也没有

单一的内容平台，直播只是一种营销和售卖方式。例如，淘宝微淘模块不仅有直播卖货，也有文章和短视频种草；头条和抖音不仅有短视频娱乐，也有购物橱窗。

6.1.1　人：主播人设的包装方式

成为合格的主播并不容易，需要对自身进行修炼和包装。自身修炼是指提升主播的语言、外表等综合素质，主播包装是指设定符合用户需求的人设和风格。

人设包装是指通过某些特定的策略把主播标签化，并建立标签与主播之间的强关联，促使用户形成对照记忆，即当用户提到某主播时就能联想到某个关键词。

人设包装可以使用一个标签，也可以使用一组标签。标签化包装时尽量寻找那些具有传播度、易于记忆的标签去匹配主播。主播标签化的流程分为以下四个步骤。

主体分析

根据主播的外貌、性格、行为、习惯话术四个维度分析主播的特点，整个分析过程需要用文字描绘出来。例如，电商 MCN 公司最近有 A、B、C 三位主播来试镜，经过一天的试镜，运营人员总结出三位主播的特点，如表 6-1 所示。

表 6-1　三位主播的特点

主播	外貌	性格	行为	习惯话术
A	颜值型	高冷严肃	金句迭出	Oh My God！
B	亲民型	风趣幽默	表情丰富	我的天哪！
C	生活型	热情真诚	手势多样	买它！买它！买它！

人设呈现

人设呈现是指规定主播的某些特定行为或外表用于表达其设定好的人设，同时结合直播时的口号把对应的理念传达给用户，即人设的外向表现形式。包装人设要根据商品目标群体的需求和主播自身的特征进行匹配，这样才能达到共振的效果。人设呈现的步骤如图 6-5 所示。

第一步，确认用户需求。这是需求层最重要的工作，因为用户需求是包装主播的根基。

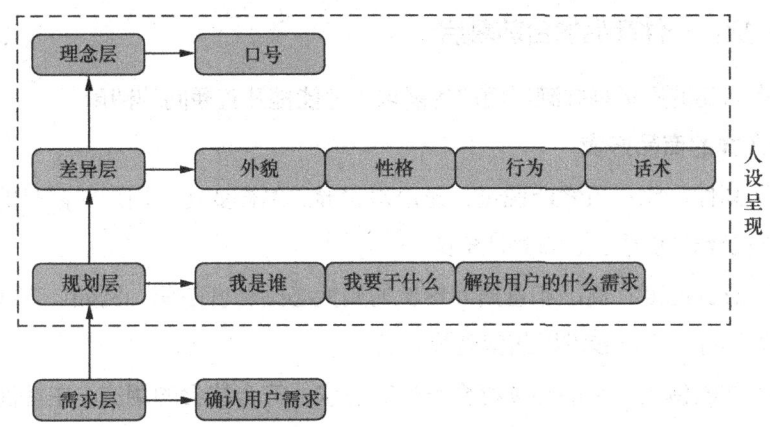

图6-5　人设呈现的步骤

第二步，做好规划。规划层需要解决三个问题：我是谁、我要干什么、解决用户的什么需求。这三个问题都是围绕用户需求展开的，"我是谁"确认了主播的核心身份，"我要干什么"确定了主播的核心动作，"解决用户的什么需求"确定了主播的主要目标。

第三步，突出差异化。市场上大大小小的主播成千上万，因此包装主播时需要制定差异化的表现形式。差异化主要体现在主播的外貌、性格、行为、话术四个维度上。我们可以使用疑问句式来讨论差异化，例如，主播是什么样的外貌、什么样的性格、什么样的行为、什么样的话术，为什么是这样的，等等。

第四步，输出理念。理念其实就是主播要传递给用户的价值观，同时也是主播自身的品牌。理念的输出能强化主播在用户心目中的分量，可以把用户变成忠实的粉丝。

通过以上四步便可以确定主播的人设，以及人设的外在标签。

信息传达

在宣传过程中要高频率地曝光主播的人设，并用口号、文案、图片反复强化用户的记忆，以达到让用户产生条件反射的效果。

有时用户对主播设计出的人设并不买账，这就需要主播根据用户的反馈逐步优化调整，最终打磨成用户想要的人设。

引发共鸣

"口号的巨人，行动的矮子"是不可取的，主播要想让用户发自内心地认同自己的理念，就必须依靠高质量的商品。

6.1.2 货：一件商品的台前幕后

只有商品的质量高并满足用户的需求，才能提升直播间的销量。

什么样的商品好卖

（1）高性价比：贝索斯说过，无论售卖形式怎样变化，用户对商品的需求只有高质量和低价格，也就是性价比。

（2）高匹配度：商品和直播间粉丝的属性必须高度匹配。例如，直播间的粉丝多为男性，则比较难以售卖美妆商品。

（3）与时俱进：商品必须符合粉丝的需求，符合社会的潮流。主播团队要经常收集用户需求，关注商品的发展潮流。

（4）具有卖点：卖点是指商品具备前所未有、别出心裁或与众不同的特点。这些特点一方面是产品与生俱来的，另一方面是通过营销策划创造出来的。

选品逻辑

一场直播通常包括以下 4 种类型的商品。

（1）流量商品：吸引用户进入直播间。

（2）爆款产品：提升直播间用户的活跃度和兴奋度。

（3）利润商品：调节一场直播活动的盈亏。

（4）常规商品：维持直播间的正常运转。

如果以价格、热度和利润率三个维度衡量这四款商品，它们具有的特性如表 6-2 所示。

表 6-2　四款商品属性

商品类型	热度	价格	利润率
流量商品	中高	低	低
爆款商品	高	中高	中高
利润商品	中高	中高	中高
常规商品	低	中低	低

商品讲解流畅

主播讲解一款商品时可分为以下 4 个步骤。

（1）基础信息：包括商品的基本用途、型号、材质、价格、生产厂商等。

（2）商品卖点：描述商品的特色、功能、性能和适用人群。

（3）优惠情况：介绍商品的价格及促销信息。

（4）使用体验：讲述使用心得和体验，或者现场给用户演示。

6.1.3 场：一场直播的运转流程

直播需要多个角色的运营人员相互配合，并设计好每一个步骤。

人员构成及分工

一场直播主要由 6 种类型的工作人员组成，如表 6-3 所示。

表 6-3 直播的人员构成及分工

人员	主要工作
主播	统筹整个直播间工作，介绍产品、引导互动、售卖商品等
副播	带动气氛、介绍促销活动、提醒节点抽奖、卖点提醒等
助播	数据分析、场外监控、复盘优化、准备设备、现场搭建等
水军	通过文字带动直播间的气氛，引出商品卖点让主播回答
客服	负责抽奖登记、回复粉丝关于产品的问题等
厂商	现场监控，随时与直播方协商沟通直播中的突发问题

直播环节设计

一场直播通常由 6 个环节组成，如图 6-6 所示。其中，商品售卖和活动穿插两个环节可以自由组合及调整顺序，主要根据直播的具体情况而设定。

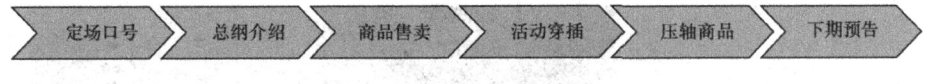

图6-6 直播6个环节

（1）定场口号

定场口号的作用是让进入直播间的用户安静下来，将注意力集中到主播身上。这个口号最好是主播的人设口号，既能让用户集中注意力，也能强化用户的记忆。

（2）总纲介绍

这个环节主要是介绍本场直播的商品情况、活动安排等事项，作用是让用户了解直播的相关流程。在这个环节中，主播可以公布各时间节点的奖项和特殊商品，以提升用户停留的时长。

（3）商品售卖、活动穿插和压轴商品环节

这是直播的主要环节，具体流程因活动不同而不同。一般通过活动的穿插和商品的排序把控直播节奏，尽量把重头戏放在后面，带领用户逐步达到高潮。

（4）下期预告

在直播临近结束时，主播告知用户下一场直播的时间、直播大纲等，为下一场活动积累用户。

6.2　海报

海报是视觉传达的表现形式之一，通过版面的构成可在第一时间吸引用户的注意力，使其瞬间获得感官刺激。这要求设计者对图片、文字、色彩、空间等要素进行完整的结合，以恰当的形式向用户展示宣传信息。

6.2.1　背景：三种元素运用方法

海报设计并不是全部由 UI 设计人员完成的，其中特有的一些元素需要运营人员根据运营目的进行构思，其中主要有三种元素构思方法。

特有元素法

特有元素法是指海报设计中带有某种特殊的元素，用户看到这种元素就会形成条件反射。这种元素也是海报背后故事中特有的一种符号。特有元素海报示例如图 6-7 所示。

图6-7　特有元素海报

第一幅是电影《忠犬八公》的宣传海报，其特有元素是一只秋田犬和一座火车站。这两个元素一个是动物主角，一个是电影中出现得最多、最温馨的场景。

　　第二幅是电影《V 字仇杀队》的宣传海报，其特有元素是男主角的面具。男主角在整部电影中都戴着这款经典的面具，影片中有很多群演也都戴着这款面具。所以，这款面具理所当然地成为整部影片和海报最亮眼的元素。

　　第三幅是电影《这个杀手不太冷》的宣传海报，其特有元素是一盆绿植。影片中男主角无论去哪里都会抱着这盆绿植，当小女孩把这盆绿植种到草坪上时影片结束，最后一个场景也定格在了绿植上。多年后，周星驰在其电影《回魂夜》中也用一盆标志性的绿植对此影片表示了敬意。

　　海报的特有元素必须与背后的故事息息相关。因为特有元素使用户产生兴趣，而背后的故事又强化了特有元素，用户最终会形成条件反射。例如，看到"√"想到的就是 Nike，看到"Ω"想到的就是欧米伽手表，这就是特有元素的魅力所在。

场景元素法

　　场景元素法是指把海报背后的故事还原为一个场景，或者运用故事的某个特殊场景作为海报的核心元素。场景元素海报示例如图 6-8 所示。

图6-8　场景元素海报

　　第一幅是电影《心灵捕手》的宣传海报，场景是男主角和他的心理导师一对一谈心。因为电影的剧情是通过二人的多次谈话一步步推进的，这种对话场景非常多，所以海报运用这个场景是和故事相呼应，并强化了用户的记忆。

　　第二幅是电影《穿条纹睡衣的男孩》的宣传海报，其场景是两位小男主角隔着铁丝网嬉戏玩耍。电影主要讲述的是在战争年代两位不同身份的男孩隔着监狱铁丝网建立深厚友谊，并互换身份的故事。这道铁丝网不仅仅是物理的隔离，也是人性与种族之间的隔离。海报的场景不仅呼应了剧情，而且引发了观

众对社会中各种无形铁丝网的思考。

第三幅是电影《少年派的奇幻漂流记》的宣传海报，其场景是男主角"派"和一只老虎在独木舟上。影片中最精彩的情节是男主角和老虎在独木舟上对峙，并最终驯服了老虎。老虎不仅是影片中真实的老虎，也是男主角心中的"老虎"。海报的场景取自影片中的场景，同时传达了导演想要表达的思想——这只老虎到底是真还是假。

生活中的某些场景会深深地留存在用户的记忆中，通过场景代入的方式可以唤醒用户的记忆，进而刺激用户的感官。这是一种很常见的方法。例如，春节的海报总是使用红色背景和回家团员的场景。

表意元素法

表意元素法是指海报通过某几种元素的搭配、组合、变形，向用户传达一种意境的方法。表意海报示例如图 6-9 所示。

图6-9　表意海报

第一幅是电影《完美陌生人》的宣传海报，其运用碎屏的手机和角色肖像相结合，组成表意元素。这个表意元素传达给用户的线索是剧中 7 个角色之间的关系产生了裂痕，配合影片名称"完美陌生人"就更加形象了。这让用户不禁会疑问：为什么会产生裂痕？

第二幅是电影《断背山》的宣传海报，其运用两位男主角的肖像进行错位摆放，组成表意元素。这个表意元素传达给用户的是两位男主角之间有种说不清、道不明的感觉，让用户非常想知道这两个男人之间到底发生了什么。

第三幅是电影《敦刻尔克》的宣传海报，其运用战机、战舰与一个士兵的背影组成表意元素。这个表意元素传达给用户一种强烈的反差感：面对敌人的战机和战舰，一个士兵的背影显得非常孤独、无奈。本应该嘈杂的战争场面却出现了一个孤独的士兵的背影，这让用户更感受到了在战争面前人类的渺小和士兵的绝望。

6.2.2　文案：定义海报类型

如果说眼睛是人类心灵的窗户，那么文案就是海报的窗户，不同的文案代表了不同的海报类型。

恐惧心态海报

恐惧心态海报是指通过文案刺激用户产生恐惧心理而达到运营目的的海报。运营人员在撰写这类海报的文案时需要注意以下三点。

（1）每个人都有恐惧心理，但是文案表述的恐惧要适中，要将事情的危害程度和文案表述一致，不能夸大其词。

（2）恐惧要近在眼前，太远的恐惧对用户来说是起不到作用的。

（3）消除恐惧的办法要切实可行、有说服力，要说到用户的心坎里。

恐惧心态海报示例如图 6-10 所示。

图6-10　恐惧心态海报示例

（1）第一幅和第二幅海报表达的是慢性恐惧。

人人都知道酒驾危险、吸烟有害健康，但是有些用户不理会这些危害，因为他们觉得严重的后果离自己太远。吸烟几十年可能也不会患肺癌，酒驾一两次也许不会出交通事故。既然危害离自己这么远，用户自然不会感到焦虑和害怕。

面对这种用户认为离自己很远的危害，运营人员可以以打掉用户的侥幸心理为突破口，拉近危害与用户之间的距离，把遥遥无期的恐惧在短时间内拉近到用户面前，让其感到恐惧后跟随文案的引导做该做的事情。例如，宣传禁止酒驾的海报文案更改为"每个住院的酒驾司机都拥有侥幸心理，一次侥幸，那么两次、三次呢"，效果就会好很多。

（2）第三幅海报表达的是外围恐惧。

在疫情期间，戴口罩是每个人的责任。但是，总会有人不戴口罩，因为他们认为疾病离自己还远，顾全大局对自己来说是看不见、摸不到的。如果把这种恐惧感拉到用户身边，效果就会提升很多。例如，海报文案改为"为了家人的安全，请戴口罩"，这样把疫情的外围恐惧引到了用户身边，就能产生很好的效果。

获取心理海报

获取心理海报是指通过运用刺激用户想要获取的心理的文案而达到运营目的的海报。获取心理主要分为心理获取和物质获取。

（1）心理获取：心理上获得满足，如满足感、安慰感、愉悦感等。

（2）物质获取：优惠券、福利、打折、促销等。

获取心理海报示例如图6-11所示。

图6-11　获取心理海报

　　第一张海报运用的是心理获取。每个人都想成为学霸，每个家长都希望孩子成为学霸。因为学霸能获得亲朋好友羡慕的眼光和夸赞的话语，这些会带给孩子和家长心理上的满足。

　　第二张海报运用的是物质获取，文案简单粗暴，"全场 5 折起"这种促销力度使用户不得不看，因为实在太有诱惑力了。

懒人心理海报

　　懒人心理海报是指运用刺激用户懒惰心理的文案而达到运营目的的海报。这类海报经常运用在教育行业中。学习是一件很枯燥的事，因此大部分人都想在学习中走捷径，这就是懒人心理。懒人心理海报示例如图 6-12 所示。

图6-12　懒人心理海报示例

　　第一张海报的文案"让你一个月听懂 30 本好书"抓住了用户的懒惰心理。很多用户都想读书，但是经常拖一年也没看完一本书。在当前快节奏的社会，一个月听懂 30 本书确实是一个吸引用户的卖点。

　　第二张海报的文案是"365 天 HR 全年学习计划"，它解决了学习中规划和督学的用户需求。

　　懒人的需求是想提升单位时间效率，抓住用户的这种心态制定文案，有助于提升课程销转率。

6.3 平台规则

新媒体运营人员的主战场在第三方平台，如微信公众号、微博、头条、抖音等。因此，运营人员如果想要积累更多粉丝，就必须了解每个平台的流量分发规则，然后利用规则的偏好配合产品功能实现账号数据的提升。

新媒体运营所用到的自媒体平台分为两大类，一类是以头条为代表的信息流产品，另一类是以微博为代表的 SNS 社区类产品。二者的本质区别在于社区的互动形式和内容的分发形式。关于头条系，我们以最火爆的抖音平台为例进行讲解，关于 SNS 社区类产品则以知乎为例进行讲解。之所以不选择微博，是因为微博的媒体属性从始至终都非常强大，比较适合品牌运营，而且对中小企业甚至个人来说不是很友好。

6.3.1 抖音：推荐引擎优化（REO）的三个模块

抖音算法的核心逻辑是"赛马机制"，即优秀的作品获取更多的流量资源，反之则不再获得推荐。

推荐引擎参考用户作品的相关标签，随机且多次地把视频分配到不同用户群体池中进行测试。如果作品的观看时长、观看完整度、互动数量等指标比较优秀，则推荐引擎会继续把作品推荐到用户量更大的群体池中。抖音推荐流程的简化模型如图 6-13 所示。

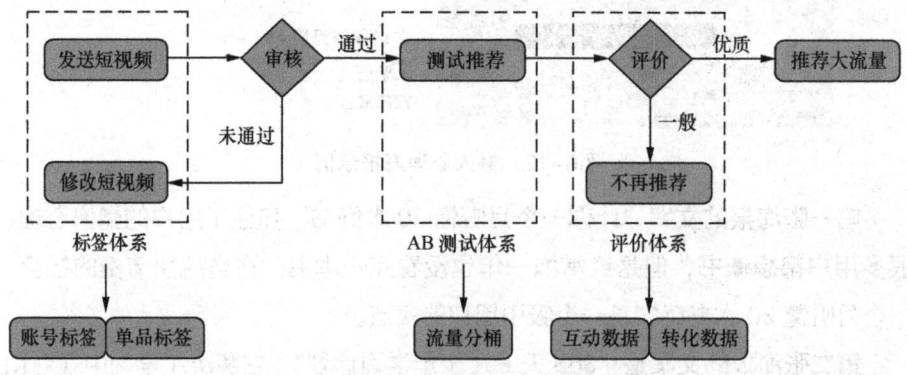

图6-13　抖音推荐流程的简化模型

要想获取精准、大量的推荐流量，就必须让推荐引擎关注这个账号。因此，运营人员需要对推荐引擎的标签体系、AB 测试体系及评价体系进行优化。

搜索引擎优化简称为 SEO，应用商店优化简称为 ASO，推荐引擎优化过程简称为 REO（Recommendation Engine Optimization）。当然，REO 不是仅指抖音优化，而是指所有产品的推荐引擎优化。

标签体系

标签体系是指抖音推荐引擎对创作者账号和内容的认知。推荐引擎会根据账号和内容的标签匹配具有相同标签的用户，并把内容推荐给他们。

推荐引擎喜欢定位清晰的账户和视频，不喜欢大杂烩类的账户和标签模糊的视频。所以，推荐引擎优化需要同时优化账号标签和单品标签。

（1）账号标签

账号标签是指经过一段时间的运营，推荐引擎给账号打上的标签。推荐引擎主要是根据账号的内容类别、内容特点及行为特点等，对账号进行标签标注。

账号拥有稳定的标签体系，才能获得稳定的推荐流量。稳定标签的实现过程可以拆解为以下 4 个步骤。

第一步，账号定位，即确定账号创造的内容属于哪一个垂类领域，然后进一步细化标签。账号的内容定位可以是一级分类，如旅游类、宠物类、美妆类等；也可以是二级分类，例如，旅游类可以分为境外旅游、境内旅游，宠物类可以分为宠物狗、宠物猫等，以此类推。运营人员可以根据账号的具体目的，选择一级分类标签或二级分类标签。

第二步，资料填写。抖音账号有固定的位置让用户填写标签，如昵称、简介、性别、地区和头像等。填写的标签一定要符合账户的定位。例如，育儿类账号最好用婴儿图片作为头像，简介中要明确带有母婴、育儿等关键词。

第三步，推荐驯化。创作者账号日常浏览抖音推荐的内容时，一定要只看与账号定位相关的内容，切不可随意观看。例如，定位为育儿类账号，就只能浏览抖音推送的育儿类内容，其他如娱乐、体育等内容一律不看。

第四步，规律输出，即账号一定要保证内容输出的连续性和一致性。连续性是指时间上连续，输出内容必须保持一定的节奏持续输出。一致性是指内容输出要保持风格、质量等指标的一致，切不可随心所欲地输出。例如，今天输出娱乐内容，明天输出历史内容，这样会导致引擎无法定位账号的类型。

（2）单品标签

单品标签是指推荐引擎给账号发布的单个内容标记的标签。推荐引擎会给标签清晰的视频匹配更加精准的用户流量。单个内容的标签位置有封面、标题、话题、音乐、文字及标签选项等。

①封面标签：在短视频封面上添加与短视频内容相关的关键词，或者制作具有固定格式的封面。封面形式主要有人物肖像封面、文字封面、商品实物图封面等。

②标题标签：编写一个适合短视频内容且覆盖多个关键词的视频标题。标题尽量覆盖大流量关键词，如节日、明星、热点事件等，这样会扩大潜在的用户量。

③话题标签：发布视频时选择与视频内容相关的话题，就是带有"#"标志的关键词。

④音乐标签：视频配乐本身就具有标签属性，如配乐名称、配乐风格等。

⑤文字标签：视频内容中的文字在视频播放时会一直显示在同一个位置，用户可以对显示的位置做出调整。

⑥标签选择：这是抖音新研发的一个功能，在用户发布内容前会让用户选择对应的标签。

AB 测试体系

抖音视频的测试推荐机制其实是一个漏斗，每层漏斗中都会运用 AB 测试的方法对视频进行筛选，如此往复，直到选出可以进入精品池的视频。

假设抖音每天产生 100 万个视频，推荐引擎依据视频标签随机为每个视频推荐 1 000 次曝光，并运用评价体系筛选出前 10% 的优质视频，然后给这前 10% 的视频推荐 10 000 次曝光的机会，再次运用评价体系筛选出前 10% 的视频，如此反复，直到最终挑选出很小的一部分优质视频进入精选视频池。用户打开抖音看到高评论数、高点赞量的视频，就是这样筛选出来的。

视频播放量可以反映视频所处漏斗的阶段，具体说明如下。

①启动阶段：单个视频的播放量小于 1 000 次。此阶段可以通过优化视频的封面、关键词等，让视频进入下一阶段。

②小爆炸阶段：通过多个实验组的送量测试后，视频作品进入高展状态，会有 1 万～10 万次的播放量。此阶段主要考验视频的质量、互动性、观赏性等指标。

③大爆炸阶段：此阶段会有 100 万次以上的播放量，视频已经变成热门视频。这是可遇而不可求、需要运营团队经过多次尝试才能达到的阶段。

评价体系

评价体系是指在漏斗机制中推荐引擎对每个视频的评判机制，其有两个决定视频质量的指标，分别是转化率和互动数。评价体系的逻辑框架如图 6-14 所示。

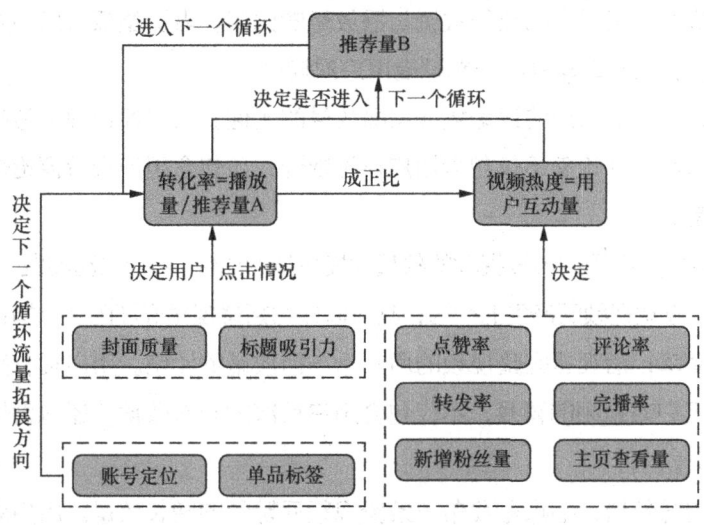

图6-14　评价体系的逻辑框架

（1）转化率

$$转化率 = 视频播放量 / 推荐量 A$$

此公式表示 A 轮推荐中视频的转化情况。转化率和视频热度的综合值决定了视频是否进入 B 轮推荐。如果进入 B 轮推荐，则需要根据账号定位和单品标签确定 B 轮的用户池。如此反复，直到筛选出优质视频。

案例

假设账号"体育迷"发布了一条标题为"梅西连过七人打进制胜进球"的短视频。由于标题中提到了"梅西""进球"等关键词，所以 A 轮推荐将该视频推荐给带有"梅西"和"进球"标签的用户。

这条视频由于封面及标题质量过关，不仅点击率非常高，而且获得了较多用户的点赞和评论。此视频因为两项综合得分高于推荐引擎的考核标准，所以进入 B 轮推荐。

推荐引擎根据该视频的"梅西""进球"等核心标签并结合账户定位，将推送范围扩展到拥有"西甲""足球""体育"标签的用户池，此用户池比 A 用户池更大。

在 B 轮推荐中，该视频的得分依旧高于推荐引擎的考核标准，因此进入 C 轮推荐。如此推荐多次，直到视频满足进入优质视频池的数据后，才可以大量推荐给用户。

（2）互动数据

①点赞率：指用户的点赞数量与播放量的比值。点赞是源自用户对内容的认可、犒赏，点赞率越高的视频越受用户欢迎。

②评论率：指用户的评论数量与播放量的比值。用户评论视频意味着用户对视频的认可。评论率不仅包含用户评论数量，还包含用户查看评论数量和评论点赞数量。

③转发率：指用户转发视频的数量与播放量的比值。用户主动转发一条视频，必然是基于喜欢视频而产生的行为，其可以作为衡量视频好坏的一个指标。

④完播率：指观看完整视频的用户量与播放量的比值。用户观看完整的视频意味着用户对视频的喜爱，不仅包含用户首次的观看数据，还包含用户重复观看的数据。

⑤新增粉丝量：指账号发布一条新视频后粉丝的增长数量。用户观看视频后关注账号，表示用户对视频及账号的喜爱。

⑥主页观看量：指用户通过作品进入账号主页的数量。用户进入账户主页，是因为被视频吸引并想观看更多类似的视频。账号其他作品的新增播放量也会计算到这个视频的得分中。

研究分析抖音平台的流量分发规则，就可以对症下药，优化账号和内容的每一个环节，长期坚持下去肯定会获得可观的粉丝增量和视频播放量。当然，即使掌握了平台的规则，运营人员也不能忽视内容本身的质量，毕竟研究平台规则只是一种技巧，内容才是核心。

6.3.2 知乎：内容评价规则和运营技巧

知乎是网络问答社区，连接着各行各业的用户，用户可以分享彼此的知识、经验和见解。准确地说，知乎更像一个论坛，用户围绕某个感兴趣的话题进行讨论，同时可以关注有共同兴趣的人。对于概念性的解释，百度百科几乎涵盖了用户所有的疑问。而对发散思维的整合，知乎就是这方面的强者。

内容评价规则

如何让内容消费者快速浏览并沉迷到优质内容中？如何让内容生产者得到激励，从而持续输出优质内容？这一直是社区类产品需要考虑的两个重要问题，二者相辅相成。好的内容得到更多曝光，既满足了消费者的阅读需求，也满足了生产者的利益，使社区生态得到良性循环。因此，知乎的策略主旨就是让优质内容得到更多曝光。

（1）威尔逊算法

案例 ————————————————————————————————————

假设每个用户的赞同和不赞同都是独立事件，而且用户只有两个选择。如果总投票数为 n，赞同数为 u，不赞同数为 v，那么赞同率 $p=u/n$。根据 p 值的大小降序排列内容。

理论上，p 值越大，内容越好。但是，n 值不同，可能导致 p 值的可信度有所下降。例如，一条内容有 100 个人投票，50 个人赞同，经计算 p 为 0.5；另一条内容有 10 个人投票，6 个人赞同，经计算 p 为 0.6。此时不能说明第二条内容比第一条内容要好，所以要同时考虑 p 和 n 两个值。

——

要解决上述案例中出现的问题，就要用到威尔逊算法。威尔逊算法是基于用户评价行为的排序算法，所以不管是文章、商品还是评论，都需要有用户评价的功能，即有好和坏的投票数据，才适合用这种算法，其公式如下。

$$n = u + v$$
$$p = u / n$$
$$s = \left(p + \frac{z_a^z}{2n} - \frac{z_a}{2n}\sqrt{4n(1-p)p + z_a^z} \right) \Big/ \left(1 + \frac{z_a^z}{n} \right)$$

公式中，u 表示赞同；v 表示反对；n 表示总票数；p 表示赞同率；z 是知乎权重；s 表示威尔逊得分，取值区间为 $(0,1)$，且与投票总数无关。s 的数值为内容好与坏的评价指标。通过威尔逊算法可以得到以下结论。

①总票数较小时，获得赞同的答案，得分 s 会迅速增加。

②总投票数越多，赞同票对得分 s 的影响越小。

③投票数较多，得分 s 较高的答案开始获得反对票时，得分 s 会快速下降。

④得分 s 越小，获得反对票答案的得分 s 下降的速度越慢。

（2）知乎账号的权重

账号的权重是指账号在平台的评价情况。知乎和其他平台一样，会给予高评价的账号一些优待政策。威尔逊公式中的 z 值是知乎账号的权重，其主要影

响拥有相同赞同数和反对数的回答内容的排名。当一条回答的赞同数和反对数一致时，权重大的账号在获得赞同回答时内容排名上升得要快，在获得反对回答时内容排名的下降速度会变慢，其目的是保护优质用户。

账号的权重对问题的分发影响不大，逻辑上是先有因、后有果，也就是先有问题、后有答案。所以，相对于有没有优质的问题，知乎更在乎有没有优质的回答，毕竟问题优质与否也无法得到量化衡量。

知乎账号的权重高低由以下四部分体现。

①账号的粉丝数量：账号的粉丝数量越多，说明该账号发布的内容越受用户欢迎。

②知乎等级：主要体现账号是否为优质创作者拥有。账号发布的文章和问答数量越多，而且收到的赞同、收藏、喜欢、评论等越多，账号的等级就越高。

③知乎会员：每个平台都会对付费用户非常友善，因此付费会员账号的权重很高，否则平台无法盈利。

④知乎盐值：这个评价分值主要包括基础信用、内容创作、友善互动、遵守公约及社区建设 5 个维度，其高低直接决定了账号的权重。

以上就是知乎平台的基本内容评价规则，运营人员要想得到更多流量，就要按照知乎平台的规则运营账号。

运营技巧

（1）养号

①运营人员注册知乎账号，要保证一机一卡一号，而且不要频繁地退出和登录；要每天登录、读文章、点赞、发评论等。总之，运营人员要把知乎的所有功能都用一遍。

②每天坚持原创文章，初期可以不要求字数和质量；坚持回答问题、发布问题；发布的文章和回答需要渐进性地刷赞，这可以利用知乎互赞社群实现。

③主动寻找一些答非所问、涉嫌违规的劣质内容进行举报。

（2）功能巧用

①文章开篇要有一段总结概括性的内容，控制在 50 字以内。因为 App 端 Feed 中只能显示三行正文内容，写好开篇能提升文章的 CTR。

②搜索框会推荐热搜问题，运营人员应挑选与自己账号定位相关的热点话题进行回答。初期选一些热度较低的问题，这样竞争压力会小一点，能让回答

和账号获得一定量的曝光。

③话题页会推荐很多问题供用户回答，运营人员可以在其中找到与账号定位相关的问题进行回答，同时回答中也要带着话题发布。

（3）引流方式

①简介引流：在个人简介中展示公众号或微信号，并配合文案引导用户关注公众号和添加好友。例如，加微信，领取详细资料。

②文末引流：在一篇文章的末尾写上公众号，引导浏览文章的用户关注。

③图片引流：在文章中尽量插入图片，图片的背景或次要位置可以留公众号。

④回答引流：在回答问题时发一张配图，配图上留下公众号或微信号。

6.3.3　视频号：半封闭状态下的关系链产品

视频号上线之初受到了业内人士的强烈关注，大家都期望它将成为下一个流量洼地，但是经过一段时间的市场化运营后并未达到较理想的状态。造成这种结果的原因有两点：其一是视频号的半封闭生态，其二是内容定位问题。

半封闭生态

（1）入口

视频号入口处于微信的二级页面，排在朋友圈入口之下，这导致用户使用视频号的流程变长。这种设计远没有腾讯的另一款产品——QQ 看点的大流量供给。而且，用户使用朋友圈的习惯已经养成，很难分出一部分流量给视频号。

（2）功能设置

视频号淡化了粉丝观念，除了创作者自己，其他用户无法看到某个视频号的具体粉丝数量。这个功能反映了腾讯对视频号的定位可能是去中心化的，但是这个功能的变化多少都会影响创作者的粉丝积累，无疑会降低创作者的热情。

视频号主页分为三栏，分别是"关注""朋友"和"推荐"，并没有大部分短视频 App 的主动推荐功能。其主要突出的是"关注"这个推荐逻辑，用户看到的内容是好友点赞或评论过的内容。这正是一种基于关系链的分发方式，其目的可能是想让用户基于强关系链拓展下一级弱关系链。但是，用户在评论中又无法相互加好友。

"推荐"一栏的核心算法，腾讯没有公布。是否会像抖音一样对每个新视频都进行推荐测试，就不得而知了。不过，无论是否有推荐测试，都势必影响优质内容的扩散，也就是观看量与内容优劣不完全成正比。

视频下方允许创作者添加公众号的链接，这种设置使视频号更像是基于公众号、小程序、微信群、朋友圈等私域流量的一个模块，而不是独立性很强的一款产品。

以上种种原因导致视频号不是一个完全开放的新媒体平台，其不具备微博、抖音、快手这类产品的高传播性，整体表现得过于安静。因此，相对于其他短视频平台而言，视频号的创作不能通过内容快速地积累粉丝。

内容定位

视频号对内容方向的定位直接影响了产品功能，产品功能反过来又影响了内容发展。如果视频号从功能和内容定位上完全按照抖音和快手的套路，无异于面临二者的直接竞争，同时也与腾讯内部的微视同质化，造成公司资源的浪费。

基于关系链的分发，本身就限制了很多内容的产生。熟人关系下的社交产品会对用户行为产生强烈的约束，他们无法像在匿名社交平台一样任意妄为地充当"键盘侠"，因为他们要保持自己的人设，让自己看上去充满正能量。鉴于这种逻辑，新闻类、知识类、生活类等内容更适合视频号。

从整体上看，视频号更像是基于微信体系构建用户私域流量的重要一环。当然，后续的发展及产品功能的迭代能否打开另一扇门，我们只能拭目以待。

6.4　短视频制作

短视频制作分为故事策划、脚本撰写、视频拍摄及后期制作四个部分。前两个部分是优质视频的关键，本节会重点介绍。后两个部分涉及摄影相关的专业知识，感兴趣的读者可自行深入学习。

6.4.1　撰写脚本的三种方法

短视频脚本是指拍摄短视频使用的大纲底本。短视频虽短，但每一个场景、每一句台词都需要精雕细琢。越是精细化拍摄和剪辑出来的视频，越会受到用户的喜爱。

脚本为短视频的拍摄、剪辑提供了精细的流程指导，拍摄人员只须按照脚本流程推进，就能快速完成拍摄。短视频脚本有三种类型，分别是提纲脚本、分镜头脚本和文学脚本。

提纲脚本

提纲脚本是指为拍摄 Vlog 制定的拍摄内容要点，这种形式的脚本主要应用在纪实拍摄中。纪实拍摄是以记录生活现实为主的摄影方式，素材来源于生活，如实反映人们的所见所闻。例如，景点讲解类、街头采访类、美食探访类等采用的都是纪实拍摄。这类视频如果没有预案，拍摄出来的视频就会逻辑性很差。因此，根据将要拍摄的现场或事件可能发生的情形，把必须拍摄的要点写成拍摄过程以保证视频的质量。策划拍摄提纲分为四个步骤，分别是确定主题、情境预估、信息整理及确定方案。

确定主题是指拍摄视频之前要明确视频的选题、创作方向，运营人员可以用一句话说清楚拍摄一个什么样的视频。例如，"拍摄一条视频，带领用户体验北京南锣鼓巷有哪些美食和乐趣"。

情境预估是指罗列拍摄现场是什么样，或者拍摄时将会发生什么状况。例如，南锣鼓巷可能会人山人海、会有很多美食店、会有很多好玩的店铺等，那就应该着重拍摄 2～3 家具有代表性的美食店和娱乐店。

信息整理是指提前准备和学习与拍摄现场或事件相关的知识，避免拍摄过程中解说毫无逻辑。例如，关于南锣鼓巷的历史，"南锣鼓巷及周边区域曾是元大都的中心，明清时期则更是一处大富大贵之地，这里的街巷挤满了达官显贵，王府豪庭数不胜数，直到清王朝覆灭后，南锣鼓巷的繁华才慢慢落幕"；现在的南锣鼓巷是北京的一条非常有特色的酒吧街，是北京保护最完整的四合院区；整条酒吧街以四合院小平房为主，门前高挂小红灯笼，装修风格回归传统、朴实；与三里屯、后海不同，这里的酒吧大多比较安静、和谐、自然，身居闹市却远离喧嚣，更贴近生活；南锣鼓巷周边有很多名人故居，如齐白石故居、茅盾故居等。

确定方案是指确定拍摄方案，方案内容主要包括时间线、拍摄场景及话术三部分。仍以南锣鼓巷为例，其具体的拍摄方案如表 6-4 所示。

表 6-4　南锣鼓巷拍摄方案

时间线	拍摄场景	话术
到达南锣鼓巷	拍摄南锣鼓巷入口	简要介绍南锣鼓巷的历史和景点
逛街时间	拍摄南锣鼓巷游客人山人海的场景	介绍节假日期间南锣鼓巷的日客流量
找美食店	拍摄"吉事果"店铺并试吃	介绍"吉事果"并评价味道
逛精品店	拍摄精品店，介绍几款小商品	介绍巷子中店铺的情况
寻找故居	拍摄齐白石故居	说一说看见的故居的情况
返程	拍摄南锣鼓巷出口	总结游玩经验

分镜头脚本

分镜头脚本是指通过连续的文字描述视频场景的一连串镜头，相当于整个视频的制作说明书，其相比提纲脚本要详细和精致很多。

分镜头脚本主要由景别的选择、拍摄的方法与技巧、镜头的时长、镜头的画面内容、背景音乐等元素组成，不仅包括完整的故事，还要把故事的每一个情节翻译成镜头。与此对应，每一个镜头要包含许多拍摄和制作上的细节，如画面、光线、镜头运动、声音和字幕等。

分镜头脚本对拍摄者的要求较高，一般短视频拍摄者难以驾驭。但是，喜欢拍摄故事性强或具有文艺范的视频的作者可以借鉴这种手法。

案例

故事情节：一名大四学生参加学校足球队的最后一场比赛，为了不让学生时代留下遗憾，他为这场比赛做了很多准备。视频主要拍摄的是比赛开始前男主角从更衣室到球场这一路的复杂心情，分镜头脚本如表6-5所示。

表6-5　拍摄分镜头脚本

序号	景别	镜头	时长	画面	旁白	音乐
1	中景	固定镜头	5秒	换足球运动衣	今天是大学校队最后一场足球比赛	无
2	近景特写	推镜头	3秒	穿球鞋，系鞋带	为了今天的比赛，特地穿上了这双进球最多的幸运球鞋	*The Mass*
3	全景	固定镜头	3秒	全身装备，推门走出更衣室	我一定要赢	*The Mass*
4	全景	跟着演员走	4秒	球场中全场观众，双方部分球员在热身	队友都准备好了，对手看上去很强大，我要加油	*The Mass*
5	近景	固定镜头	3秒	中场开球画面，裁判吹哨子	终于开始了	*The Mass*

文学脚本

文学脚本是将文学作品改编成便于用镜头语言完成的一种台本形式。这种形式没有分镜头脚本那么细致，适用于不需要剧情的短视频创作，如教学视频、测评视频、拆快递视频等。

文学脚本中只用规定人物需要做的任务、说的台词、选用的镜头和节目时长即可。

案例 ....

以常见的手机测评视频拍摄为例，手机测评脚本如表 6-6 所示。

表 6-6　手机测评脚本

任务	具体任务	话术框架
1	拆封新手机	刚到货的华为 P30，今天为大家测试这款手机的性能，到底值不值得入手
2	描述手机外观	手机重量适中、屏幕为穿孔屏、机身很轻薄等
3	手机跑分对比	用测试软件给手机跑分，与 iPhone7 进行对比

6.4.2　优质内容的构思逻辑

一条爆款视频的出现需要满足天时、地利、人和，并不是一件容易的事情。天时是运气，地利是平台，人和是内容。平台和内容是运营人员能控制的，运气就只能听天由命了。平台如果在红利期，策划爆款视频会相对容易。但随着时间的推移，平台的红利会越来越少，此时优质内容就成为爆款视频的核心。

抖音、B 站、快手等平台的爆款视频类型可以用五个词来概括，分别是美丽、搞笑、煽情、惊奇、知识。

一条短视频包含人物、背景、事件三个元素。人物是指视频中的人，背景是指视频中的背景或景色，事件是指视频中人物在背景中发生的事项。一条视频可以同时具备这三个元素，也可以只具备一个元素。

如果把视频类型和视频元素放到一个组合中，会有如表 6-7 所示的组合类型。

表 6-7　视频类型和元素组合

	美丽	搞笑	煽情	惊奇	知识
人物					
背景					
事件					

填满表 6-7 中空白单元格的过程，就是策划一个条优质短视频的构思过程。视频内容的构思过程分为三步，分别是选择元素、突出元素及场景创造。

美丽

假设策划一条"美丽"类型的短视频，在整个构思过程中，第一步确定要突出视频元素中哪个元素的美,第二步深挖这个元素的美具有什么特点,第三步结合美的特点设计场景。

(1)突出人物美

人物的美可以表现为颜值高、身材好、气质佳等。

高颜值的特点:女性高颜值的特点表现为大眼睛、高鼻梁、尖下巴、樱桃小口、有光泽的皮肤等。

构造场景:针对一位眼睛非常有吸引力的美女,可以设计场景为"美女坐在镜头前,唱一首可爱类型的歌曲,同时配合着旋律眨眼和微笑,表现出一种邻家女孩的气质。重点突出美女的眼睛。

(2)突出背景美

背景为实物时可以是山水、建筑、物品等,背景为人物时特指视频 1 号位人物之外的人。

假设以山为背景,山的美可以表现为壮观、巍峨、幽深、陡峭等。

陡峭的特点:坡度大、直上直下、落差大等。

构造场景:首先,运用无人机远景航拍山的坡度,环绕山坡一圈;然后,无人机悬停在悬崖上空,拍摄谷底,使视频具有凝望深渊的感觉,借此突出山坡的直上直下和高落差。

(3)突出事件美

如果把(1)(2)中的两种美结合到一起还美不美?答案是肯定的。

场景构造:一位大眼睛美女穿着古装,在陡峭的悬崖边载歌载舞,用无人机先进行远景拍摄,然后慢慢靠近美女拍摄近景特写。

事件美可以是人物美和背景美的结合,也可以是事件本身的美。事件的美是一种结合美和表现美。例如,一位体操运动员没有出众的外表,但是可以通过动作表演让体操这个事件很美。

搞笑

搞笑并不是幽默的人特有的技能,普通人也可以,因为搞笑是有规律可循的。搞笑的核心要点是意外,也就是反转,其公式如图 6-15 所示。

(1)用户思维

用户感触到故事 1 的前半段时,其大脑会按照常理或经验联想到故事的结果,也就是故事 1 的虚线部分。

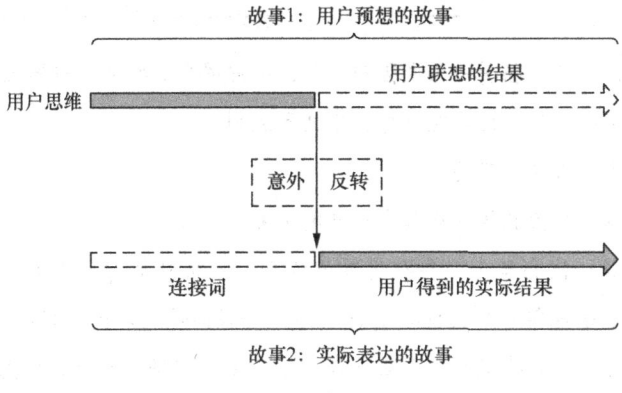

图6-15　搞笑公式

（2）主线反转

描述完故事1的前半段后，通过连接词（故事1中特有的元素）把用户的思维反转到故事2的后半段，给出不同于用户联想的结果。

完成以上两个步骤，就能通过制造反转、打破固有思维的方式给用户制造惊喜，进而促使用户因感到意外而发笑。

案例 ⌐··

小明要了一份鱼翅炒饭，翻了10分钟也没看到鱼翅，就问服务员："鱼翅在哪里？给一个合理的解释。"这是故事1的前半段，通过叙述将用户思维引入故事1的发展线。此时，用户会联想到饭店因鱼翅贵而舍不得放、饭店坑人、客人和服务员吵起来等场景。

接着用反转的方式将用户思维引入故事2的后半段，具体文案为"服务员说'厨子叫鱼翅'"。这个结果与用户之前思考的场景相差很多，造成了反转的效果。其中的连接词是"鱼翅在哪？给我一个合理的解释"。

···

（3）搞笑内容策划的关键

搞笑内容策划的关键在于最后场景的设计，其思路是套用搞笑公式并结合元素的特点包装出反转场景。

情绪

情绪类的短视频主要通过人、物、事三个元素的组合构造一个场景，并通过这个场景引发用户的情感共鸣。关于场景，读者可参考本书4.4.2节的内容。

案例

国庆节前夕需要拍摄一条爱国短视频，引发用户的共鸣，构思流程如下。

人物特点：小男孩出生在国外，中文不流利。

场景特点：天安门广场。

事件特点：小男孩第一次踏上祖国的土地。

构造场景：出租车上，男孩用蹩脚的汉语和司机师傅说要去天安门广场，并告诉司机这是他第一次回国，有什么地方可以向他推荐的。司机师傅给男孩介绍了很多地方。切换镜头，男孩已经到了天安门广场。当他来到国旗旁边时，先是盯着国旗看了一会，之后抬起右手对国旗敬了一个军礼。此时出现字幕"国家强大，民族才有尊严"。

惊奇

惊奇是指用户的猎奇心理。人会对突然遭遇未感知或与认知经验迥异的事物表现出心理或行为上的过度反应，通常表现为好奇。也就是说，能给人带来惊奇的事物大概率是超出用户的认知的。

如果用词表现超出认知时用户的反应，分别是为什么、是什么、何时、怎样、哪里、令人惊奇。因此，在拍摄惊奇视频时需要在某个或某几个镜头中添加能让用户产生以上 6 种反应的剧情。

由于每个用户的知识结构是不同的，因此其认知的阈值也不同。面对这种情况时，短视频制作者应该考虑视频需要适应用户群体大多数情况下的认知，也就是尽量满足大部分用户。

知识

知识是指让用户观看短视频后能学到一些知识。例如，生活小知识、地理知识、历史知识等。

知识类短视频具备刚需且易于商业变现的特点。因此，现在各大短视频平台都在对知识类短视频进行扶持，我相信这会带来一段时间的红利，对短视频创作者是一个福音。

知识类短视频创造者创作内容时需注意两点：第一，深挖一个领域，不要各种知识都去做；第二，做自己擅长的领域，最好和工作相关，既能巩固主业又能开展副业。

— 营销策划：找到用户和需求 —

精细化运营

7.1 产品

产品是指作为商品提供给市场，被用户使用和消费，并能满足用户某种需求的任何内容，包括有形的物品、无形的服务、组织、观念或它们的组合。产品是营销策划的核心，一切构思、文案、策划、活动都是以产品为出发点的。

7.1.1 理性与感性卖点的挖掘方法

卖点是指产品具有的优点或与竞品的差异化特点。产品的卖点一方面是与生俱来的，另一方面是运营人员策划和创造出来的。

当市场为蓝海市场时，产品的竞争压力非常小，不需要具有非常出众的优点即可获得大量用户，这属于红利期。然而，当竞争者陆续跟进后，蓝海市场慢慢变成了红海市场，竞争就变得异常激烈，此时就需要挖掘产品的卖点。

用户的时间和精力是有限的，他们不可能同时记住所有的产品。此时，挖掘卖点就变得至关重要。

挖掘产品的卖点需要从两个方向着手：一是产品本身具有或附带的价值，其偏向理性；二是产品的虚拟或延伸价值，其偏向感性。

理性卖点

（1）产品自身卖点

挖掘产品卖点的方向有产品的功能、质量、包装和外观等，体现产品质量的卖点有产品制作工序和工艺、产品原材料等。

案例1：以产品功能为卖点 ————————————————

华为手机有很多系列、很多机型，其中 P 系列最突出的功能卖点是拍照功能。华为 P9 是业内首个在旗舰机上搭载徕卡双摄像头的手机，P 系列手机仅凭这一个功能就足以征服喜欢拍照的用户。其中，华为 P30 系列的未来影像广告语如图 7-1 所示。

图7-1 华为P30系列手机广告语——未来影像

案例2：以产品制作工序和工艺为卖点

榨菜在用户眼中是非常廉价的，用户通常不太关注榨菜的品质和质量。在用户的认知中，榨菜的制作工序是把榨菜洗干净、放入菜缸、放上盐就可以了。然而，乌江榨菜喊出"三清三洗，三腌三榨"的口号，打破了用户的认知。复杂的工艺，多重的工序，让榨菜这个看似低端的产品一下子高大上起来，让用户感受到了品质的保证。乌江榨菜广告语如图 7-2 所示。

图7-2 乌江榨菜广告语

案例3：以产品原材料为卖点

随着经济的发展，大部分江河和地下水都受到了污染，这种冲突引发了人类对高质量水的需求。农夫山泉抓住这个矛盾，利用农夫山泉水的高品质来捕获用户。农夫山泉广告语如图 7-3 所示。

图7-3　农夫山泉广告语

案例4：以包装和外观为卖点

猫王收音机掀起了一阵收音机的热潮，其独特的复古外观和精美的"手提箱"包装让众多用户欲罢不能，纷纷将其收入囊中。猫王收音机的外观如图 7-4 所示。

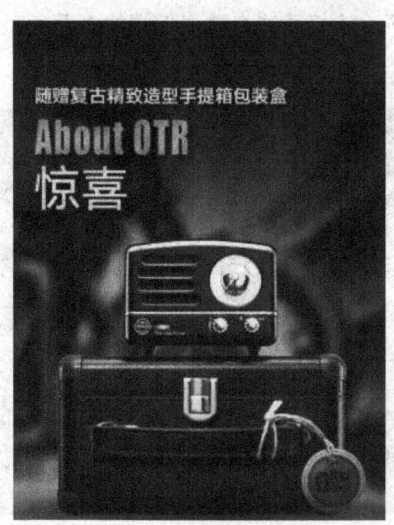

图7-4　猫王收音机

（2）产品服务卖点

用户不仅消费产品，而且消费服务。服务卖点主要包括售前服务、售中服务、售后服务。

案例1：售前、售中服务

　　海底捞凭借超高标准的服务让客户折服。客户在排队等位时可以免费做美甲，上菜前有开胃小菜，随时随地有服务员递上毛巾，等等。其 16 字服务口诀是"有求必应，无微不至，嘘寒问暖，小恩小惠"。其他企业是怎样应对海底捞服务的呢？如图 7-5 所示。

图7-5　其他企业对海底捞服务的认知

案例2：售后服务

　　在售后服务上，天猫、淘宝定义了行业标准，即 7 天无理由退货，让消费者可以放心大胆地购买商品，如图 7-6 所示。

图7-6　天猫7天无理由退换货服务

（3）品牌卖点

　　品牌是一种信任背书，其可分为企业品牌和个人品牌。

案例1：企业品牌

　　互联网圈流传着这样一句话："网易出品，必是精品。"这句话虽然只有 8 个字，背后却是用户对网易这个品牌的信任。

案例2：个人品牌

锤子手机是否成功暂且不论，但罗永浩的个人品牌使锤子手机一直处在用户的视野中。老罗与锤子手机如图 7-7 所示。

图7-7　老罗与锤子手机

（4）价格卖点

价格是影响用户决策的重要因素，用户总是想以最低的价格获取更好的产品或服务。

案例1：性价比

iPhone 开创了智能手机的时代，然而其高昂的价格让很多用户望而却步。小米则采用性价比的策略打开了智能手机的市场，抢占了大量用户。小米的性价比策略如图 7-8 所示。

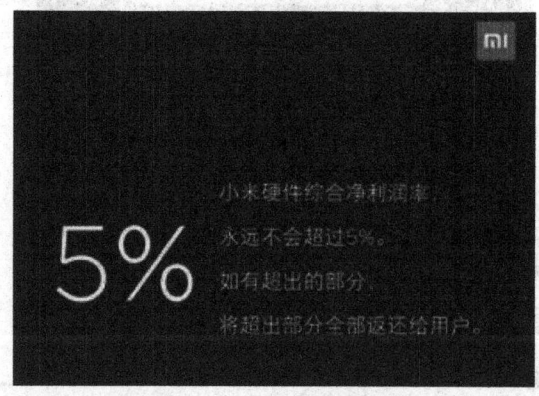

图7-8　小米性价比策略

案例2：少花钱

我国的二手车市场离规范化还有一段路要走，卖家最担心的是自己的爱车卖不上好价钱，买家最担心的是多花了钱。于是，瓜子二手车利用这个冲突，砍掉了中间商，让买卖双方都得到了实惠。瓜子二手车广告语如图7-9所示。

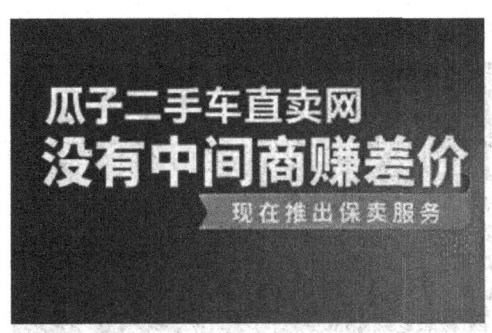

图7-9　瓜子二手车广告语

感性卖点

感性卖点是指通过包装产品的某些特点引发用户的感性认知，并使用户认同产品的虚拟价值的过程。感性卖点分别满足用户的情感、心理、价值观等精神层面的需求。

案例1：情感需求

每逢春节，漂泊在外的人们都会回家过年，也会购买礼品孝敬父母。脑白金抓住人们的这种心理，在央视频道推出了广告。脑白金的实用价值暂且不论，其精神价值绝对高于实用价值。几乎人人都会观看央视频道，爸妈肯定会知道脑白金。人们为父母购买脑白金既表达了孝心，也让父母开心，可谓一举两得。脑白金的央视广告如图7-10所示。

图7-10　脑白金广告

案例2：价值共鸣 ————————————————————————————

　　男人往往是家里的顶梁柱，上有老、下有小，压力不可谓不大。柒牌男装的一句"男人就应该对自己狠一点"引发了男人们的共鸣，一时之间都将这句广告语作为相互鼓励的话。很多用户甚至根本不知道柒牌男装有什么特点，只是冲这句广告语而去买服装的。柒牌男装广告如图7-11所示。

图7-11　柒牌男装广告

··

7.1.2　产品卖点包装技巧

　　产品卖点的关键是给消费者一个明确的承诺。这个承诺的核心是产品能解决消费者的某个问题，或者产品可以更好、更快、更持久、更便宜地解决某个问题。如何有力地传达这个承诺，就是文案的核心。然而，要达到这个目的，必须解决"知识鸿沟"这个问题。

　　知识鸿沟是社会心理学中的一个术语，是指人们掌握了某种知识，就难以想象没有它是怎样的状态。也就是说，当你的经验和别人不同时，你将难以理解和认同别人。这里的"知识"可以是经历、经验、技能等。

　　罗振宇在2018年"时间的朋友"跨年演讲里讲到了媒体人沈帅波的一句话："在中国，再众所周知的事情，都起码有一个亿的人不知道，而大多数时候，是十个亿的人都不知道。"罗振宇讲这句话是为了说明我们生活在一个远超自己感知力的共同体中，这往往导致我们很难认清事实的真相。例如，"容积率"这个概念，地产从业者对它的意义已烂熟于胸，但很多消费者不明白它的意义。于是，运营人员眼中常见的词很可能就变成了用户眼中的生僻词。知识鸿沟图解如图7-12所示。

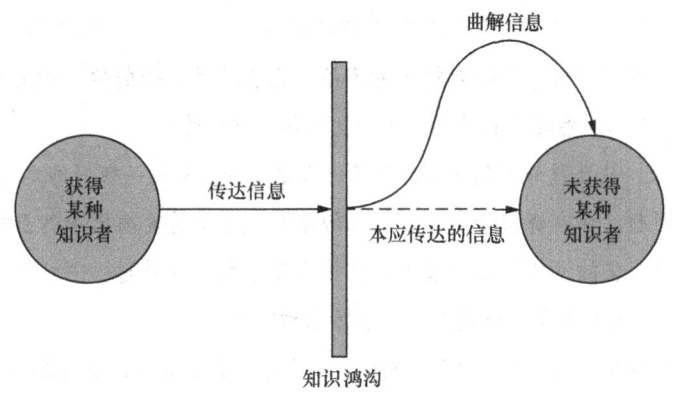

图7-12　知识鸿沟图解

复杂的产品简单化

对于复杂的产品或技术，要想让用户快速理解和感受到卖点，文案就必须简单化、通俗化。用户是局外人，对于复杂的产品或技术本就难以理解，甚至有距离感。如果再用复杂的语言说明一堆复杂的卖点，大多数用户都会望而却步。

案例

一款足浴盆宣传海报上的文案是这样的："十大购买理由，改变不止一点点，给您带来全新的足浴体验，不变的是品质，改变的是舒适。足浴盆采用仿玉米式串珠电动按摩轮，太极自动按摩滚珠，数码双显大屏，脚底温泉冲浪按摩，便携提手设计，养生药盒，恒温加热，防漏电保护。"

我相信大多数用户看后的反应会是这样的："这是什么？什么是玉米式电动按摩轮？什么是冲浪按摩？这些都是干什么用的？"

消费者只是要买一台足浴盆而已，他们是无法看懂这么多专业名词、专业术语的。文案的目的是降低消费者的理解成本和选择成本，简单明了地把产品卖点与用户需求相结合即可，切不可对非专业用户进行各种参数的罗列。

可以将文案简化为"10项技术突破，给您带来忙碌后身体的放松和心灵的温暖"，就会好很多。

简单的产品复杂化

如果产品对于用户来说非常简单，而且用户对产品非常熟悉，那么文案就要用复杂的描述方法。复杂的文案有助于提升产品的价值，因为用户的消费心理很复杂，一方面复杂的产品会使其苦恼，但另一方面太简单又会使其不放心。

177

案例

葡萄酒在用户眼中是相对简单的产品，无非就是采摘葡萄，再用千篇一律的酿造方法制作。然而，长城葡萄酒的文案却是这样的：

"3毫米，从瓶壁外面到里面的距离，也是一颗葡萄到一瓶好酒之间的距离。不是每颗葡萄，都有资格踏上这3毫米的旅程。它必是葡萄园中的贵族，占据区区几平方公里的沙砾土地，坡地的方位像为它精心计量过，刚好能迎上远道而来的季风。它小时候，没遇到过一场霜冻和冷雨。

在旺盛的青春期，碰上十几年来最好的太阳，临近成熟，没有雨水冲淡它酝酿已久的糖分，甚至山雀也从未打它的主意。摘了35年葡萄的老工人，耐心地等到糖分和酸度完全平衡的一刻才把它摘下。酒庄里最德高望重的酿酒师，每个环节都要亲手控制，小心翼翼。而现在，一切光环都被隔绝在外。在黑暗、潮湿的地窖里，葡萄要完成最后3毫米的推进。天堂并非遥不可及，再走10年而已。"

抽象卖点具象化

抽象是从众多事物中抽取出共同的、本质性的特征，而舍弃其非本质的特征的过程。具象化是指把抽象的事物还原成可以理解的、通俗易懂的、看得见摸得到的事物。

案例

教育行业经常通过裂变海报的形式对老师进行宣传，并实现用户的增长。以下文案就是一家教育公司对老师的描述：

"沈老师教育学专业毕业，战斗在教学教研一线，授课经验丰富；擅长因材施教，注重激发学员的学习潜力；讲课生动，善于将复杂的知识简单化，让学员在最短时间内掌握重点。"

文案通篇运用了很多华丽的词汇，以及模糊的概念表述。例如，"授课经验丰富"，什么是丰富？怎样才算丰富？文案中没有给用户明确交代，用户也很难感受到老师的能力。

通过具象化卖点来优化文案，可修改如下：

"沈老师，北京师范大学教育学硕士，10年一线授课经验；授课时注重与学员互动，及时解决学员的疑问；累积教授20万+学员，考试通过率97.6%。"

刺激感官

刺激感官是指文案描述过程中通过刺激用户的视觉、嗅觉、听觉、味觉、触觉及心理感受，达到营销的目的。

案例

某款汽车的介绍文案采用了视觉描述："这辆汽车拥有宽阔如客厅的车厢，关上那扇拱顶似的车门，便可享受少数特权者的驾驶体验。你周围都是华丽而芳香的皮革、产自国外的硬木和昂贵的威尔顿羊毛地毯，这辆车会彰显你独特的生活方式……感受到了吗？当高达 453 马力的强劲动力召唤你释放它们时，你的肾上腺素正飞快地流过静脉血管。"

文案通过把车内空间和内饰与居住空间做对比，将用户的视觉联想引导到熟悉的场景，并通过细节刻画来丰富所描写的空间，让用户有一种身临其境的感觉。

刺激感官需要给用户描绘一个熟悉的场景或事物，让用户的思路和熟悉的场景或事物进行关联，同时要多使用形容感官感觉的词语。

构建产品场景

当用户很难接受某个卖点时，把这个卖点与某个具体情境相结合，用户的接受度就会变高。例如，教育小朋友不要撒谎，可以通过故事描绘一个场景，让其知道撒谎会导致不好的结果。

7.2 渠道

互联网营销渠道多种多样，包含信息流、搜索、应用商店、网盟等，其优势是可量化和多渠道互相关联。

7.2.1 流程：以信息流为例演示投放逻辑

信息流广告是位于社交媒体用户的好友动态或资讯媒体和视听媒体内容流中的广告。信息流广告的形式有图片、图文、视频等，特点是算法推荐、原生体验。一个完整的信息流投放流程可以分为 6 个步骤，如图 7-13 所示。

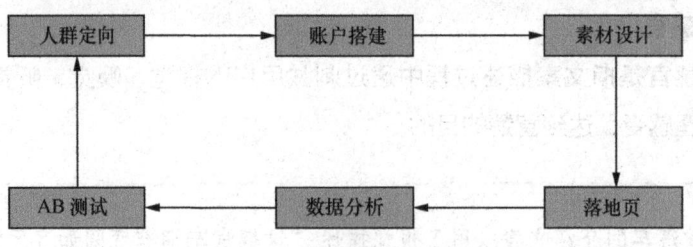

图7-13 信息流投放步骤

人群定向

信息流中用户定向的种类非常多，各个平台在细节上有所差异，但整体框架基本相同。定向方式主要分为以下三种。

（1）**基础定向**

基础定向锁定的人群较宽泛，其针对潜在目标人群，如年龄、地域、性别、学历等，一般主要在单元层级的前面设置。

（2）**兴趣定向**

系统对访客兴趣进行分类筛选，针对意向人群，将兴趣定向分为核心兴趣和人群兴趣。核心兴趣是访客针对后台兴趣分类可以找到的最符合自身行业的相同分类，其通常是选择兴趣时的必选项。

人群兴趣是指广告根据人群画像9要素——性别、年龄、地区、收入、学历、设备、兴趣爱好、时段、职业，按照不同的受众选择用户适配的多种相关兴趣。

（3）**行为定向**

行为定向是指系统对用户行为进行分类筛选，主要分为搜索定向、互动定向和回头定向三种，具体说明如表7-1所示。

表7-1 行为定向种类

项目	解释说明
搜索定向	一些搜索渠道（如百度、UC、360等）基于访客搜索关键词，通过意图标签进行定向，抓取更精准的访客。搜索定向是最精准的流量。百度是兴趣定向＋搜索定向
互动定向	基于今日头条、朋友圈、广点通等平台的用户互动行为进行筛选，如点赞、转发、评论等。互动定向的流量比搜索定向更加宽泛。例如，广点通是兴趣定向＋互动定向
回头定向	即DMP人群包，通过访客电话、手机IMI码、下载相关产品的用户标识ID、关注公众号的行为等进行定向投放

账户搭建

账户结构的好坏直接决定了日后管理及调整投放策略时的效率。搭建账户有以下三个层级：第一层以信息流媒体、产品、受众目标群体、推广地域搭建账户推广计划；第二层以定向方式、创意形式搭建单元层级；第三层以细分产品卖点创建不同的广告创意。

素材设计

信息流广告素材有"文案 + 图片"和"文案 + 视频"两种组合类型。如今大部分素材的制作都是原生广告类型。原生广告在视觉形式上与所投放的平台内容是相契合的，所展示的内容不仅与用户高度相关，还与周围的应用内容融为一体，既提供了价值，又改善了用户体验。原生广告有两种类型，具体说明如表 7-2 所示。

表 7-2　原生广告类型

类型	解释说明
形式原生	知乎广告是一个"问题"，抖音广告是一个竖屏的视频，美颜相机广告是一个图标，QQ"附近的人"广告是一个头像，小游戏"跳一跳"广告是一个小盒子
意图原生	广告的调性及意图和普通内容一样

互联网时代，制作受欢迎的广告内容需要秉承"一个中心，两个基本点"原则。一个中心是指广告看起来不像广告；两个基本点是指形式上让广告看起来和内容一致，内容上尽可能提供符合调性和意图的创意。

落地页

落地页是广义的，并不是单指一个页面，也可以有多种形式，如表 7-3 所示。

表 7-3　落地页的类型

类型	应用
App 下载量	游戏产品多使用这种方式
报名参加活动	以 H5 展现为主
在线支付购买	客单价在 400 元以下的为主，且一般提供货到付款
线上咨询，线下购买	以服务类为主

数据分析

账户数据分析的核心思路是依据计划生命周期锁定问题，计划生命周期一般分为以下三个阶段。

（1）学习期

学习期是指系统正处于学习探索潜在目标用户的时期，这个时期会出现一些问题，例如，新建计划没有展示量或展示量很少、没有点击量或点击率低、没有转化等。

（2）稳定期

稳定期是指系统已收集到一定量的转化人群，可以比较准确地找到目标人群的时期。这个时期会出现实际出价过高、点击率突然升高或降低、转化率偏低、转化成本偏高等问题。

（3）衰退期

衰退期是指当计划出现突然性的展示量变小、转化率降低、转化成本升高、转化量降低的预兆，而且持续几天都无好转。这个时期会出现间断性的不稳定，如展示量变小、转化成本偏高、消费能力直线下降等。

AB 测试

初步搭建好账户或创意之后，如果不能确定其效果，可以先进行测试。测试时需要注意以下几点。

（1）不管测试文案、落地页，还是页面转化文案，都需要明确目的。

（2）集中预算测试，避免预算过于分散，引起测试成本过高。

（3）测试之前需要确定待测变量的优先顺序。

7.2.2　数据：以SEM为例演示漏斗模型

渠道漏斗模型一般分为展现、点击、访问、咨询和订单五层。从最大的展现量到最小的订单量，这一层层缩小的过程表示不断有客户因为各种原因离开。付费推广的目的是获得订单量和销售额，运营人员优化模型的思路是层层优化，减少订单上面每一层的流失率，并尽可能扩大每一层的容量。漏斗模型如图 7-14 所示。

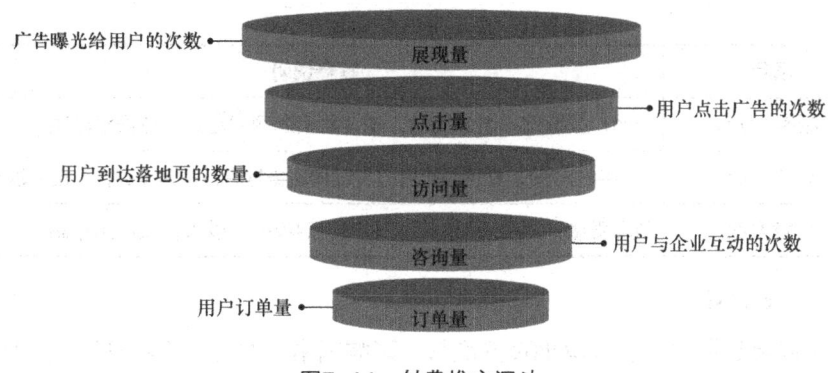

图7-14　付费推广漏斗

（1）展现量

展现量是指付费推广信息展现给用户的数量。SEM 推广为搜索页面的展现次数，信息流推广为推荐给用户的次数，应用商店推广为搜索展现次数。影响展现量的主要因素如表 7-4 所示。

表 7-4　影响展现量的主要因素

项目	解释说明
关键词数量	关键词越多，广告被触发的可能性越大，展现量越高
关键词检索量	关键词检索量（可参考百度指数）越高，说明搜索的网民越多，展现量越高
关键词匹配方式	匹配方式越宽泛（广泛＞短语核心＞短语同义＞短语精确＞精确），展现量越高
关键词排名	关键词排名越高，展现量越高（此处排名是指首页、第二页相比，同时出现在首页的关键词展现量是相同的，而首页的广告展现量必定大于第二页）
地域	推广地域设置范围越大，展现量越高
预算	预算越高，账户在线时间越长，展现量越高
时长	推广时段设置越多，账户在线时间越长，展现量越高
账户结构	账户结构越合理，展现量越高

（2）点击量

点击量是指用户点击广告的次数，主要影响因素如表 7-5 所示。

表 7-5　点击量的主要影响因素

项目	解释说明
关键词方面	排名：关键词排名越靠前，越容易引起网民注意，点击率越高
账户方面	账户结构：账户结构越合理，关键词质量越高，排名越高，点击率越高
创意方面	创意质量：创意质量越高，对网民的吸引力越大，点击率越高

（3）访问量

访问量是指用户访问落地页的次数，影响因素主要是页面打开速度。调研表明，如果页面打开速度超过 3 秒，就会有一半以上的访客选择关闭。因此，页面打开速度决定了用户能否真的进入页面。

（4）咨询量

用户在落地页中发起的咨询次数，包括提交表单数、客服机器人咨询次数、App 下载次数等，其主要影响因素如表 7-6 所示。

表 7-6　咨询量的主要影响因素

项目	解释说明
页面质量	页面用户体验，包括 UI 界面、用户体验、加载速度、客服回复速度等。用户体验差的页面会导致用户迅速离开
相关性	页面内容与访客的需求是否相关，以及能否快速找到用户需要的信息
互动方便性	引导用户互动的设计是否合理，用户几秒内无法与页面产生互动会导致用户流失

（5）订单量

订单量是指用户成单数量。这个阶段已经脱离线上营销环节，转向了线下，其影响因素包括销售能力等。

7.2.3　互联网投放的底层逻辑

市场上有众多推广渠道，按照平台划分，有广点通、百度搜索、头条信息流、新浪扶翼等；按照广告类型划分，有信息流广告、搜索广告、展示广告等；按照计费方式划分，有 CPC、CPM 等。渠道虽然花样繁多，但其底层逻辑是相同的，只是战术技巧不同而已。互联网广告的底层逻辑如图 7-15 所示。

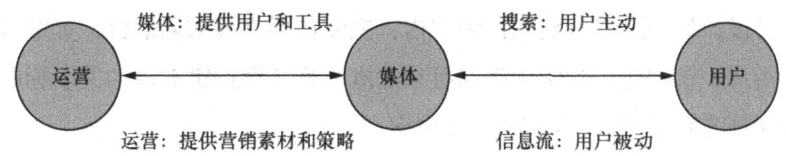

图7-15　互联网广告的底层逻辑

运营

运营人员在推广中需要做三项工作，如表 7-7 所示。

表 7-7　渠道推广运营工作

工作内容	解释说明
人群定位	筛选产品或服务所匹配的目标群体
媒体选择	定位目标群体经常使用的媒体平台
落地执行	制定素材，搭建账户，调优方案

（1）人群定位

定位方法有两种，分别是群体定位和需求定位。群体定位是指与产品或服务相匹配的人群画像，如年龄、收入、学历、地域等。需求定位是指与产品或服务相匹配的需求场景，如下雨需要伞、去机场需要接送机等。

（2）媒体选择

选择媒体时需要考虑媒体的用户群体和媒体本身的属性。用户群体是指使用相关媒体的用户画像，例如，QQ 现阶段的活跃用户多为"95 后"，抖音用户中 40 岁以上的用户占比为 5.8%、30 岁以下的年轻人占比为 54.79%、30 ～ 40 岁的用户占比为 39.41%。媒体属性是指媒体平台自身的优劣势，包括算法、产品属性（社交属性与内容属性比例）、工具情况等。

（3）落地执行

落地执行包含账户管理和素材设计两部分。账户管理是指广告账户中计划、单元、创意的设计与优化。百度 SEM 架构介绍如表 7-8 所示。

表 7-8　百度 SEM 架构介绍

层级	可设置内容	层级	可设置内容	层级	可设置内容
推广计划	推广对象	推广单元	推广版位	推广创意	创意生成方式
	预算 / 预算分配		定向		广告位
	投放日期 / 时段		付费模式与出价		创意和连接等

素材设计是指用户看到的营销广告，主要包括文案和落地页，其形式包含文字、图片、视频等。其优化策略可参考本书第 3 章和第 6 章中关于标题、海报及短视频的制作方法，以及 7.1 节内容。

媒体

媒体提供给运营人员的是投放平台及一些工具，运营人员要做的是熟悉平台规则及熟练使用工具，并活学活用、推陈出新。

广告形式按照用户主动与被动分为搜索广告和信息流广告，其中开屏广告、固定位置广告、视频广告等虽不算信息流广告，但是其本质上仍属于广告找用户，与信息流具有相同的底层逻辑。两种广告类型的区别如表 7-9 所示。

表 7-9　搜索广告与信息流广告对比

场景	搜索广告	信息流广告
信息场景	寻找包含搜索词的信息	寻找感兴趣的信息
需求场景	主动、即时、强烈	被动、滞后、弱化
营销场景	提供答案	引起兴趣
投放方式	针对搜索需求，罗列卖点	针对特定人群，提炼卖点

广告的计费方式包括 CPC、CPM、CPS、CPA 等。CPC 为按点击付费，CPM 为按照千次曝光付费，CPS 为按照销售额付费，CPA 为按照行动付费。

用户

用户是指媒体平台的使用用户。运营人员了解各媒体的使用用户后，既可以根据人群定向筛选合适的媒体，也可以根据用户对平台功能的使用选择优质的广告位。

7.3　交易

交易是营销运营的最终目的，没有交易的营销毫无意义。交易的过程是运营人员与用户博弈的过程。

7.3.1　线下销售的核心流程

线下销售区别于线上销售，其主要应用在低频、高客单价的产品和服务的售卖过程中。现阶段互联网圈使用此方法较多的是线上教育行业。教育行业产品多为高客单价的课程服务，线上集中销售不能保证其转化率，因此多数企业会使用电话销售与网络销售相结合的方式。线下销售的核心流程如图 7-16 所示。

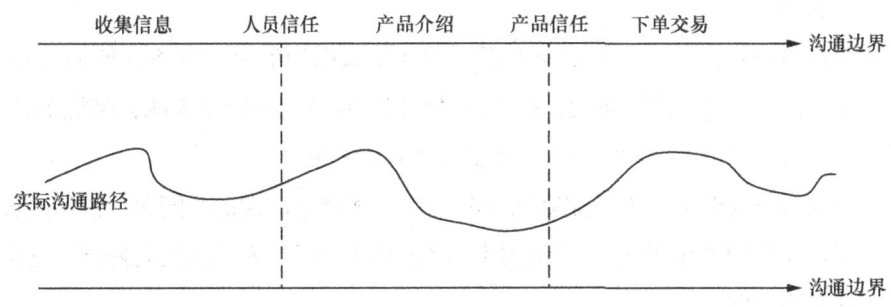

图7-16　线下销售流程

收集信息

收集信息的目的是明确用户需求和了解用户，主要从两个方向着手，分别是用户基本情况和用户对产品的了解情况。需要收集的信息如表 7-10 所示。

表 7-10　收集信息的类型

项目	类型	策略
用户性格	聆听型	销售人员主导，介绍产品，询问问题
	强势型	销售人员保持弱势，以用户为主，伺机获取信息并介绍产品
	保守型	销售人员多找话题互动，慢慢引导用户敞开心扉
用户背景	工作信息	用户从事的工作，判断其与产品之间的结合点
	经济情况	从城市、工作、年龄、学历等方面判断用户的购买力
需求阶段	无知期	用户只是想了解产品，销售人员耐心介绍产品，然后判断是否有成单的可能
	了解期	用户对产品一知半解，销售人员耐心介绍产品，解答用户的疑问
	选择期	用户已经非常熟悉产品，销售人员挖掘核心诉求，结合产品满足用户需求
需求目的	不明确	用户对产品的需求不确定。例如，没确定是否考雅思，不确定雅思课程是否能帮助其通过考试
	明确	用户明确了对产品的需求。例如，用户确定考雅思，但对课程的需求还没有表露

实战过程中，运营人员可能无法一次性收集齐全所有信息，需要通过多次沟通进行收集，因此一定要做好用户沟通备注。信息收集可以通过与用户互动获得，也可以通过猜测推理获得。

人员信任

用户对陌生人通常具有戒备心理，因此获取用户信息时并不会特别顺畅，通常是没说几句就挂掉了电话。销售人员可以尝试通过闲聊来破冰，聊得多了，话匣子就打开了，用户对销售人员的信任度就会提升。

获取信任需要销售人员揣摩用户的心理，顺着用户说话。同时，销售人员必须对产品和业务相当熟悉，因为用户对业务能力强的人天生具有好感，这种好感能增强信任。

沟通过程始终要秉承一个原则，即取得用户信任，获取用户信息。获取用户信任的过程中会用到《影响力》一书讲到的互惠原则和承诺与一致原则。互惠原则可以理解为时不时地给用户一些小恩小惠能增强用户的好感。承诺与一致原则可以理解为对用户所说的每一句话都要兑现承诺，不得有半点虚假。

产品介绍

介绍产品时需要根据获取的用户信息选择相应的策略，这需要销售、运营或销售培训人员针对业务本身和用户的信息事先制定几套成熟的策略，以方便销售人员快速进入第二阶段。

介绍产品要遵循 FAB 法则，具体说明如下。

（1）F 是指产品的属性（Feature），也就是产品所包含的客观现实。例如，讲台是木头做的，"木头做的"就是产品所包含的某项客观现实及属性。

（2）A 是指产品的作用（Advantage），也就是产品能解决什么样的问题，对用户有什么用处。

（3）B 是指产品给用户带来的利益（Benefit）。例如，讲台是木头做的，那么"木头做的"这个属性给用户带来的益处就是相对于金属而言非常轻便。

以雅思考试培训课程为例，课程的 FAB 如表 7-11 所示。

表 7-11　课程 FAB

	F（属性）	A（作用）	B（益处）
课程	1 对 1 培训	全程模拟 1 对 1 面试，重难点突破	熟悉面试全流程，克服怯场心理，模拟实战考试

（续表）

	F（属性）	A（作用）	B（益处）
课程	直播课程	实时互动，现场答疑，坐在教室上课的感觉，定时定班上课	督促学习，提升学习效率
	录播课程	随时随地能上课学习	利用碎片化时间学习，比较自由，学习工作两不误
师资	授课老师全部是名校英语专业毕业	英语功底深厚，知识面广	课程质量高，能学到更多的知识
	80% 的老师从业 10 年以上	善于把握考试规律，提高押题准确率	通过率有保证，考前押题提升通过率
服务	专职助教	时刻提醒上课、报名、成绩查询等	节省时间，心无杂念，专心学习
	重新学习	不通过则回炉深造，定向学习	节省费用，解决后顾之忧

产品信任

通过销售人员的介绍，用户对产品产生大概的了解。然而口说无凭，此时销售人员需要引导用户进行课程试听，让用户身临其境地感受课程。通过这两个动作的循环往复，建立用户对课程的信任。

在课程试听阶段，名师课与标准课之间的矛盾需要平衡。销售的课程一般分为名师课和标准课两类。在销售过程中，如果销售人员主推给用户的课程卖点是名师，那么试听一定要选择名师的课程，切不可选标准课程；如果销售人员推荐给用户的是标准课程，那么切不可让用户试听名师课程，否则容易造成用户的心理落差，进而产生退费行为。

下单交易

下单交易是最后一步，也是最重要的一步，如果不能完成交易，则前功尽弃。此环节主要分为三个步骤，如图 7-17 所示。

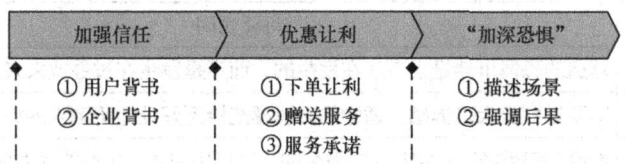

图7-17　交易环节的三个步骤

（1）加强信任

第一，用户背书，即为将要购买课程的用户展示一些其他用户的购买数据和购买截图，利用用户的从众心理，提升用户的信任度。

第二，企业背书，即为犹豫不决的用户展示一些企业资料或可以背书的资质，如出具公司营业执照、注册资本金等证明企业合法性和实力的材料。此外，还可以通过更大的企业进行背书，如控股公司、母公司；或者通过行业协会获奖情况进行背书，如教育协会、BAT 等大公司颁发的奖项等。

运营人员在加强用户信任时会用到《影响力》一书中的权威原则和社会认同原则。权威原则可以理解为利用大品牌、大资金、权威机构等各种资源打消用户的疑虑。社会认同原则可以理解为从众心理，《乌合之众》一书中曾提出过用户在群体中会放弃思考并盲目地跟从。

（2）优惠让利

①下单让利：即对下单的用户给予让利，如打折、现金券等。

②赠送服务：即对下单的用户赠送一些录播课程或附件课程等。

③服务承诺：即对下单的用户赠送用户退费服务、班主任服务等。

（3）"加深恐惧"

课程类、保险类等预防型或治疗型产品需要通过"加深恐惧"的手段进行成单。大部分销售策略都会从"用户购买产品能带来什么好处或利益"这个方面思考，却往往忽略了不买产品会带来什么影响。"加深恐惧"策略分为 3 个步骤，如图 7-18 所示。

图7-18 "加深恐惧"策略的步骤

当然，不是所有的痛苦都能刺激用户下单交易。所以，描绘痛苦场景时需要注意以下 3 个原则，如表 7-12 所示。

表7-12 描绘痛苦的原则

恐惧要素	解释说明
正在发生	营造的恐惧事件是当下正在发生的，而不是发生在过去或未来某个时刻
真实具体	不要过度放大恐惧感，适中的恐惧感能恰到好处地戳到人的痛处
频次高发	描绘的痛苦经历一定是经常发生的，这样用户才有更多的动力摆脱困境。如果只偶尔经历一次，用户就没有必要做出改变

案例

劝说运营人员学习 Python，什么样的场景最有效果？

A：购买我们的 Python 付费课程，不然马上就要失业！

B：运营人员每天要分析很多数据，一大堆 Excel 表格让人很头疼，一不小心还要加班；如果学会 Python，只要半小时就能搞定。

A 选项言过其实，不会使用 Python 还不至于失业。这样夸大，反而会激起用户的逆反心理。B 选项的描述比较贴合现实，而且描绘的场景是运营人员都经历过的，是实实在在的用户痛点。

沟通边界和实际沟通路径

沟通边界是指销售人员在与用户沟通的过程中不能漫无目的，一定要懂得把控谈话的节奏，当发现偏离主题太多时必须把用户的思路和谈话内容拉回到所销售的产品上来。

实际沟通路径是指销售人员售卖产品时不能够也不可能机械地按照预定的步骤进行。谈话内容适当地发散有助于破冰和活跃气氛，并能取得用户的信任。因此，整体销售进程是曲线式前进的。

7.3.2　促使用户下单的技巧

心理账户：给用户一个转移的理由

心理账户是指用户内心会把生活开销分门别类，如衣食住行、育儿、健康、投资、娱乐、情感维护等。这些账户是独立的，用户会给每个账户分配不同的开销额度。

相应的运营策略是确定用户每个心理账户的额度，让产品和服务与用户最看重、最愿意花钱或有足够额度的账户产生联系。通俗地说，就是要给用户一个把产品转移到其账户的理由，让用户消费这些相关账户里的钱。

用户最关心、最在乎的事就是其心理账户中额度最高的点。每个人都有不同的社会角色，在不同的角色中，其心理账户是不一样的，如表 7-13 所示。

表 7-13　不同角色的心理账户

角色	最高心理账户	角色	最高心里账户
女人	美丽	老人	健康

（续表）

角色	最高心理账户	角色	最高心里账户
男人	家庭	爷爷	孙子、孙女
妈妈	孩子	奶奶	孙子、孙女

案例

　　男生一般不喜欢巧克力，如果巧克力卖到 500 元一盒，男生基本都不会买。但是，如果宣传的中心放在"购买巧克力送给女朋友"上，那么男生就会毫不犹豫地掏钱。因为谈恋爱要舍得给女朋友花钱，以此证明自己是爱她的。所以，在男生的心理账户中，"为女朋友花钱"这件事的额度是很高的。

沉没成本：对用户实施添油战术

　　沉没成本是指用户选择放弃或继续做某一件事时，不仅会考虑这件事带来的未来收益，还会考虑自己在这件事情上的投入，这种投入包括时间、金钱、精力等。

　　相应的运营策略是不断提升用户的沉没成本。沉没成本不仅能提升用户对平台的黏性，也能促使用户快速做出购买抉择。在实施策略的过程中，运营人员应该慢慢地让用户付出成本，如果一次性付出过大，就很容易吓跑用户。例如，付费会员其实就是沉没成本，用户花费一定的金额获取某平台一定的优惠，便不会轻易离开该平台去选择其他平台。

比例偏见：用户觉得优惠才是真的优惠

　　比例偏见是指用户对数字比例的敏感性要高于对数值本身的敏感性。比例偏见多用在商品促销环节，基本策略是标价比较低的商品促销时按比例降价，如打 7 折、6 折等；标价较高的商品按照降价处理，如立减 100 元、立减 200 元等。

案例

　　用户买一台电视需要花费 5 000 元。

　　卖家 A 承诺立即购买者可获赠一个价值 100 元的电饭锅。此时，用户会用 100 元和 5 000 元对比，金额差距太大，所以毫无吸引力。

　　卖家 B 的策略是购买电视的用户加价 1 元可以换购价值 100 元的电饭锅。此时，用户会用 1 元和 100 元进行对比，瞬间感觉占了很大的便宜。

损失规避：相对于得到，更害怕损失

损失规避是指用户同时面对同样数量的收益和损失时，大多数人都会记住损失。损失带来的负效用为收益正效用的 2 ～ 2.5 倍。损失厌恶体现了用户风险偏好的差异性：当涉及收益时，用户表现为风险厌恶；当涉及损失时，用户则表现为风险寻求。

相应的运营策略是通过语言描述或优惠策略让用户感觉占了便宜，而不是感觉到了损失。

案例

同一款手机运用不同的营销策略，会得到不同的效果。

卖家 A：手机 1 980 元，需要花费 20 元邮费。

卖家 B：手机 2 020 元，限时下单立减 20 元且包邮。

虽然卖家 A 和卖家 B 对同一款手机的售价其实是一样的，但用户大概率会选择卖家 B，因为卖家 B 的表述让用户感觉占了便宜。

价格锚点：用户只为商品的价值感付费

价格锚点是指用户对产品价格不确定时会采取两个原则判断价格是否合理，第一个原则是避免极端，第二个原则是权衡对比。避免极端是指有 3 个或 3 个以上的选择时，用户不会选择最低，也不会选择最高价格的商品，而是更倾向于选择中间价格的商品。权衡对比是指用户判断价值高低时会选择一些同类的商品做对比，让自己有可衡量的标准。

其实，用户不是为商品的成本付费，而是为商品的价值感付费。

案例

我们在逛街时会发现很多商品的价格都是以 9 结尾，如 99 元、199 元、299 元、799 元、1 999 元等。如果把这些价格加上 1 元，可得 100 元、300 元、800 元、2 000 元。虽然只是贵了 1 元钱，但是感觉贵了很多。

凡勃伦效应：我们生活在一个"装"的社会

凡勃伦效应是指用户对一种商品的需求程度与商品的标价成正比，即价格越高，需求程度越大。这反映了用户挥霍性消费的心理愿望。用户购买某些商

品的目的，不仅仅是为了获得直接的物质满足和享受，更大程度上是为了获得心理的满足。这就出现了一种奇特的经济现象，即一些商品价格定得越高，就越能受到消费者的青睐。

贵不是核心，能炫耀才是核心。奢侈品就是利用了人们的炫耀心理，如LV、宝马等品牌的商品。

宜家效应：让用户有一种参与感

宜家效应是指消费者对于自己投入了劳动、情感而创造的物品产生高估的价值判断偏差现象。消费者对一个物品付出的劳动或情感越多，就越容易高估该物品的价值；而当消费者尝试亲手制作的产品被中途放弃、没有最终完成时，宜家效应就会消失。

（1）用户参与创作，增加和用户的情感联系。例如，京东金融为了改名，花费巨资海选广告语和设计制作标志，这提升了用户对京东金融的新业务"数字科技"的理解。

（2）创造用户专属的体验，拉近和用户的距离。例如，星巴克会把用户的姓氏写在杯子上，并且会在提醒顾客取咖啡时叫 ×× 先生或 ×× 小姐。

CHAPTER

第 8 章

— 增长模型：先画图纸，后盖楼 —

精细化运营

增长模型是指找到所有对北极星指标有影响的细分指标，并用公式将这些指标串联起来的过程。构建模型分为三步，首先确定业务的北极星指标，其次绘制用户路径，最后组合指标。

（1）北极星指标是指对产品最重要的指标，也即最能体现产品价值的指标。

（2）用户路径是指用户体验产品的步骤或使用户成为高价值用户的步骤。

（3）组合指标是指确定用户路径上每个步骤的核心指标，并把这些指标和北极星指标相关联。

增长模型有全漏斗型和因子分解型两种模式。全漏斗型是指每个步骤的指标都是相乘的，例如，$A=B×C×D×E×F$。因子分解型是指每个步骤的指标都是相加的，例如，$A=B+C+D+E+F$。

8.1 SNS社区产品

SNS 是社会性网络服务（Social Networking Services），专指旨在帮助用户建立社会性网络的互联网应用服务。SNS 社区本质上是让用户通过共同的兴趣爱好结交朋友，是基于"六度关系理论"建立的一种产品。例如，国外的 Facebook、Twitter、Instagram，国内的微博、微信、QQ、陌陌、豆瓣、贴吧、抖音、快手、校内网等都属于此类产品。其中，微信和 QQ 比较特殊，是即时通信工具，即 IM。

8.1.1 核心三要素：关系链、互动、内容

SNS 类互联网产品的核心三要素是关系链、互动、内容，其变形组合可以产生不同类型的 SNS 产品。

关系链

关系链是指人与人之间的连接，这也是社交的本质。关系链分为强关系和弱关系。现实生活中的情侣、亲人、同学、朋友，彼此之间存在的关系是强关系，相对应的互联网产品有微信、QQ、Line、WhatsApp、FB messenger 等强关系链产品。通过相同兴趣爱好建立的关系为弱关系，相对应的产品有陌陌、

微博、抖音、快手、豆瓣等。

关系链是衡量一款 SNS 产品成败的关键，一旦用户在产品上形成关系链，便很难让用户迁移到其他平台。假设小米重新复活了米聊，你会选择米聊吗？我想你基本不会，因为你使用米聊没有可以聊天的对象，周边的朋友、同事都在使用微信。

用户在贴吧、豆瓣、抖音等产品上建立了众多关系链，任何一款同质化的产品都很难把用户抢走。即使某些产品愿意花钱补贴建立关系链，如果没有互动也是徒劳。例如，支付宝花钱通过集福活动打造的关系链基本没有互动。

某个领域的 SNS 类产品基本以一家独大或寡头竞争的局面存在，后起之秀只能作为防守产品。例如，微博类产品只有新浪微博一家，腾讯微博沦为防守产品；短视频产品只剩抖音和快手两家，腾讯微视也沦为防守产品。

关系链的背后是用户，用户的身份和职业决定了产品的类型。在 SNS 类产品中，这二者分别代表了一个人的现实身份和职业身份。两种身份的公开和私密决定了 SNS 产品的不同类型，如表 8-1 所示。

表 8-1　SNS 产品的类型

身份	职业	代表产品
公开	公开	微信、QQ、脉脉、LinkedIn、Facebook
私密	私密	陌陌、探探、Soul、Uki、音遇
自选	自选	微博、抖音、快手、贴吧、豆瓣等

互动

互动是指在 SNS 产品中用户与用户之间的沟通。没有互动的关系链是没有价值的，频繁互动的关系链才有价值。SNS 产品中，用户的互动形式可分为私密互动、公开互动、半公开互动。不同的互动模式决定了产品的类型，如表 8-2 所示。

表 8-2　互动类型

互动类型	代表产品和功能
私密	微信、QQ、陌陌、微博私信功能、脉脉私信
公开	微博、贴吧、豆瓣、抖音、快手等
半公开	微信群、QQ 群、头条圈子、微博粉丝群等功能

内容

内容是指 SNS 社区产品中生产的内容，形式上可以分为视频、图片、文字、语音，类别上可以分为娱乐、历史、漫画、军事、财经、体育、新闻等。

内容是构造关系链和用户互动的纽带。弱关系类的产品不像 IM 软件一样能把现实社会中的关系链搬到线上，因此其需要在线上重新打造关系链。打造关系链的纽带就是内容，因为用户会青睐某一个或多个领域的内容，如财经从业者、军事迷等。

基于共同的内容兴趣爱好，内容阅读者会关注生产者，此时弱关系链就形成了。内容兴趣中有很多可以讨论的话题点，基于话题的讨论更进一步强化了这种弱关系链。随着互动的加深和关系链的积累，社区中会形成多个依托兴趣的用户族群。

任何产品都具有生命周期，分为种子期、爆发期、衰退期，SNS 也不例外。在 SNS 产品的生命周期中，内容起到决定性作用。具体而言，在种子期，运营人员需要引入大量优质内容充实产品，主要以邀请头部用户生产内容、第三方机构合作搬运内容、运营注册账号发布内容等方式实现；在爆发期，用户的爆发增长会导致用户信息过载，为了解决这个问题，运营人员需要通过产品策略帮助用户筛选优质内容，如热门榜、话题榜等产品；在衰退期，优质内容的产量和用户之间的互动频率都会下降，此时的核心策略是通过创新实现产品更新换代。

8.1.2 增长模型：生产者数量是唯一增长目标

微博大战时，新浪、腾讯、搜狐、百度都在疯狂地抢夺大 V 资源。直播大战时，映客、虎牙、YY、花椒也在高价抢夺主播。短视频大战时，抖音、微视、快手、B 站同样也在疯狂抢夺大 V 资源，并高额补贴内容生产者。

互联网 SNS 产品近 10 年的发展历程都是在"抢人"中度过的，因为 SNS 社区类产品的北极星指标就是内容生产者数量。大明星不仅能带来大量的粉丝用户，也能产出高质量的内容。腰部用户虽然没有明星一样的号召力，但也是各垂类顶尖的内容生产者。

当北极星指标已经确定时，就要通过分析用户价值增长路径确定增长公式。SNS 社区类产品的用户价值增长路径如图 8-1 所示。

增长渠道

（1）裂变

裂变是指用户分享社区内容到第三方应用，新用户浏览后产生下载和注册的行为。其数据漏斗为"分享数—浏览用户数—下载用户数—注册用户数"。

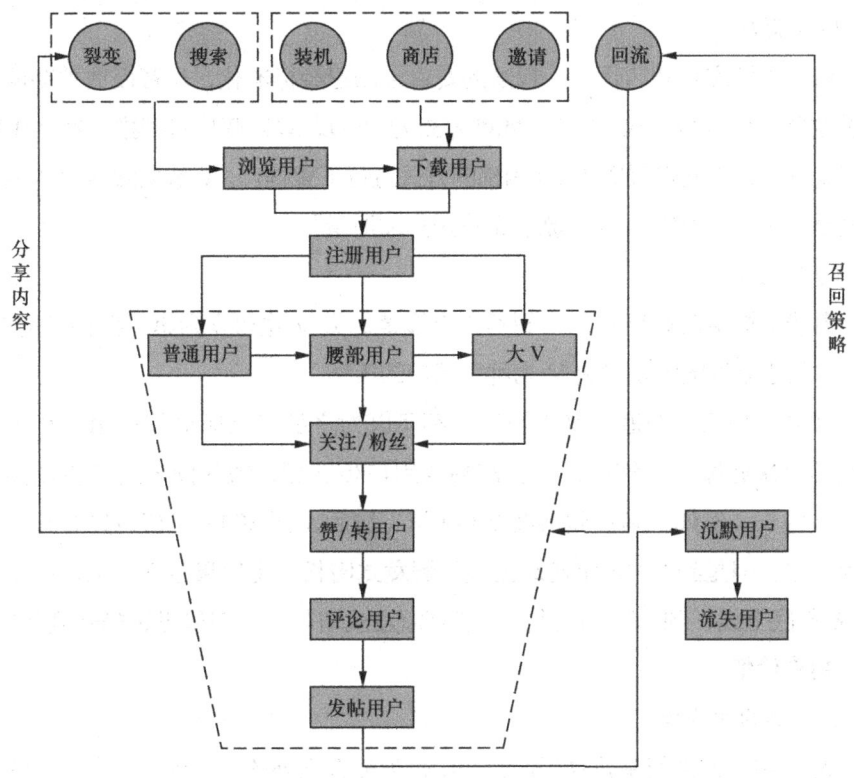

图8-1 SNS社区产品的用户价值增长路径图

（2）搜索

搜索是指用户通过搜索引擎搜索到与社区相关的内容，并产生浏览、下载和注册的行为。其数据漏斗为"（PC检索量＋移动检索量）—浏览用户数—下载用户数—注册用户数"。

内容产品非常适合通过SEO获取新用户，因为庞大的内容量意味着庞大的页面数量，这是搜索引擎非常喜欢的产品类型。除了SEO以外，百度阿拉丁和百度熊掌号也为社区内容的推广提供了极大的便利。例如，知乎在百度的搜索权重非常高，因此其能通过百度获取大量新增用户。

（3）装机

装机是指企业与手机厂商或代理商合作，将App预装到手机中。装机是费用较低的推广渠道之一，只需要给不同型号的手机分别制作专属的App包，并配置一定规则的渠道码。其数据漏斗为"装机量—激活用户数—注册用户数—留存用户数"。

（4）商店

商店是指应用商店优化。我国的安卓市场已经标准化，付费投放关键词和关键位置即可获得 App 下载，此种方式为 CPD。苹果商店付费推广在我国暂时还未开放，因此仍采取 ASO 刷榜的方式进行下载推广。其数据漏斗为"App 曝光量—App 下载量—用户激活量—用户注册量"。

（5）邀请

邀请是指平台对行业大 V 进行定向邀请。大 V 也可作为第一批种子用户，微博、知乎采取的就是以大 V 为种子用户的策略。

以上五个推广渠道为常用渠道，都可以为产品带来可观的流量。社区类产品具有快速爆量的特性，一旦产品与用户相匹配，短时间内用户量就会呈指数级增长。例如，新浪微博在 2009 年上线后，到 2011 年初也只有几千万的用户量，但是到 2013 年初却出现了爆发式增长，用户量达到几亿；抖音在 2016 年底上线，到 2019 年就实现了高爆发式增长，用户量迅速攀升到几亿。

用户价值

（1）新用户阶段

大 V 用户的价值是独立于产品使用价值体系之外的，因此社区类产品的新用户也是可以用价值进行分层的。新用户的价值排序为"大 V 用户 > 腰部垂类用户 > 普通用户"。

新用户价值的区分并不是一成不变的，入驻初期可以凭借身份吸引一批粉丝，但后期还是需要生产优质内容才能实现价值提升。晋升路线为"普通用户→腰部垂类用户→大 V 用户"。

（2）关注 / 粉丝

关注是指通过用户兴趣引导用户关注喜欢的内容生产者，粉丝是指给予内容生产者增粉激励，这两种行为促进了社区关系链的形成。新浪微博的数据显示，用户粉丝增长率和内容生产率呈正相关，也就是内容生产者的粉丝增长速度越快，生产者的动力越足。

（3）留存用户价值

虽然社区类产品中内容生产者的价值最高，但是不能忽略只浏览而不生产内容的高活跃用户。SNS 产品之所以把生产内容的用户定义为最高价值的用户，是因为其解放了用户的内容生产力，打破了门户时代由编辑生产的单向模式。

按照内容生产成本对用户进行价值排序，从高到低分别是发帖用户、评论用户、转赞用户、浏览用户。

增长公式

①生产内容用户数＝转赞用户数＋评论用户数＋发帖用户数

②生产内容用户数＝（普通转赞＋腰部转赞＋大 V 转赞）＋（普通评论＋腰部评论＋大 V 评论）＋（普通发帖＋腰部发帖＋大 V 发帖）

③生产内容用户数＝（新普通转赞＋留存普通转赞＋新腰部转赞＋留存腰部转赞＋新大 V 转赞＋留存大 V 转赞）＋……

④生产内容用户数＝（裂变新普通转赞＋搜索新普通转赞＋装机新普通转赞＋CPD 新普通转赞＋……）＋……

按照以上思路对增长公式继续进行拆解，制定每一分类的用户运营策略，提升每一分类用户的 UGC 生产能力，将使整个产品的 UGC 生产能力得到巨大提升。

此公式为简化模型，其中数据皆为去重数据，且同一用户具备多种 UGC 行为时均归属于高端行为用户组。例如，用户 A 评论 N 条，发帖 1 条，则其归属于发帖用户。当然，现实中的数学模型较复杂，需要根据产品的整体数据情况进行定义。

其他数据指标

（1）日活公式

①日活＝新增用户＋活跃老用户

②新增用户＝裂变新增＋搜索新增＋装机新增＋商店新增＋邀请新增＋……

③活跃老用户＝活跃普通用户＋活跃腰部用户＋活跃大 V 用户＋回流用户

＝（成熟期普通用户＋成长期普通用户＋引入期普通用户）＋……＋（回流普通用户＋回流腰部用户＋回流大 V 用户）

无限拆分公式②和公式③，并把公式②和公式③代入公式①中，便可得出最详细的日活构成。

（2）日活渗透率

日活渗透率＝日活跃用户／月活跃用户（DAU/MAU）

在所选时间内，用户至少主动打开过一次 App，即算活跃用户。SNS 社区类产品的这个比值达到 0.5 算是比较正常的，例如，微信的日活渗透率在 0.8 左右，已经非常高了。

（3）其他指标

①活跃用户日平均使用时长：其反映产品的黏性及内容质量，也从侧面反映了用户对产品的喜爱程度。例如，抖音的用户每日使用时长将近3小时，这是非常高的数据。

②日构建关系数量：即产品内用户每日产生关系链的数量。单向关系产品的这项数据就是关注数据，如微博、抖音等；双向关系产品的这项数据为加好友数据，如微信、QQ等。

8.2 零售电商类

这里交易类产品特指零售电商平台。零售电商的特点是客单价低、复购频次高、品类样式多、用户量大。

零售电商有多种商业模式。例如，B2C模式的代表是亚马逊和京东，C2C模式的代表是淘宝和eBay，C2M模式的代表是必要商城和网易严选，社交电商模式的代表是拼多多和每日一淘，进口电商模式的代表是洋码头、天猫国际等，出口电商模式的代表是速卖通、敦煌网、LAZADA、Wish等。

8.2.1 用户路径：GMV纵向增长之转化率优化

GMV是指电商平台的总成交金额，包含销售额、取消订单金额、拒收订单金额和退货订单金额，其计算公式如下。

$$GMV = 销售额 + 取消订单金额 + 拒收订单金额 + 退货订单金额$$

不同的平台对GMV的定义基本相同，但是对外公布时却有所不同。有些公司公布GMV，有些公司公布销售额，这些都是根据其不同的商业目的而定的。在某个特殊阶段，GMV比销售额更重要。例如，京东曾在很长一段时间都无法盈利，但是其GMV体量和增速非常高，表现了巨大的市场潜力，因此受到投资人的追捧。

电商平台的北极星指标为GMV，计算公式为"GMV = 流量 × 转化率 × 客单价"。GMV的增长可以从纵向增长和横向增长两个方向着手。纵向增长是指优化用户路径，提升转化率。横向增长是用户生命周期管理，提升复购。

通过梳理电商平台的用户路径可以得出GMV纵向增长的基本框架，如图

8-2 所示。

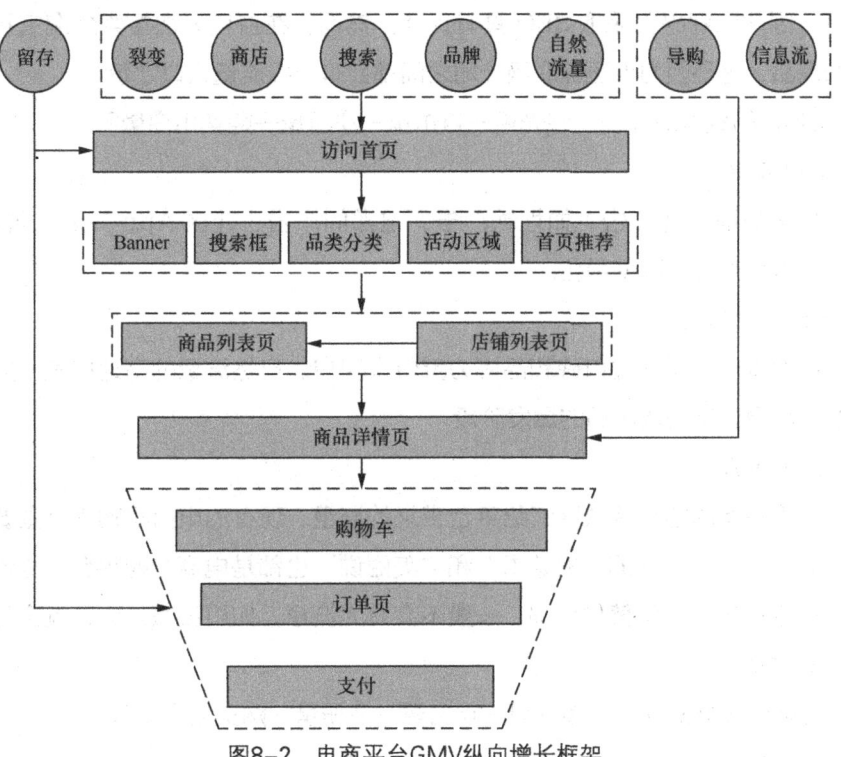

图8-2　电商平台GMV纵向增长框架

增长渠道

（1）裂变

裂变是指通过裂变活动新增用户。电商平台的裂变活动主要有拼团、砍价、抽奖等形式，其主要数据指标如下。

①裂变系数＝裂变新增用户数 / 发起活动用户数

②裂变渗透率＝参与活动用户数 / 总用户数

（2）商店

商店是指App应用市场推广，包含CPD和ASO两种，其主要数据指标如下。

$$ROI = 销售额/推广费用$$

商店的数据漏斗为"曝光量—下载量—注册量—购买用户量"。

（3）搜索

搜索是指SEM、SEO、品宣广告，主要数据指标如下。

$$ROI = 销售额/推广费用$$

电商平台可以在搜索引擎投放 SEM 和品宣广告。由于具有大量的商品详情页，因此电商平台采取 SEO 具有优势。然而，在百度无法搜索到淘宝和天猫的商品，这是因为大型互联网公司之间都会有一级流量入口之争。

SEM 的数据漏斗为"曝光量—点击量—注册量—购买用户量"。

（4）品牌

品牌是指品牌广告，如地铁广告、电梯间广告、社区 App 开屏广告等。这类广告很难进行数据量化。

（5）自然流量

自然流量是指通过口碑和品牌力量带来用户。自然流量的高速增长一般出现在产品得到市场认可后的爆发阶段。

（6）导购

导购是指内容社区或网红给平台带来的流量。现有的电商导购平台主要有"什么值得买"，之前的"蘑菇街"和"美丽说"也都是电商导购平台。导购平台没有定价权，且可替代性强，一般不会有大流量。如果流量过大，就会导致平台的封杀。

导购的数据漏斗为"曝光量—点击量—注册量—购买用户量"。

（7）信息流

信息流是指信息流投放详情页、优惠券、App 下载等方式带来的流量，其数据漏斗为"曝光量—点击量—注册量—购买用户量"。

以上七类渠道不一定适合所有的电商平台，推广费用有限的平台选择最适合的渠道即可。一般情况下，体量较小的平台根据各渠道的 ROI 进行筛选即可。但是，体量较大的平台却不能如此简单地筛选渠道。

案例

用户 A 第一次接触电商平台 B 是在头条的开屏广告，此时用户 A 并没有做出任何动作；第二次接触电商平台 B 是其在百度搜索想购买的商品时，此时用户 A 点开商品详情页看了看便离去；第三次接触电商平台 B 是在应用商店，平台 B 的付费广告正好推荐给用户 A，这一次用户 A 下载了平台 B 的 App，并购买了商品。

案例中虽然用户 A 最终是因为应用商店的广告下载了 App，但是如果没有前两次广告的触达，用户 A 是不会这么容易下载 App 的。这种问题在用户基础较大的产品中很常见。而且，这会引发一个问题，即用户 A 到底是哪个渠道带来的新增。为了解决这个问题，我们可以引入外部渠道归因分析法。

首页坑位

（1）Banner

Banner 是指首页活动 Banner 位置，也即电商平台流量较大的坑位，其数据漏斗为"首页流量—Banner 点击量—详情页点击量—加入购物车量—下单量—支付用户量"。

（2）搜索框

搜索在电商平台中有着不可代替的作用，是站内流量的主要来源，承接着站内商品检索、品类布局的重任。搜索功能的用户主要路径如图 8-3 所示。

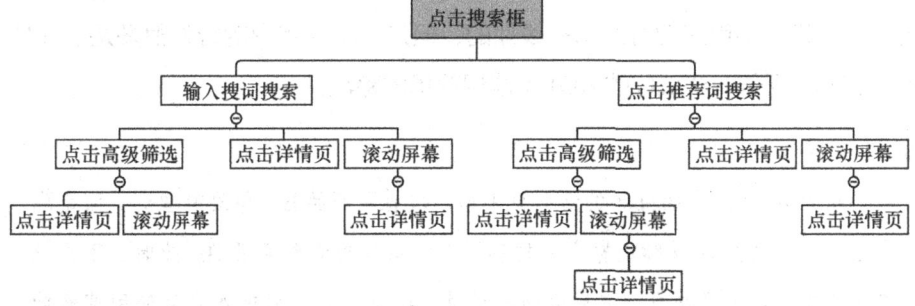

图8-3 用户搜索路径

搜索框的用户搜索路径主要数据指标如表 8-3 所示。

表 8-3 搜索框数据指标

数据指标	解释说明
搜索点击率 = 点击次数 / 搜索次数	衡量搜索页面的呈现质量
搜索无结果次数	反映品牌、品类的缺失或未关联情况的指标。搜索无结果次数越低越好
搜索结果页首屏点击率 = 搜索首屏点击次数 / 搜索次数	衡量搜索结果首屏的商品排序和呈现质量。该数据指标的好坏可以间接反映搜索词呈现的页面排序是否合理，是否符合用户的需求
搜索次数	搜索词产生的搜索次数，即搜索 PV。一个搜索词的搜索次数高，表示该词涉及的类目需求量高，反之亦然
搜索人数	搜索词被多名用户搜索，即搜索 UV。一个搜索词的搜索人数高，表示该词涉及的类目需求量高

（3）品类分类

品类分类是指电商平台按照商品品类分类排序的页面。以京东为例，每个品类的二级页面中会有一个 Banner 坑位，其数据漏斗为"首页流量—分类点击量—品类点击量—细分商品列表—商品点击量—下单支付量"。

（4）活动区域

活动区域是指首页固定活动区域，如京东的秒杀、直播、品牌闪购、新品首发等。其数据漏斗为"首页流量—活动点击量—商品点击量—下单用户量"。

（5）首页推荐

首页推荐是指首页推荐商品的坑位。此坑位主要通过推荐算法完成，运营人员需要做的是策略运营。其数据漏斗为"首页流量—商品点击量—下单量—支付用户量"。

坑位运营的核心目的是让用户与适合的商品快速匹配，进而缩短用户下单的时间。模型中用户的行为都是线性的，但是现实中用户的行为很多是非线性的。因此，评价一个坑位的 ROI 不能用简单的除法。

案例 ·····

　　用户 A 在首页 Banner 的活动页中第一次看到商品 B，但没有理会，而是跳出活动页。用户 A 继续浏览商品推荐页时，第二次看到商品 B。此时，用户 A 点击查看了商品详情页，之后返回。经过一段时间后，用户 A 主动使用搜索功能搜索了与商品 B 相同的商品。此时，用户 A 在搜索显示列表中第三次看到商品 B，经过对比后下单购买了 B。

上述案例和增长渠道的案例基本一致，唯一的差别是增长渠道案例发生在平台外部，而此案例发生在平台内部。虽然内外有别，但逻辑是相同的，都需要进行归因分析。

渠道的归因分析有利于推广人员选择高性价比的渠道，节省推广费用；坑位的归因分析有利于运营人员针对不同活动、不同品类选择最优的运营坑位。虽然坑位归因分析表面上没有节省费用，但是提升站内流量的利用效率就等于节省资源。

商品列表页和店铺列表页

商品列表页和店铺列表页是电商平台的三级页面，在 B2C 电商中起着常规类目集合体和活动流量承接的作用，让用户下沉到详情页，因为用户的大部分转化行为都发生在详情页。其数据指标如表 8-4 所示。

表 8-4　列表页数据指标

数据指标	解释说明
点击率 = 页面点击数/页面 UV 数	衡量坑位 Banner 是否具有吸引力、文案是否贴切、商品的铺排是否合理
到达详情页转化率 = 到达详情页 UV/ 页面 UV	衡量列表页的产品铺排布局是否合理的指标之一。当然，有时候活动页需要考核成交转化率（成交件数/详情页 UV），有时候还包含页面停留时长

商品详情页

商品详情页是用户转化的关键页面，也是承载商品信息的最基本单位。数据指标为平均页面停留时间和加入购物车数量，这两者是相互关联的。详情页质量的高低与加入购物车数量存在正相关的关系。详情页数据指标如表 8-5 所示。

表 8-5　详情页数据指标

数据指标	解释说明
平均页面停留时间 = 页面停留总时间/访问 UV 数	指标与页面的呈现布局有着明显的关联，影响因素包含商品参数介绍、详情图片描述、客服在线情况、好评率、视频介绍等
加入购物车数量	反馈商品有多少购买意向用户。加入购物车的数量由详情页质量（图片、排版、展示、参数说明、售后信息）、客服服务（响应时间、在线时长、答复满意度）、评价信息（好评率、差评回复内容、晒单信息）决定

购物车、订单页及支付

购物车的用处非常大，不仅节省了用户对多个商品进行付款的时间，也提升了订单价。如果购物车中积压了大量商品，可以通过短信、Push、优惠券等方式促进转化。

订单页是购买流程的最后一个页面，此页面的主要目的是让用户尽快付款。其考核的数据指标为有效订单转化率（有效订单转化率 = 成交订单数 / 有效订单数）。如果有效订单转化率较低，运营人员就要分析支付页面是否存在问题、系统提交流程是否出错等。

支付是购买流程的最后一步，一般会让用户选择支付方式。此处可以推广平台的自有支付工具。

8.2.2 公式拆解：GMV横向增长之LTV公式

GMV 横向增长是指留存用户的复购。GMV 要保持稳定增长，一方面需要增量用户持续输入，另一方面需要留存用户的复购。

GMV 与用户生命周期的关系

复购的本质是延长单个用户在平台的生命周期，生命周期越长，用户产生的价值就越大。下面通过公式拆解来讲解用户生命周期的价值。

① GMV = 流量 × 转化率 × 客单价

② GMV(日) = (新用户 + 老用户) × 转化率 × 客单价

假设每日新增用户为 a，每日留存率为 b(n)，代入公式②中得出公式③。

③ GMV(日) = (a + a·b1 + a·b2 + a·b3 + ⋯ + a·b(n-1)) × 转化率 × 客单价

以横轴为天数，纵轴为留存率，留存率的曲线如图 8-4 所示。

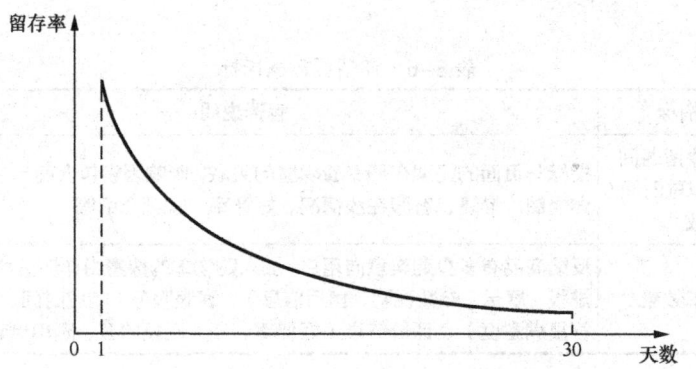

图8-4　留存率曲线

如图 8-4 所示，用户留存率不会随着时间的推移趋近于 0，而是会在某一个时间节点之后停止下降。一般情况下，这个时间节点是 30 天。把这个概念代入公式，可得到公式④。

④ GMV(日) = (a + a·b1 + a·b2 + a·b3 + ⋯⋯ + a·b29 + a·b30 + m·a·b30) × 转化率 × 客单价

上述公式④中的 m 为产品上线天数，且大于 30 天；b30 是月留存率。将公式④乘以 365 天则可得年 GMV 公式，如下所示。

⑤ GMV(年) = 365(a + a·b1 + a·b2 + a·b3 + ⋯⋯ + a·b29 + a·b30 + m·a·b30) × 转化

率 × 客单价

从已知公式：用户生命周期 =1/ 月流失率 =1/（1– 月留存率）

可推理出：月留存率 =1–1/ 用户生命周期

需要注意的是，通常情况下，留存率 + 流失率 ≠ 100%，这是因为平时计算次日、七日、月度留存率时都是使用时间节点上的登录用户数来衡量的，其计算值要小于留存率的真实值。因为从严格意义上说，没登录不代表用户流失。真实的流失率和留存率统计起来非常麻烦，所以计算中都用登录率替代，这就造成留存率与流失率相加不等于 1 的情况。

从数学逻辑上来说，二者相加应该等于 1，公式 A+B=C，则 A/C+B/C=1（A、B、C 均不为 0）。如果 A 是留存用户，B 是流失用户，C 是总用户，那么 A/C 是留存率，B/C 是流失率。代入等式，则留存率 + 流失率 =1。

把公式"月留存率 =1–1/ 用户生命周期"代入公式⑤中，可得公式⑥。

⑥ GMV（年）=365 [（a+a·b1+a·b2+a·b3+……+a·b29）+（a+m·a）(1–1/ 用户生命周期)] × 转化率 × 客单价

流量质量

公式"GMV= 流量 × 转化率 × 客单价"中的流量不是简单的活跃的概念，而是高质量的活跃。高质量的活跃是指用户不仅活跃，而且日使用产品的时间较多。高质量用户的使用时间公式如下。

用户日均使用时长 = 日平均登录次数 × 每次平均浏览时长

高质量活跃用户数越多，则 GMV 越高。因此，运营人员应该着力提升留存用户的使用时长。提升用户使用时长的办法有直播、社区、活动等，由此可得出以下使用时长函数。

用户使用时长 =f（Push、短信、直播、社区、特殊活动……）

由以上时长公式不难看出，淘宝等电商平台为什么会引入内容社区、直播、种草社区、秒杀活动等模块，其目的是满足用户"逛"的需求，提升用户使用时长。

增长公式

由 8.2.1 节中的纵向增长策略可知：

①转化率函数 =f（优质产品功能、优质页面、优质推荐……）

②客单价相关函数 =f（优惠券策略、免费物流策略、商品关联策略……）

将以上所有公式都代入 GMV 公式中，可得出完整的 GMV 公式。

GMV 的增长是一个系统性工程，短时间一两个点的突破也许会有奇效，但是长久的增长需要实现整体运营策略的优化。

8.2.3　4种归因分析模型

渠道和坑位要做归因分析的原因是需要正确评价每一个渠道和坑位对结果的贡献。在足球比赛中，考核前锋的数据是进球数，考核门将的数据是失球数，考核后卫的数据是抢断数，考核中场的数据是助攻数。如果把渠道结果比作进球数，那么有结果的渠道是前锋，没有结果的渠道是中场。没有结果的渠道同样存在价值，其价值就是助攻数。

在这种助攻思维的影响下，我们需要对所有渠道引入归因分析。主流归因模型如图 8-5 所示。

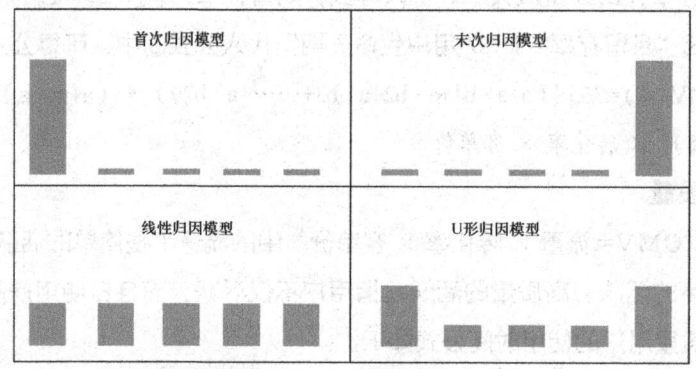

图8-5　主流归因模型

（1）首次归因

当交易路径包含多个渠道或坑位时，确定第一个渠道或坑位的功劳为100%。理由是第一个触点为用户建立了认知，与用户形成了连接。

（2）末次归因

当交易路径包含多个渠道或坑位时，确定最后一个渠道或坑位的功劳为100%。

（3）线性归因

当交易路径包含多个渠道或坑位时，认为每个渠道或坑位的功劳一致，因此平均分配功劳。

（4）U形归因

当交易路径包含多个渠道或坑位时，确定第一个和最后一个渠道或坑位各占40% 的功劳，其他渠道或坑位平分剩余的20% 的功劳。

8.3 其他类型产品

本节将讲述的三种业务模式的增长逻辑都是由营销驱动的，其本质与零售电商的增长逻辑非常相似，只是在简化的基础上搭配了行业所特有的属性。

8.3.1 企业服务类：精耕细作的慢增长模式

互联网上半场属于 To C 的消费互联网，但是随着我国人口红利的消失，投资人和互联网巨头们已把目光转向了 To B 的产业互联网。现阶段大部分 To B 互联网提供的都是软件服务，如神策、第四范式、Salesforce 等。

To B 类服务（企业服务）的增长指标是销售额，其增长公式为"销售额 = 流量 × 转化率 × 服务价格 + 续费金额 + 升级金额"，其增长框架如图8-6所示。

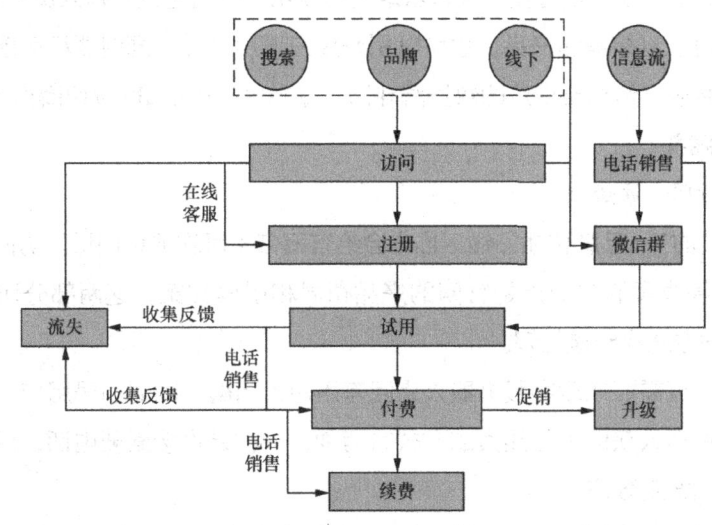

图8-6　企业服务增长框架

渠道推广

（1）搜索推广

企业服务类产品官网通常只有几个简单的页面，因此 SEO 优化不能带来太多的流量。如果想增加 SEO 流量，可以尝试搭建服务者社区，通过 UGC 的方式产生一定量的内容。整体上，搜索端的推广仍以 SEM 配合品牌广告的方式为主，其数据漏斗为"曝光量—官网点击量—销售线索量"。

（2）品牌推广

To B 类服务是一种慢业务，需要精耕细作，短时间内不可能出现类似于 C 端产品一样的爆发式增长，这就导致在产品的品牌推广上不能高举高打。品牌带来的流量更多是依靠口碑转介绍而来，品牌广告只能起到一定的辅助作用。

（3）线下推广

线下推广是指企业可以通过举办或参加线下峰会、论坛等方式获取目标企业员工的联系方式来实现客户增长。参加线下会议的用户多数是目标企业的员工或相关从业者，从他们身上找到突破口是非常容易的。除此之外，也可以让 BD 人员对目标企业进行定向拓展来获取销售线索。线下推广的主要数据指标为峰会场次、BD 人员拜访量、销售线索数量等。

（4）信息流推广

信息流推广主要通过投放表单获取销售线索，并由电话销售人员进行沟通。电销人员可以直接销售产品，也可以引导用户试用产品，同时要尽可能多地添加客户的微信。信息流推广的数据漏斗为"曝光量—点击量—销售线索量"。

销售漏斗

（1）访问—注册

SEM 推广、品牌传播、线下推广会给官网带来可观的访问量。访问量能否转换为销售线索的关键点是官网的产品布局和引导文案，这两部分可以通过 AB 测试的方式找到最优解。

官网首页需要挂载客服机器人来回答用户的问题，同时引导用户注册或使用产品。机器人获取销售线索的方式有两种，一种是直接索要电话，另一种是推荐用户加客服微信。

这个环节的数据漏斗为"页面 UV—销售线索（注册 + 索要 + 维系）"。

（2）注册—试用

试用环节可以让用户更充分地了解产品和服务，有助于提升销转率。新用户注册账户后通常会在 1 ～ 3 天内频繁使用产品，因此销售人员在这个时段要主动且频繁地联系用户，询问试用情况并解答相关问题，同时尝试第一次售卖。

试用环节的主要数据指标是试用比率、试用时长和功能使用深度。其中，试用比率的计算公式为"试用比率 = 使用用户量 / 注册用户数"，试用时长和功能使用深度可以作为区分用户购买意愿的核心指标，试用时间长且功能使用较深的用户是潜在的高转化用户。

（3）试用—付费

企业服务的成单方式有两种，一种是电销成单，另一种是自然成单。电销成单尽可能成交高客单价，因为低客单价产品无法覆盖电销模式的成本支出。如果产品类型单一且客单价较高，自然成单数量就会相对较少；如果产品类型较多，自然成单则多集中在小客单产品上。

这个环节的主要数据指标是付费转化率，其计算公式如下。

付费转化率 = 付费用户数（电销成单用户量 + 自然成单用户量）/ 试用用户量

（4）付费—升级

针对购买低客单价产品和服务的用户需要采取升级策略，引导其购买价格更高和服务更全的产品。此过程由电销人员跟进，因为这类用户已经付费使用产品，所以向其售卖高价产品要比向未购买的用户售卖高价产品容易一些。

这个环节的数据指标是升级比率、平均升级金额，二者的计算公式分别如下。

①升级比率 = 升级用户量 / 低客单用户量

②平均升级金额 = 升级差额总量 / 升级用户量

（5）付费—续费

面向企业的产品和服务通常都是 1 年起售，当然并不排除某些企业提供更短周期的服务。距离客户服务期满前 1 个月，电销人员就应该开始跟进，针对满意的用户提供促销续费，针对不满意的用户进行安抚。在产品功能中可以设置提醒功能，引导用户自动完成续费。

这个环节的数据指标是续费率，其计算公式如下。

续费率 = 本期续费用户量 / 本期到期用户量

（6）用户反馈

用户反馈能给销售、产品、运营人员提供丰富的参考数据，因此需要归纳整理销售端、客服端、产品端的用户反馈。电销人员在与用户沟通的过程中，需要记录用户对产品的意见、建议，以及用户的真实需求。运营人员要经常优化机器客服的话术，并统计整理用户的咨询信息。产品应提供一些反馈入口，如邮件、反馈功能模块等。

这个环节的数据指标为用户反馈处理比率，其计算公式如下。

用户反馈处理比率＝用户反馈处理量／用户反馈总量

8.3.2　金融类：单一业务模式下的增长框架

金融类业务的特点是品类少、交易频次低、增长模型较简单，不像电商那样复杂。P2P业务中，大部分用户一年只有为数不多的几次投资需求，而且金额相对较高。

投资类金融产品的北极星指标是投资额，增长公式为"投资额＝流量 × 转化率 × 单笔投资额度 + 追投金额 + 续投金额"。

投资类产品的用户路径与电商类用户路径非常相似，不过金融类产品的功能较简单，所以增长框架也较单一。投资类金融产品的增长框架，如图8-7所示。

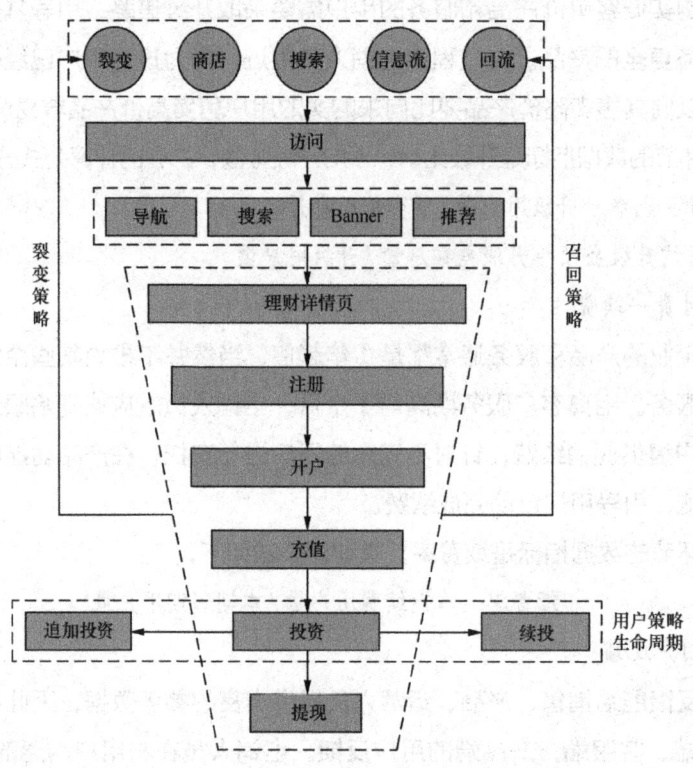

图8-7　投资类产品的增长框架

渠道推广

（1）裂变

投资类产品主要通过让利来促进用户完成裂变增长。裂变活动的主要方式如表 8-6 所示。

表 8-6　投资类产品的裂变方式

裂变策略	解释说明
任务式	用户完成邀请任务后可获得一定量的投资本金，本金不可提现，投资部分利息金额可提现
加息式	用户邀请好友后获得加息券，同时被邀请用户会获得一定的首投奖励
现金式	用户邀请好友后获得一定量的现金红包，被邀请用户会获得一定量的现金奖励，首投后可提现

任务式裂变活动多用于投资金额小、投资短周期、多次复投的用户。此类用户对利益的敏感度高，收入一般，有大量时间，这些有利于完成活动任务。

加息式裂变活动多用于投资金额大、投资周期长、多次复投的用户。此类用户收入较高，对小额度利益的敏感度小，加息类激励有利于其获得更大的收益。由于用户交际圈层的原因，高收入用户邀请的用户也是高收入者居多，因此平台可以给予更多让利。

现金式裂变活动多用于投资金额小、投资周期短、投资次数少或首投用户。现金提现是有门槛的，通常是投资后与利润一起提现，或者完成指定拉新任务后提现。

裂变的主要数据指标如下。

①裂变系数 = 裂变用户数 / 参与活动用户数

② ROI = 裂变成本 / 投资金额 × 利率差

其中，利率差为用户投资利率和平台再投资利率的差额。

（2）商店、搜索、信息流

商店、搜索、信息流这三个渠道与电商渠道的推广方式没有太大差异，只是金融类产品渠道的选择逻辑与电商略有不同，其主要考虑的是渠道流量大小和渠道投资总额。

流量小的渠道不一定是差渠道。例如，渠道 A 的投资转化率不高，但是有限的用户投资金额非常大，那么这样的渠道也是优秀渠道。投资渠道的划分如图 8-8 所示。

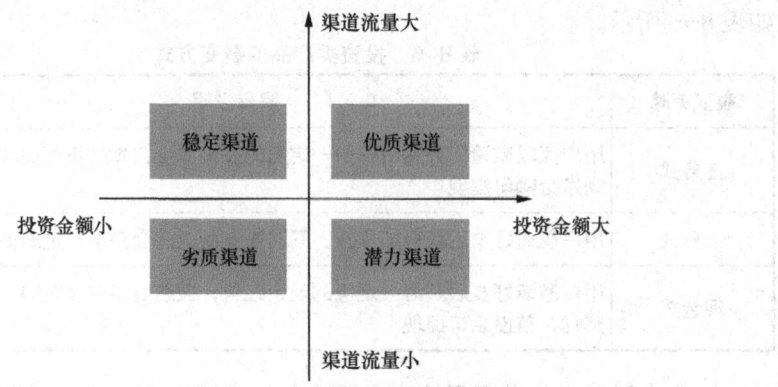

图8-8　投资渠道划分

营销模块

（1）导航

导航是指投资标的分类功能，一般按照风险偏好和投资周期进行梳理，如表 8-7 所示。

表 8-7　投资标的分类逻辑

时间	低风险	中风险	高风险
长期	低收益	中等收益	特高收益
短期	最低收益	中下收益	高收益

导航的数据漏斗为"页面流量—标的流量—理财产品详情页"。

我们可以通过统计用户对某个投资标的的点击频次和浏览时长等行为，推断用户的投资偏好。例如，用户 A 在注册后频繁浏览特高收益类型的投资标的，可以推断用户 A 大概率是高风险的长期投资者。

（2）搜索

多数投资者不了解投资标的的名称和种类，因此不知道搜什么、怎么搜。针对这个问题，运营人员应该着重优化搜索推荐页，丰富搜索推荐页的搜索词和投资标的。

搜索的数据漏斗为"搜索点击量—搜索页点击量—搜索结果页 UV—理财详情页"。

（3）Banner

Banner 一般为活动承载坑位，通过 Banner 可跳转到与投资相关的活动详情页，其数据漏斗为"首页 PV—Banner 点击量—活动详情页 UV"。

（4）推荐

金融公司有向用户告知风险的义务，因此要让用户在投资前填写基本资料并进行投资测评。依据测评数据可以初步拿到用户的信息和风险偏好，进而可以推荐给用户与其相匹配的投资标的。

投资漏斗

在投资漏斗中，开户是比较关键的一步。因为这一步需要用户实名认证，以及填写职业、住址等资料。但是，这通常会导致用户流失率较高，其原因主要是不信任和无法填写。

（1）不信任

实名认证需要获取用户的身份证照片，因此用户会担心信息资料被平台外泄和乱用，这就是用户对平台的不信任。解决信任问题有以下两种办法。

第一，提升企业的信用：罗列企业的资质，如营业执照、注册资本等；寻找知名企业背书，例如，天弘基金可以用支付宝背书，因为其是蚂蚁金服的控股公司及余额宝的基金管理公司。

第二，降低用户的风险：允许用户上传带有标识符的身份证照片，例如，仅供×××平台使用；打水印的过程可以由平台产品自动完成，也可以由用户自己修改。

（2）无法填写

认证时往往需要用户填写工作单位、家庭住址等详细信息。有些用户也许是大学生或无业人员，并没有工作单位，因此应该向用户提供更多可选项，满足复杂的用户需求。

实名认证时也许用户的身份证没有在身边，因此产品上允许跳过此选项，先填写其他选项，日后再补全身份信息。用户补填信息的成本远远低于用户重新填写的成本。

用户策略

用户策略是指对用户进行生命周期管理和采取分群分类的思路制定运营策略，其核心数据指标包括首投率（首次投资用户量/未投资用户量）、续投率（续投用户量/本期到期用户量）、追投率（追加投资用户量/投资在期用户量）及期限内的投资总额等。续投率这个指标多数配合提现率使用，数据指标为未续投提现率（未续投提现用户量/到期未续投用户量）。用户不续投可能有三种

原因，如表 8-8 所示。

表 8-8　用户不续投的原因

原因	解释说明
标的不合适	投资标的不能满足用户需求，在寻找其他标的，此时用户不会立即提现
对平台不满	到期后立刻有提现动作，经过运营策略未能挽留，且给出不好的反馈
提现用钱	到期后立刻有提现动作，经过运营策略未能挽留，未给出不好的反馈，且多发生在节假日期间

增长公式拆解

（1）投资额 = 流量 × 转化率 × 单笔投资额度 + 追投金额 + 续投金额

（2）投资额 =（渠道 A+ 渠道 B+ 渠道 C+ 回流）× 产品匹配率 × 详情页注册率 × 注册开户率 × 充值投资率 × 平均首投额度 + 追投率 × 平均追投金额 + 续投率 × 在期平均投资额度

8.3.3　在线教育类：全网营销的复杂增长模式

在线教育是非常重视现金流的行业，其增长的北极星指标是销售额，增长公式为"销售额 = 销售线索 × 销转率 × 客单价 + 升级金额 + 续费金额"，其增长框架如图 8-9 所示。

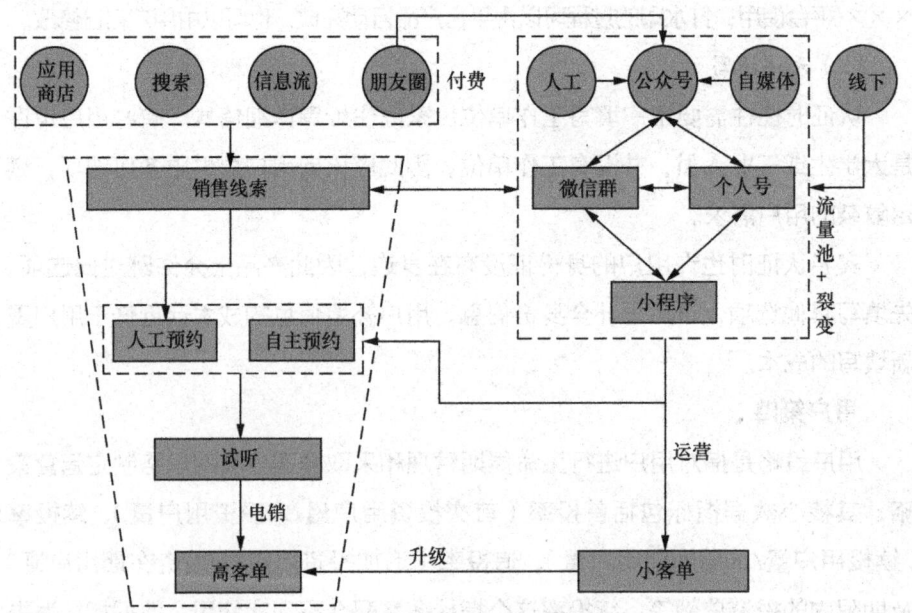

图 8-9　在线教育的增长框架

增长渠道

（1）应用商店

通过 CPD 和 ASO 推广 App 下载，然后通过强制注册或首推注册的方式获取用户手机号（销售线索）。大多数公司还会采用上架多个 App 马甲包的方式获取销售线索。

（2）搜索

搜索渠道主要以 SEM 为主，以 SEO 为辅，通过投放表单和客服机器人的形式获取销售线索，也可以在客服机器人的话术中加入微信个人号，引导用户加微信，然后通过微信销售的方式成单。

（3）信息流

信息流可以通过投放 H5 表单和客服机器人获取销售线索。部分资源雄厚的企业还可以拍摄营销视频，投放到以抖音为主的短视频平台获取销售线索。

（4）朋友圈

朋友圈广告也算信息流的一种，其中包括品牌广告、小程序表单、公众号涨粉等多种形式。

公众号涨粉的优势是用户可以直接进入微信流量池，有利于运营人员通过内容、微信群等手段有效延长用户生命周期，这远比把一个手机号放入 CRM 中要有效率。用户现在未购买，不代表将来不会购买。手机号存在于 CRM 中，如果没销售外呼，就将被废弃。

（5）人工和自媒体

人工和自媒体内容可参考本书 5.2.4 节和 6.3 节部分。这两个都是需要投入时间和精力的渠道，也是慢工出细活的渠道。

（6）线下

一些在线教育机构拥有线下分校，可以把线下学员搬到线上。如果是 K12 教育机构，也可以通过和当地学校或与家长合作的方式获取生源。

流量池

大部分教育企业都有电销团队，这就需要每天供给一定量的销售线索。随着时间的推移，销售线索会越来越多，而难以转化的线索会被销售释放回公海，这导致 CRM 积累了大量的销售线索而得不到利用。

如果把这些线索转化为线上的用户，通过运营建立联系并延长生命周期，那么势必会提升销转率。基于这种思路，流量池便应运而生。此处流量池以微信生态为主，包括小程序、微信群、公众号、个人号。

（1）小单课：社群中可以销售低客单价如 19.9 元、9.9 元的体验课程，目的是让用户体验课程，并通过低价付费打破信任壁垒，同时也能收回部分营销费用。

（2）裂变：微信体系可以通过活动进行裂变转介绍，增加用户量。

（3）线索量：公众号、小程序可以通过活动的形式引导用户注册，例如，领取免费资料、免费试听、免费课程等。

漏斗模块

（1）预约成功率

获取销售线索后先由客服人员回访，确认用户信息并帮助用户预约试听课。回访的工作也可以通过成立 TMK 团队或用外呼机器人 + 人工的方式完成，其主要数据指标为预约成功率，计算公式如下。

$$预约成功率 = 预约用户数 / 销售线索量$$

（2）预约出席率

试听课开始之前可以通过电话外呼、短信提醒、App Push 等方式提醒用户，其核心数据指标为预约出席率，计算公式如下。

$$预约出席率 = 试听用户量 / 预约用户量$$

（3）试听付费率

用户试听完毕后，电销人员需要第一时间跟进。如果白天试听课，则晚饭后电销人员跟进；如果夜间试听课，则电销人员转天早上跟进。其核心数据为试听付费率，计算公式如下。

$$试听付费率 = 付费用户量 / 试听用户量$$

运营素养：人是第一生产力

精细化运营

运营是一个宽进严出的岗位。"宽进"是指运营岗位的进入门槛非常低。我们经常能看到历史、化学、农业等各类专业的毕业生从事运营，也能看到研究生、本科生、专科生等各种学历的从业者。"严出"是指大量从业者需要经过时间和项目的千锤百炼才能成长为高阶运营人。运营工作是一个庞杂的体系，不仅要求从业者具备心理学、营销学、数据分析等相关的专业知识和技能，还要求从业者具有丰富的实战经验。

9.1 运营人的基本能力

运营人的基本能力主要包括学习能力、沟通能力、分析和解决问题能力。其中，学习能力决定了运营人的发展上限，沟通能力决定了运营人可以负责多大的项目，分析和解决问题能力决定了运营人的价值。

9.1.1 学习能力：学习要注意广度和深度

对于运营知识的学习，运营人需要从两个角度展开，第一需要追求学习的广度，第二需要追求学习某一领域的深度。

广度学习

运营岗位包括内容、用户、活动、策略、增长、数据等多个方向。然而，不同公司对岗位的定义不尽相同，不同岗位之间的界限也非常模糊。因此，运营人需要具备多种多样的技能，才能在工作中游刃有余。运营是一个需要创造力的岗位，知识面广有助于提升运营人的创造力。具体的学习方向如表 9-1 所示。

表 9-1 运营人的学习方向

学习方向	解释说明
技能层面	学习工作范围内的知识，包括文案写作、数据分析、活动策划等；多研究竞品，并且以主人翁的角色去思考
专业层面	学习结构化思维、营销学、心理学、马斯洛需求等专业知识
行业层面	关注行业发展动态，关注竞品状态
生活层面	多尝试和体验新鲜事物，扩大兴趣爱好，不要求都精通，但是要懂得多

深度学习

运营人在工作中必须有一种安身立命的本领，如优秀的文案能力、强大的数据分析能力、优秀的 PPT 制作能力等。要想具备这种技能，运营人就需要找到自己的兴趣点或擅长的方向，然后长时间地学习和反复实践。深度学习公式如图 9-1 所示。

图9-1　深度学习公式

（1）明确的目标

这是一个跟风的时代，Python 火了，一群人就追逐着学习；这是一个浮躁的时代，认真读书的人少了，很多人只喜欢阅读别人的总结概括。内心的不安静导致很多人的学习都是不了了之，半途而废。有些人看似掌握了很多理论，但是运用到实践中却四处碰壁。造成这种情况的原因是多数人没有明确的阶段性目标和人生目标。

要想拥有强烈的学习意愿和明确的学习目标，就要基于“我想成为什么样的人”进行深度思考。这一点非常重要，但是被大多数人忽略。大多数都是觉得应该学习了，否则有一种负罪感，因此跟风学习了很多不知道有何用处的技能。

（2）长时间钻研

要想成为一个领域的专家，就必须做到长时间钻研。长时间钻研不是简单地每天花很多时间在书桌前疯狂学习，而是需要掌握一定技巧地学习。长时间钻研公式如图 9-2 所示。

图9-2　长时间钻研公式

①有效时间

学习不是投入的时间越长越好，而是投入的有效时间越长越好。快速提升有效学习的时间，可以尝试如表 9-2 所示的方法。

表 9-2　提升有效学习时间的方法

方法	解释说明
改掉拖延症	利用“一旦……就”的机制，让大脑形成转换开关，进而摆脱拖延的陋习。例如，一旦吃完饭就开始学习
快速进入状态	闭目冥想，深呼吸，清空大脑，快速聚焦到学习上，目的是让大脑从上一个事件中出来，顺利进入学习状态

方法	解释说明
拆解目标	任何目标都由多个子目标组成，拆分目标能合理规划时间，同时减轻心理压力。例如，一本书有 200 页，制定的目标是每天读 10 页，20 天便可读完一本书，这样一年能读 18 本书
时间规划	制定时间规划表，合理分配每天、每周、每月的时间。尽量不要给自己较宽松的时间，这样容易造成拖延，总是在最后的时间仓促完成

②整体学习

整体学习是指学会目标领域的知识框架，从宏观角度把握知识。其主要分为输入知识、分类整理及学习强化。

输入知识是指收集目标领域的知识，可以通过阅读书籍、百度查询等方式进行，主要目的是让自己对这个领域有宏观的了解。

分类整理是指梳理自己的知识框架体系。运用思维导图等形式把自己理解的内容整理成体系，有利于更深一步地理解知识。

学习强化是指反复学习知识，查漏补缺，消化未掌握和不熟练的知识点。IBM 在给销售人员做销售培训时发现，平均每个人对新知识要进行 7 遍以上的学习记忆，才能使新知识成为自己的知识。

③好奇心

好奇心是深刻理解知识的最好方法。运营人在学习过程中无论遇到多么微小的事情也要多问几个为什么，因为微小的事情背后会藏着很多大道理。科比在回忆录中写道："我好奇心很强，渴望进步，想要用篮球运动的各种历史知识来充实头脑。不管跟谁在一起，无论是教练、名人堂球星，还是队友，不管当时在做什么，我都会一个问题接着一个问题，打破砂锅问到底。"

（3）反复实践

实践是检验真理的唯一标准，运营人在工作中要利用一切机会将自己的方案落地执行，然后复盘总结并不断完善知识体系。科比在 NBA 前期三分球投得不是很好，他在想要提升三分球的命中率时不是一味地学习和总结，而是刻苦训练。每到休赛期，科比都有意苦练三分球，细心打磨每一个细节。到了 2005—2006 赛季，科比全面爆发，场均得分超过 35 分，在全联盟独占鳌头。

9.1.2　沟通能力：横向与纵向沟通的必备技巧

运营在公司内部是一个需要频繁沟通的岗位，需要跨部门和产品、研发、市场、设计沟通，部门内需要和领导、同级、下属沟通，对外需要和合作伙伴、乙方沟通。

横向沟通

公司有很多部门，跨部门合作完成一个项目是经常发生的事情。部门之间由于工作目标不同，导致沟通不顺畅的情况时有发生，这对于初入职场或刚跳槽到一家新公司的职员来说应该感受颇深。如果跨部门沟通做到以下几点，很多困难都会迎刃而解。

（1）寻找共同利益

一般情况下，各部门都会有清晰的工作计划和 KPI，沟通之前必须了解清楚其他部门的工作进度及目标，然后寻找双方是否有共同的目标。如果没有共同的目标，就需要了解对方业务开展中遇到了什么难点，自己怎样才能帮助其解决这个难点。基于共同的目标或以利益交换的形式实现跨部门的顺利沟通是非常好的办法。

（2）准备工作要做足

互联网工作节奏快、量大，因此沟通前一定要做好充分的准备，避免浪费其他同事的时间。在沟通前，运营人需要准备好以下几种信息，如表9-3所示。

表 9-3　准备工作事项

事项	主要内容
明确的沟通目的	言简意赅地表达出沟通的目的，切不可说了一个小时也没说到重点。例如，希望对方帮助完成什么工作，需要多少资源来完成工作，等等
明确的合作利益点	明确告知对方合作后能怎样帮助对方提升业绩，或者能帮助对方解决什么问题
明确的合作方案	制定具体的实施方案及实施细节，预想出对方比较关注的点或容易引发分歧的点，并制定好解决方案

（3）沟通表达技巧

团队中每个人的成长路径均不相同，往往会对一件事情有不同的认知。所以，运营人需掌握一些必要的沟通技巧（见表9-4），以有利于协调大家一起合作。

表 9-4　沟通技巧

沟通技巧	解释说明
相互信任	不要轻易质疑同事的工作能力和产出成果；如果确实有问题，应该委婉地指出
表达明确	表述要通俗易懂、言简意赅，不要让对方产生疑问和歧义
换位思考	不要只陷入自己的逻辑中，时刻从对方的角度考虑问题
学会聆听	不要只一味地说，要学会聆听，多听他人的建议和需求
控制情绪	沟通中要学会控制情绪，不能因为情绪而偏离沟通的目的，否则既浪费时间也无法达成合作
学会赞美	不要吝啬你的语言，学会肯定他人、赞美他人

纵向沟通

纵向沟通分为向上沟通和向下沟通。向下沟通一般比较容易，因为下属会想尽办法配合领导的沟通方式。向上沟通是运营人必须学会的职场技能。运营人在工作中和领导沟通有两种形式，分别是日常沟通和工作汇报。

（1）日常沟通

①做选择题

每个人的一天都只有 24 小时，领导需要把控项目的全盘工作，不会聚焦于某些细节。因此，运营人在寻求领导帮助时一定要准备至少 2 种以上的方案，让其做选择题，而不是带着问题寻求答案。

②及时反馈

对于领导交代的工作，要及时反馈进度和成果，让其时刻保持对项目的把控。运营人在反馈时一定要详细，整理好相关的方案、进度、数据、风险等信息，这样方便领导及时做出决策。

③敢于表达

在讨论会议中，运营人要敢于表达自己的观点。有些职场新人害怕说错或惧怕别人的反驳，这是不对的。之所以开讨论会议，就是希望集思广益，如果你不敢表达自己的观点，会让领导认为你对工作没有思考，或者能力与团队不匹配。

④承认错误

运营人在工作中难免会出现错误或纰漏，如果被领导发现，难免会被批评。面对批评时，运营人尽量不要找一些客观理由，而要勇于接受品评。错误不可怕，可怕的是只想着找借口，而不是寻找弥补方案。

⑤信息确认

领导有时会临时交代一些事情，这些事情也许他自己也没有想好。此时，运营人需要确认信息后再落地执行。确认信息的流程分为三步：第一，确认领导的需求；第二，询问理解得是否正确；第三，给出解决方案。

（2）工作汇报

工作汇报是下属和领导之间的正式交流。汇报工作时要注意以下事项，如表 9-5 所示。

表 9-5　工作汇报的注意事项

注意事项	解释说明
重点突出	汇报不是流水账，要言简意赅、突出重点
逻辑严谨	汇报阐述符合逻辑，不能东拼西凑、杂乱无章
注重数据	汇报论点需要有数据支撑，不能是一笔糊涂账
形成结论	汇报要有结论和解决方案，不能把问题抛给领导

工作汇报有三种类型，按照时间顺序可以分为项目开始前的规划型汇报、项目进程中的问题型汇报和项目结束后的总结型汇报，具体说明如表 9-6 所示。

表 9-6　工作汇报的类型

类型	模块	解释说明
规划型	目的	规划业务发展方向，评估项目可行性
	流程	宏伟愿景—论据支持—预期收益—实施方案—需求资源
问题型	目的	发现并分析问题，提出解决方案，获取相关资源
	流程	陈述问题—分析问题—解决方案—需要资源
总结型	目的	查漏补缺，获得认可，突出工作价值
	流程	项目概况—执行情况—实际效果—经验教训

9.1.3　分析和解决问题能力：底层能力决定职场天花板

运营人具备了分析和解决问题的能力，就完全不用担心自己的技能落伍和被社会淘汰。行业不同，只是知识的不同，运营人解决和分析问题的思路不会有本质的区别。

电学天才梅因泰斯有一段为人乐道的轶事完美诠释了分析和解决问题能力的重要性。

某电气公司的大型发电机运转不正常，于是梅因泰斯被请去"会诊"。他围着机器仔细转了转，听了听运转的声音，然后果断地用粉笔在一处画了一道，说："把这里的线圈减两圈。"机器果真修好了，梅因泰斯也赚到 1 000 美元。事后有人不服，说："用粉笔画一道就值 1 000 美元？"梅因泰斯听了一笑，在收据上幽默地写道："用粉笔，1 美元；知道在哪里画，999 美元。"

这个故事之所以被人津津乐道，是因为它体现了分析和解决问题能力的重要性。运营人要想获取强大的分析和解决问题能力，必须学会其内在工作流程，如图 9-3 所示。

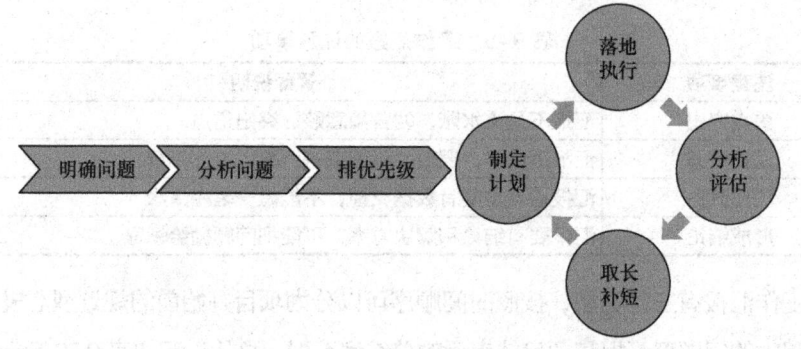

图9-3　分析和解决问题能力的内在工作流程

明确问题

明确问题是指确定问题的聚焦点和边界。如果不聚焦，就不知道工作怎样做；如果没有边界，那就有做不完的工作。

（1）SMART 原则

明确问题时应该遵从 SMART 原则，S 表示具体的（Specific）、M 表示可衡量的（Measurable）、A 表示以行动为导向的（Action-oriented）、R 表示相关的（Relevant）、T 表示有时间限制的（Time-bound）。

与此相反的是不具体的、不可衡量的、不以行动为导向的、不相关的、没有时间限制的问题，这些都需要避免。

（2）问题类型

运营问题包含以下三大类。

①恢复型问题是指坏的变化已经发生，需要解决问题并使一切恢复正常。例如，某款产品某一天的日活跃用户量突然下降10%，并连续 5 天在这个日活区间徘徊。此时需要找出日活下降的原因，并制定解决方案，使日活回升到以往水平。

②预期型问题是指想追求更理想的状态。例如，去年 App 的日活为 2 000 万，今年要达到 3 000 万。

③潜在型问题是指不好的变化已经存在，但没有显现出来，要通过分析找到它并解决。例如，华为的危机测试是，假设全球芯片断供，华为能支撑多久，主要的解决办法是什么。

分析问题

（1）恢复型和预期型问题分析方法

分析恢复型和预期型问题主要通过议题树来实施。例如，假设某款 App 的某日日活用户下降 10%，通过议题树分析问题如图 9-4 所示。

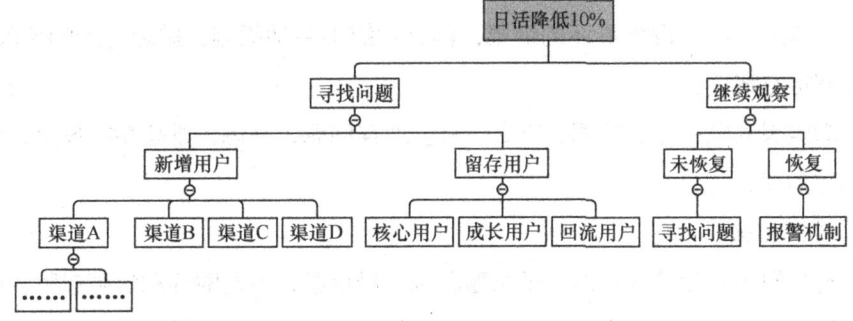

图9-4　通过议题树分析问题

议题树的核心逻辑是把一个主要问题拆解为 N 个子问题，然后把每个子问题拆解为 M 个孙问题，以此类推，直到完全穷尽并找到核心的问题。

拆解问题的议题树时应该遵从"母题先行""以上统下""归类分组""逻辑递进"四个原则。

①母题先行：议题树搭建的目的是解决上一层界定的问题，母题应是整棵议题树的出发点，以保证后续分析方向不跑偏。

②以上统下：下层问题是上层问题的穷举细分；上层问题包含下层问题，且上下层之间都具有相同的属性。

③归类分组：遵循不重不漏原则。不重是指两个子问题之间没有重叠的部分，可以理解为 B 集合和 C 集合没有交集；不漏是指要完全穷尽，如果把上层问题比作集合 A，那么上层和下层之间的关系是集合 A=B∪C∪D∪E∪……

④逻辑递进：前三个原则分别从议题树的原点、上下层之间的关联及拆分逻辑进行了规范，逻辑递进则是对同一层级的各项子议题顺序做出的要求，即

同一层级的各项子议题需符合一定的逻辑顺序，并且仅存在一种逻辑顺序。逻辑顺序有以下三种，具体说明如表9-7所示。

表9-7　逻辑顺序的类型

逻辑顺序的类型	解释说明
时间顺序	达到某个目标依次采取的行动，如首先、其次、再次、最后
重要性顺序	达到某个目标按照动作的重要性进行排序
结构顺序	达到某个目标采取的先左后右、先上后下、先里后外等顺序

（2）潜在型问题分析方法

潜在型问题的分析需要分析者主动探索，通常有以下两种分析方法。

①执果索因：设想最坏的结果，再针对结果穷举原因，排除可能的风险，预先制定方案。

②执因索果：通过挖掘、穷举、分析现存问题，推测、排除潜在风险，预先制定预案。

排优先级

拆分问题后会发现有很多子议题影响了母议题，但是时间和资源有限，必须有所取舍。问题的取舍不是盲目的，而是根据现有资源、难易程度、作用大小进行排序，可以引入ICE评价体系。

①I（Impact，影响力）：策略方案对目标影响的大小。

②C（Confidence，信心）：基于数据和经验，策略可实现的概率。

③E（Ease，简易性）：策略需要投入的时间和资源。

对所有子议题分别在0～10之间进行打分，如表9-8所示。

表9-8　对子议题打分

	I评分	C评分	E评分	总得分	优先级
议题A	8	7	6	21	P1
议题B	7	6	4	17	P2
议题C	7	7	2	16	P3
……	……	……	……	……	……
N	X	Y	Z	M	PN

PDAA循环

排出问题的优先级后，运营人需要对每个问题制定相应的解决方案并落地实施。方案实施后会有两种可能，一种是问题得到了解决，另一种是问题没有解决或解决得不够完美。此时需要运用 PDAA 循环分析方案效果及优化方案，最终使问题得到完美的解决。

PDAA 循环分为四个阶段，分别是制定计划（Plan）、落地执行（Do）、分析评估（Analysis）和取长补短（Accept or Reject），具体说明如表 9-9 所示。

表 9-9 PDAA 循环解释

流程步骤	解释说明
制定计划	针对优先级分别制定解决相关问题的计划
落地执行	按照优先级落地执行计划，并采取 AB 测试
分析评估	分析 AB 方案带来的效果，并评价优劣势
取长补短	放弃不合理的方案，保存合理的方案；合理方案可以模块化

9.2 运营人的三个阶段

从初级运营到高级运营的进化之路不仅是技能的进化之路，也是从业者思维的进化之路。任何技术都可以通过日夜精炼而习得，但技术背后的本质却少有人研究。

9.2.1 初级运营：明白三个道理

平台：人生需要一个舞台

五台山的寺院里有一头驴，每天都在辛苦地拉磨。天长日久，驴渐渐厌倦了这种平淡的生活，它每天都在寻思，要是能出去见见外面的世界，不用拉磨，那该有多好啊！

不久，机会来了，有个僧人带着驴下山去驮东西，驴兴奋不已。来到山下，僧人把东西放在驴背上，然后返回寺院。没想到，路上行人看到驴时，都虔诚地跪在两旁，对它顶礼膜拜。一开始，驴大惑不解，不知道人们为何要对自己叩头跪拜，便慌忙躲闪。可一路上都是如此，驴不禁飘飘然起来，原来人们如此崇拜自己。当它再看见有人路过时，就会趾高气扬地停在马路中间，心安理得地接受人们的跪拜。

回到寺院里，驴认为自己身份高贵，死活也不肯拉磨了。僧人无奈，只好放它下山。驴刚下山，就远远看见一伙人敲锣打鼓迎面而来，它心想"一定是人们前来欢迎我"，于是大摇大摆地站在马路中间。原来是一支迎亲的队伍，现在却被一头驴拦住了去路，人们愤怒不已，便对驴棍棒交加。驴仓惶逃回寺里时已经奄奄一息，临死前，它愤愤地告诉僧人："原来人心险恶啊！第一次下山时，人们对我顶礼膜拜。可是，今天他们竟对我狠下毒手！"僧人叹息一声："果真是一头蠢驴！那天，人们跪拜的是你背上驮的佛像啊！"

读完这个寓言故事，请你思考两个问题：（1）你是佛陀，还是那头驴？（2）是佛陀成就了寺庙，还是寺庙成就了佛陀？

规划：人生需要一个方向

想象一下，你手里有一张足够大的白纸。你的任务是把它折叠51次，那么它有多高？一个冰箱那么高？一层楼那么高？还是一栋摩天大厦那么高？

答案可能超出你的想象，这个厚度超过了地球和太阳之间的距离。折叠51次的高度如此恐怖，但如果仅仅是将51张白纸叠在一起呢？

没有方向、缺乏规划的人生，就像是将51张白纸简单地叠在一起。今天做这个，明天做那个，每次的努力之间并没有联系。这样一来，哪怕每个工作都做得非常出色，但它们对你的整个人生来说也不过是简单的叠加而已。而如果把工作都放到一个领域，那么你必将成为这个领域的专家。

利益：值钱比赚钱更重要

一棵苹果树终于成长到可以结果了。第一年，它结了10个苹果，9个被拿走，自己得到1个。对此，苹果树愤愤不平，于是自断经脉，拒绝成长。第二年，它结了5个苹果，4个被拿走，自己得到1个。"哈哈，去年我得到了10％，今年得到20％，翻了一番！"这棵苹果树心理平衡了。

但是，它还有另一个选择：继续成长。第二年，它结了100个果子，被拿走90个，自己得到10个。也很可能被拿走99个，自己得到1个。但没关系，它还可以继续成长，第三年结了1 000个果子……

其实，得到多少果子不是最重要的，最重要的是苹果树在成长！等苹果树长成参天大树时，那些曾阻碍它成长的力量都会微弱到可以忽略。

职场也是如此，不要太在意眼前的得失，而要看得长远一些。与其纠结自己赚多少钱，不如让自己变得更值钱。

9.2.2　中级运营：干好三件事

阅历：人生需要经历和思考

无论什么样的经历，都是一份宝贵的财富。也许你正在经历职场蘑菇期，那么破茧而出才能扬眉吐气；也许你正在面对超级大的深坑，那么填上它，走过去；也许你正在操盘一款划时代的产品，但是多年后再回头看，也不过如此。

任何失败与成功，在时间面前都是苍白无力的。但是，经历过成败的你却获得了一份气质、一份淡然。这就是阅历，听到过、看见过、参与过、得到过，也失去过。只有经历和思考，才能由内而外地提升自己。

行业：不要只低头干活，还要抬头看天

工作中有些人只知道埋头苦干，他们认为这样既可以体现自己的兢兢业业，也可以给老板一个踏实肯干的印象。殊不知，当你沉醉于自己的埋头苦干之时，正是别人赶超你之际。

工作中还有些人具有丰富的工作经验，而且熟练掌握了工作技能，对公司的环境也相当熟悉，因此便开始"划水"。他们对新技术的出现漠不关心，拒绝变化和创新。殊不知，"你以为你在混日子，小心日子把你混了"。

工作之余，运营人应该不断拓宽自己的知识边界并学习新技能，这样才能保证思维和知识与时俱进。雷军说过，"风来了，猪都能飞上天"。如果想成为飞上天的猪，那么必须知道风在哪里。所以，运营人在百忙之余应该关注行业诞生的新技能和未来的发展动态。

人际关系：资源互换，合作共赢

人际关系其实是资源互换，合作共赢。运营人在工作中要注重结交圈里的朋友，多一个朋友就多一个机会。朋友在精而不在多，那些有一面之缘的酒肉朋友没有太多的价值。运营人要想构建优质的人际关系，首先要让自己变得强大。

9.2.3　高级运营：掌握两种思维方式

互联网催生了很多独角兽企业和明星企业。对于从业者而言，每天都面临着无数的选择。选择对了，几年内即可财富自由；选择错了，就不得不在土里刨食吃。决定选择是否成功的因素有两个，一个是运气，另一个是判断力。

运气是成功中最诡异的一个因素。遥想当年，上方谷中燃起了熊熊大火，司

马懿仰天长叹：吾命休矣！此时天降瓢泼大雨，让司马懿捡回了一条命，司马家族才有机会开创晋王朝。诸葛亮也说出了那句"谋事在人，成事在天"的名言。

运营人要想获得判断力，就必须在两个方面训练自己。首先要具备丰富的知识和阅历，也就是读万卷书，行万里路；其次要具备多元化思维和第一性原理思维。

读万卷书，行万里路

"读万卷书，行万里路"是增加知识和阅历的最好方法，二者缺一不可。读万卷书，走不出去，最多是个书童；行万里路，不读书，也只是个邮差。

郭德纲曾说："活得明白，与时间无关，与经历有关。三岁时经历一个事儿，这辈子就明白了，活到95还没经历这个事儿也明白不了。"经历就像吃饭睡觉一样，没有人可以替代，必须亲自上阵。遇到事情要勇于面对，无论是否成功，经验都是自己的。如果经历少，那就要多读书、多研究，通过吸取别人的经验来充实自己。

运营是接触用户最多的岗位，如果想弄清楚用户的需求是什么，用户想的是什么，运营人就应该充分了解社会和人性，多看一些基础学科的书。培根曾说："历史使人明智，诗歌使人灵秀，数学使人周密，科学使人深刻，伦理学使人庄重，逻辑修辞之学使人善辩。"

互联网发展的20多年里涌现了一批伟大的企业，同时也淘汰了无数的企业。无论成败，都是值得我们复盘的，里面的经验与教训值得每个从业者学习。事物的发展不因人的意志转移而转移，其发展都是由自然规律推动的，研究整个互联网的发展历程有助于我们把握互联网的发展脉搏。

多元化思维和第一性原理思维

（1）多元化思维

研究人性的心理学表明，如果一个人只能使用一两种思维模型，那么他会将现实扭曲，直到事物符合他的思维模型。这个逻辑就是"在手里拿着铁锤的人看来，世界就像一颗钉子"，然而世界真的是一颗钉子么？

我们在工作中经常会遇到拎着锤子的人。例如，对于用户增长，有些人认为是付费推广，有些人认为是社交裂变，有些人认为是新媒体运营，还有些人认为是活动运营。其实，这些只是用户增长的一个模块。但是，多数人受限于公司业务和工作经历，会按照自己固有的思维逻辑理解用户增长。

如果要理解用户增长，乃至看清楚事物的本质，运营人需要具备多元化思维。多元化思维会让人从不同的角度了解事物，角度越多，离事物的本质就越近。多元化思维不仅是一种方法论，也是一种认识世界的基本态度。

案例 ··

用多元化思维模型对用户增长策略做出以下分析。

①经济学方面：业务模式是否得到市场认可；业务所处的行业是红海市场还是蓝海市场；业务处在上升期还是衰退期。如果业务模式已经衰落或没有得到市场的认可，那么此时应该改变业务模式，否则一切战术上的努力都是徒劳。

②用户体验方面：产品的界面设计、视觉设计是否满足用户需求，有哪些可以改进的地方。

③数据统计方面：用户属性及行为有哪些特征和规律。找出规律满足用户需求，就能自然而然地促进增长。

④营销学方面：现有渠道是否优质，是否有效率。如果现有渠道不优秀，就采取措施进行优化；如果优秀，则拓展新渠道。

⑤心理学方面：运用用户趋利、炫耀等心理策划裂变活动，进而促进用户增长。

··

可以看到，上述案例中用到了经济学、数学、营销学、心理学等多种思维模型。

如果想让思维变得多元化，运营人的大脑中就不应该只有一把锤子，而是要有一个工具箱，并且不断往里面放入一些重要的工具。当然，工具箱中的工具是指不同基础学科的理论知识，如数学、经济学、营销学、心理学、物理学等。

掌握多个思维模型，并不代表就能做到多元化。因为大多数人遇到问题，往往是凭借自己的经验和垂直领域的知识思考解决方案，而没有意识到跨学科去寻找到答案。

（2）第一性原理

第一性原理之所以火爆，完全是因为"牛人"埃隆·马斯克。马斯克涉足的领域非常广泛，包括在线支付、无人汽车、超级隧道、太阳能、航天技术、火星移民等行业。

第一性原理是物理学专业名词，是指某些硬性规定或由此推演得出的结论。与之相对的则是经验参数，经验参数是通过大量实例得出的规律性结论。其实，

二者是人类的两种思维方式——演绎法和归纳法。

第一性原理是演绎思维，由 1 个或多个定律推演而来，或者它本身就是一个定律。经验参数是一种归纳法思维，由 N 个已知的数据或现象推论出一个规律。第一性原理的相关逻辑如图 9-5 所示。

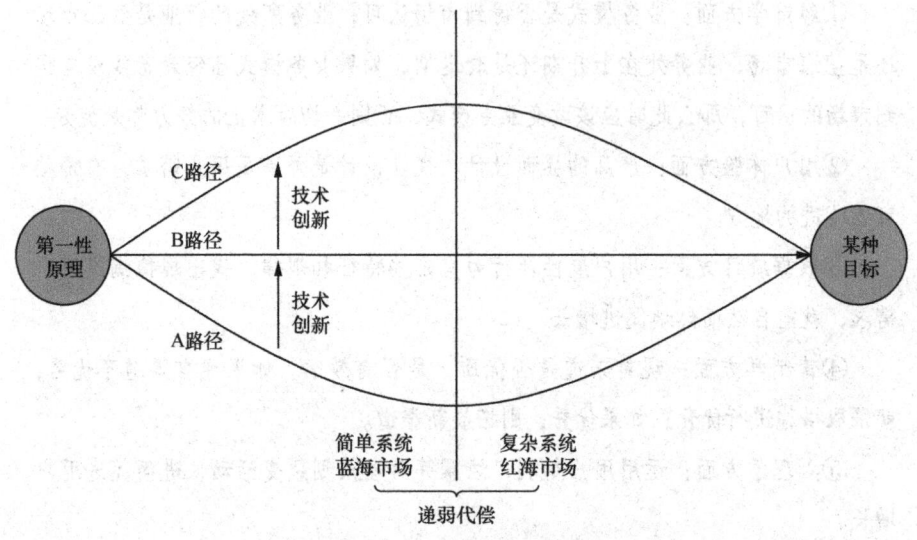

图9-5　第一性原理的相关逻辑

①由第一性原理到某种目标的路径就是演绎，其中路径可以有1条或N条。

互联网电商的目的是把商品卖给用户，那么怎样做才能吸引更多用户呢？贝索斯曾说："不要思考未来什么会变化，而应该思考未来什么不会变。电商永远不会变的只有三点：物美、价廉、好服务。"这三点是零售业公认的道理，因此这就是零售业的第一性原理。

按照上述三点中的某一个或几个方向去深耕，必然会让平台在市场上占有一席之地。例如，京东通过次日达的快递服务获取了大量用户，拼多多通过低价爆款商品获得了大量用户，天猫通过有保证的商品获取了大量用户。

②寻找从第一性原理到某种目标的路径有两种思路。

第一种是第一性原理同时包含多个属性，那么每一个属性就是一条路径，这种思路就是差异化运营，如①中所示。

第二种思路是通过技术创新开启多条路径。例如，电商相对于传统零售就是通过技术创新而开辟的新路径，在线教育相对于传统教育也是如此。技术创新并不改变第一性原理，改变的只是路径。无论线上还是线下，零售的核心都是物美、价廉、好服务，教育的核心永远是好课程和好服务。

③某条路径的上半场是蓝海市场，相对低级；路径的下半场是红海市场，相对复杂。

上半场由于竞争对手少，企业通过很简单的策略就能获取大量利润。下半场竞争对手越来越多，企业往往需要花费大量精力研究策略，却只能获取微薄的利润。

易到用车上线的时间远远早于国内市场的滴滴、快滴，其在初期基本不用补贴太多就能获取一定量的用户。但是，当三个玩家进入后，各方开始了"请全民打车"游戏。网约车进行到后半场时，只靠"烧钱"已经不能决定成败。因此，各方在其他运营策略上也展开了角逐。最终，滴滴发现了网约车的第一性原理匹配效率（用户想用车时瞬间就能约到车），才给这场"战役"画上了句号。

按照王东岳的《物演通论》中的"递弱代偿"原理，随着企业竞争由上半场向下半场过渡，其生存能力也是越来越弱的。企业在下半场充分竞争的情况下，要么死亡，要么合并。例如，共享单车赛道竞争到下半场，不是死亡，就是被并购。合并形成的垄断也不能保证企业就可以长久生存下去，因为企业进化的路径是不可逆的，所以为了维持复杂的体系必须付出高昂的代价。

企业规模的扩大会造成内部生态的复杂化，这造成了企业的灵活性和技术创新能力越来越弱，进而导致企业面对技术变革带来新路径时会出现反应钝化的表现。例如，腾讯成型的产品中通过内部创新孵化的很少，大部分都是借鉴外部创业公司的灵感。腾讯在 2015 年就孵化出短视频产品微视，但是抖音依旧迅速崛起。当然，抖音也是借鉴了 music.ly 的创意。百度在移动端转型慢了一点，就被今日头条抢下了很大的市场份额。阿里巴巴庞大的决策体系并没有让其收购的大文娱表现出该有的业绩。最经典的案例当属雅虎，其将大公司强大光环下的脆弱表现得淋漓尽致。

④第一性原理并不总是明确的，运营人需要用归纳法去寻找。

很多项目或赛道的运营并不是从第一性原理出发的，而是直接从某条路径上开始的。此时需要分析大量数据，运用归纳的方法逆路径而上，去寻找第一性原理。在得到第一性原理之后，运营人才能完整地看清楚路径在哪里或有几条路径。这就像一个岔路口，只有站在起点的人才能知道有几条岔路、每条路

是什么，站在路中间的人根本不可能了解这些信息。但是，在逆流而上寻找岔路口的过程中有可能误入其他岔路，导致很难找到真正的起点。造成这些情况的原因在于归纳法都是不完全归纳法，其本身具有不准确性。要想保证归纳法正确，就必须穷举所有情况，显然这是不可能的。

案例

我们以社交裂变为题演示归纳分析和演绎分析有何不同。

①归纳法

趣头条通过社交裂变实现企业高估值和用户增长，拼多多通过社交裂变实现企业高估值和用户增长，每日一淘通过社交裂变实现企业高估值和用户增长，新世相通过社交裂变实现企业高估值和用户增长。所以可以得出结论，社交裂变能提升很多企业的估值或实现企业用户量的高速增长。因此，大量创新项目或企业立刻投入资源上线了社交裂变。

②演绎法

社交裂变项目的第一性原理是寄生生态。微信是腾讯的，其要在商业生态和用户体验上保持平衡。项目的运作路径分为四步，第一是要有一个优质的项目，第二是获取腾讯的资源倾斜，第三是利用前期红利期，第四是脱离微信形成自有生态。四个项目的具体情况如表 9-10 所示。

表 9-10　四个项目的具体情况

项目	所属行业	腾讯资源	上线时间	自有生态
趣头条	内容资讯	腾讯投资	2016 年上线	独立 App
拼多多	零售电商	腾讯投资	2015 年上线	独立 App
每日一淘	零售电商	腾讯投资	2018 年上线	独立 App
新世相	在线教育	未投资	2013 年上线	强公众号 + 弱 App

通过归纳法和演绎法的对比，我们能清晰地看出为什么现在很多项目不能通过社交裂变实现快速增长了。